MASTERING SPANISH VERBS

BY

JULIO I. ANDÚJAR

A Latin American Institute Press Book

REGENTS PUBLISHING COMPANY
DIVISION OF SIMON & SCHUSTER, INC.

FOREWORD

The purpose of this book is to provide the student with a practical guide to the use of Spanish verbs, comprehensive without being cumbersome, that will serve him at every level of apprenticeship of the Spanish language.

Pages 1 to 42 contain a complete summary of Spanish verb forms, moods, tenses, and irregular verbs. Special effort has been made to achieve maximum simplicity and clarity. Extensive use of sample sentences with their English equivalents contributes to that end and serves to reduce the need for grammatical terminology.

The 156 fully conjugated verbs on pages 43 to 196 were chosen on the basis of their usefulness as model verbs and highest frequency of use. The 2,000 verbs in the INDEX are alphabetically arranged and cross-referenced to their corresponding, fully conjugated models. Thus, the recommended procedure is to LOCATE THE VERB IN THE INDEX at the end of the book (pages 197-224). Again, the selection criteria for the 2,000 verbs in the INDEX were usefulness and highest frequency, from an approximate total of 10,000 verbs in Spanish.

TABLE OF CONTENTS

TABLE OF CONTENTS *(Continued)*

TABLE OF CONTENTS *(Continued)*

VERBS FULLY CONJUGATED IN THIS BOOK

1 THE VERB IN SPANISH

The verb in Spanish as in English, is the part of speech that says or states something about a person, thing or concept, usually describing action, occurrence, or condition.

In all Western European languages the verb is generally considered the most important element of speech. Since the verb, when broadly defined, is an attribute of something else, it can be argued that the noun or substantive (from "substance"), which the verb refers to, surpasses it in importance. Grammarians have long debated this. Actually, verb and noun are equally important, although the study of verbs is unquestionably more complex.

2 FIRST, SECOND AND THIRD CONJUGATION VERBS

In their infinitive or name form, all Spanish verbs end in *-ar,* *-er,* or *-ir* and are thus grouped, respectively, in verbs of the *first, second,* or *third* conjugations. The preceding part of the word is called the stem or root.

1st conj.: habl*ar,* mat*ar,* visit*ar,* neg*ar,* etc.
2nd conj.: com*er,* pon*er,* ten*er,* deb*er,* v*er,* etc.
3rd conj.: re*ir,* sub*ir,* gruñ*ir,* sal*ir,* etc.

3 TRANSITIVE AND INTRANSITIVE VERBS

a) **Transitive** verbs are those which involve an object apart from the subject, whether mentioned or not.

Juan **trae** sus libros.   *John brings his books.*

In the above sentence **traer** is a transitive verb, and the object is **sus libros.**

Other common transitive verbs are: **construir, contar, cortar, empezar, escribir, leer, sacar,** etc.

b) **Intransitive** verbs do not require an object and simply describe a condition or action of the subject.

Juan **trabaja.**   *John works.*

Other common intransitive verbs are: **ser, estar, ir, venir, dormir, pensar, caer, llover, cambiar,** etc.

4 Reflexive verbs describe an action that falls or reflects upon its own subject, such as **levantarse** (to get up), **lavarse** (to wash), **enojarse** (to get angry), etc.

All reflexive verbs require a pronoun, which either precedes the the verb, or is added to the verb to form a single word. These are:

  me (myself)
  te (yourself — familiar form)
  se (yourself, himself, herself, itself, yourselves, themselves)
  nos (ourselves)

Examples:

Nosotros no **nos levantamos** temprano. *We do not get up early.*
Vístase en seguida. *Get dressed right away.*
El **se fue** sin **despedirse** de nosotros. *He left without saying goodby to us.*

5 Regular and Irregular Verbs
All verbs in Spanish are either **regular** or **irregular**.

Regular Verbs. Regular verbs do not change their roots in any of the tenses, and their endings follow the regular pattern established for the three basic conjugations (see pp. 35-38).

Examples of regular verbs are: **trabajar, deber, abrir, fumar, vender, terminar, subir,** etc.

6 Irregular Verbs. Verbs are irregular if there is any change in either the root or the endings in any of the tenses or persons (see pp. 25-34). For example, **saber** is irregular because in the present indicative, 1st person singular, we say **yo sé,** and in the preterit, **yo supe.** Similarly, with **salir** we say **yo salgo;** with **ir, yo fui,** etc.

Main and Auxiliary Verbs

According to its function in the sentence, a verb is either a **main verb,** or an **auxiliary verb.**

7 The **main verb** is the principal verb of a sentence or phrase, and always says something about the subject.

8 **Auxiliary verbs,** as the name implies, assist the main verb in expressing its meaning and are needed to form the compound tenses.

The basic auxiliary verbs in Spanish are **ser** and **haber.** Other verbs used as auxiliaries are **deber, tener, dejar, estar, quedar, llevar,** etc.

Defective and Impersonal Verbs

9 a) **Defective verbs** are those that are not conjugated fully and lack some tenses or persons. For instance, the verb **suceder** (to happen) is only used in the infinitive or in the third person singular and plural of the various tenses, never in the other persons. (See list p. 42.)

> Hace más de un año que no **sucede** nada en este pueblo.
> *It has been more than a year that nothing happens in this town.*
> Ayer **sucedió** algo de mucha importancia.
> *Yesterday, something very important happened.*

A similar case is the verb **antojarse** (to feel like, have a notion for) which is also defective since is only used in the third person singular or plural and always in passive form, with the pronouns **me, te, le, nos, se, les.**

> Se me antojó tomar un refresco.
> *I felt like having a soda.*
> No sé qué **se le antojará** hacer ahora.
> *I don't know what he will take a notion to do now.*

10 **Impersonal verbs** generally refer to acts of nature, natural phenomena, changes of weather, etc. and are only used in the third person singular of all the tenses. Common impersonal verbs are: **alborear, amanecer, anochecer, atardecer, diluviar, granizar, llover, lloviznar, nevar, obscurecer, relampaguear, tronar.**

> **Nevó** mucho el invierno pasado.
> *It snowed very much last winter.*

Anochece más temprano en enero que en agosto.
It grows dark earlier in January than in August.

CONJUGATION

The terms used to describe the properties of a verb in Spanish are: **voice, mood, tense, number,** and **person.**

11 **Voice** (Voz)
Voice is the form which tells whether the subject does the action of the verb or receives it.

12 **Active Voice** (voz activa). When the subject executes the action of the verb we say that the verb is conjugated in active voice.

13 **Passive Voice** (voz pasiva). a) When the subject receives the action of the verb, we say that the verb is conjugated in passive voice. It is basically formed with the verb **ser** (to be) plus the past participle of the verb in question.

Thus any verb in active voice can be changed to passive voice by using the corresponding tense of **ser** and the past participle of the verb in question.

ACTIVE: El **escribió** el libro. *He wrote the book.*
PASSIVE: El libro **fue escrito** por él. *The book was written by him.*

ACTIVE: Juan **ama** a sus hijos. *John loves his children.*
PASSIVE: Juan **es amado** por sus hijos. *John is loved by his children.*

b) Another form of the passive voice is obtained with **se** and the main verb in its original tense.

Se **recibió** la carta (instead of "La carta fue recibida")
The letter was received

La casa **se venderá** mañana (instead of "La casa será **vendida** mañana") *The house will be sold tomorrow.*

Note: This should not be confused with reflexive verbs such as bañarse, morirse, irse, etc.

Mood

14 Mood is the manner of expressing the meaning of a verb. Verbal moods in Spanish are: **infinitive, indicative, conditional, subjunctive,** and **imperative**.
With the exception of the infinitive mood, they comprise all the tenses in Spanish.

15 The **Infinitive mood** provides the form of expressing the meaning of the verb without the limitations of person or number or a specific tense. The forms of the infinitive in Spanish are the substantive or name forms of the verb. These are 1) infinitive *(infinitivo)*, 2) gerund *(gerundio)*, 3) participle *(participio)*.

16 The **Infinitive** form is the "name" form of the verb in its simplest expression, describing the idea of the verb in an abstract manner, and thus functioning as a noun. All infinitives end in either *-ar, -er,* or *-ir* (thereby providing the general classification of all Spanish verbs into 1st, 2nd, and 3rd conjugations respectively), such as **comer, beber, vivir,** etc.

> El **saber** varios idiomas es muy valioso.
> *It is very valuable to know several languages.*

> Se fueron sin **decir** adiós.
> *They left without saying good-by.*

17 **Perfect Infinitive.** Besides the simple form, the infinitive may be expressed in term of a completed or "perfect" action, by using the auxiliary **haber** in simple infinitive form, plus the past participle of the main verb.

> El **haber sabido** varios idiomas fue muy valioso.
> *It was valuable to have known several languages.*

> Se fueron sin **haber dicho** adiós.
> *They left without having said (saying) good-by.*

18 Present Participle *(Gerundio).* The present participle (gerundio) in Spanish describes the verb as a progressive or continuing action.

All gerunds end in *-ando* in 1st conjugation verbs (**amando, trabajando**) or *-iendo* in the 2nd or 3rd conjugations (**comiendo, viviendo**). The present participle which in Spanish generally acts as an adverb, has the following principal functions:

19 The present participle is used as the main verb of a continuous (progressive) compound form with an auxiliary verb, usually **estar**, but also with other verbs expressing motion, such as **ir, andar, venir, seguir, quedar** (see pp. 22-23).

> Juan **está trabajando.**   *John is working.*
>
> Ellos **siguieron hablando.**   *They kept on talking.*
>
> El se fue, pero yo me **quedé estudiando.**
> *He left but I stayed behind studying.*

20 The present participle may be used to modify the main verb, taking the place of an adverb or adverbial phrase.

> Ellos se entretienen **cantando.**
> *They entertain themselves singing.*
>
> Practicamos el inglés **conversando.**
> *We practice English conversing.*

21 The present participle is also used to describe the direct object of verbs of perception (**ver, oir, sentir, observar, distinguir, hablar**), or of representation (**pintar, fotografiar, dibujar, describir, representar**), in all of which the direct object is described performing some continuous action.

> Goya pintó al herrero **martillando.**
> *Goya painted the blacksmith hammering.*
>
> Me hallaron **paseando** por el parque.
> *They found me walking in the park.*

22 The present participle may also be used to relate to the subject of the sentence or may also be used impersonally.

Creyendo (yo) que él estaba en casa, no lo llamé.
Thinking that he was not at home I did not call him.

Yendo por la carretera central, se ven paisajes muy bellos.
Going along the main highway, beautiful landscapes may be seen.

23 **Past Participle** *(Participio Pasivo).* The past participle in Spanish, as in English, expresses a completed action. It is used as verb from or as an adjective. Regular past participles end in -*ado* in the 1st conjugation and in -*ido* in the 2nd or 3rd.

hablar — **hablado**   comer — **comido**   vivir — **vivido**

The past participle must agree with the subject in gender and number, except when used with **haber.**

Ellos están **casados.**   *They are married.*

Ellos se **han casado.**   *They have married.*

24 The past participle is used:
a) With the verb **ser** to form the passive voice.

Los paquetes son **entregados.** *The packages are delivered.*

El trabajo será **terminado** hoy. *The work will be finished today.*

b) With other intransitive verbs, such as **estar, quedar, andar, correr, venir, llegar,** etc. to indicate an action that was completed or a condition that existed before the time in which the main verb is conjugated.

Cuando ellos lleguen, todo estará **arreglado.**
When they arrive, everything will be arranged.

Mis amigos se quedaron muy **sorprendidos.**
My friends were (left) very surprised.

c) With the auxiliary verb **haber** to form the perfect tenses. In this instance the past participle does not agree with the subject in gender and number.

Nosotros hemos **estudiado** Francés. *We have studied French.*

Ya ella había **llegado**. *She had already arrived.*

25 **Regular and Irregular Past Participles.** The past participle in Spanish is regular when it ends in *-ado* or *-ido*, as described above. However, many verbs, among them some of the most common, do not end in *-ado* or *-ido*, and are therefore irregular.

poner — **puesto**   escribir — **escrito**   abrir — **abierto**   ver — **visto**

(See p. 40 for list of irregular past participles.)

Note: Many verbs have two past participle forms, one regular and another, irregular. Some of the most frequent are

limpiar	— **limpiado**	and	**limpio**
corregir	— **corregido**	and	**correcto**
soltar	— **soltado**	and	**suelto**
fijar	— **fijado**	and	**fijo**

However, only the regular form is used to form the perfect forms of the verb, and the irregular forms are generally used as adjectives. (See pp. 40-42 for complete list.)

Tenses **(Note:** See pp. 11-22 for detailed treatment.)

26 The remaining moods, **indicative, conditional, subjunctive,** and **imperative,** comprise all the tenses in Spanish, which determine the **time** that the action of the verb takes place.

All verb tenses fit into two parallel categories.

1) **Simple tenses,** and 2) **compound** or **perfect tenses.** The perfect tenses are formed with the corresponding simple form of the auxiliary **haber** plus the past participle of the verb in question.

27 **Indicative Mood** *(Modo indicativo).* The indicative mood in Spanish includes the four basic simple tenses and their corresponding perfect (compound) forms:

SIMPLE	PERFECT
Present *(Presente)*	Present Perfect *(Pretérito Perfecto)*
Imperfect *(Imperfecto)*	Past Perfect *(Pretérito Pluscuamperfecto)*
Preterit *(Pretérito)*	Preterit Perfect* *(Pretérito Anterior)*
Future *(Futuro)*	Future Perfect *(Futuro Perfecto)*

28 **Conditional Mood** *(Modo potencial).* The Conditional Mood, used in conditional sentences, has two forms:

SIMPLE	PERFECT
Present Conditional	Conditional Perfect
(Potencial simple)	*(Potencial compuesto)*

29 **Subjunctive Mood** *(Modo subjuntivo).* The subjunctive mood expresses the meaning of a verb that is subordinated to another. There are three simple tenses and three perfect compound tenses in the subjunctive mood:

SIMPLE	PERFECT
Present Subjunctive	Present Perfect Subjunctive
(Presente de Subj.)	*(Pretérito Perf. de Subj.)*
Past Imperfect Subjunctive	Past Perfect Subjunctive
(Pretérito Imperfecto de Subj.)	*(Pret. Pluscuamp. de Subj.)*
Future Imperfect Subjunctive**	Future Perfect Subjunctive**
(Futuro Imperfecto de Subj.)	*(Futuro Perfecto de Subj.)*

30 **Imperative Mood** *(Modo imperativo).* The imperative mood is used to express command or request, and is only conjugated in the present tense.

31 **Person and Number**
As in English, a verb must agree with its subject in person

---

* The preterit perfect *(Pretérito anterior)* is seldom used nowadays, especially in the Western Hemisphere.

** Both future subjunctive tenses, imperfect and perfect, have fallen in disuse and are not treated in this book.

and number. The persons are three: first, second and third, depending on whether the verb shows that the action is performed by the person who speaks (first), the one spoken to (second), or the one spoken of (third).

32 The verb is either singular or plural in number, depending on whether it shows that the subject consists of one person or thing, singular, or more than one, plural.

	SINGULAR		PLURAL	
First Person	yo	*(I)*	nosotros-as	*(we)*
Second Person	tú	*(thou, you)*	vosotros-as	*(you)*
Third Person	{ usted	*(you)*	{ ustedes	*(you)*
	él, ella, ello	*(he, she, it)*	ellos, ellas	*(they)*

33 **Omission of Personal Pronouns.** Unlike English, the personal pronouns may be omitted from a phrase or sentence, allowing the verb alone to denote both person and number. For instance in the sentence *Estudio español*, the verb **estudio** tells us, by its ending (**-o**) that the subject is the first person singular, **yo**, present indicative form of **estudiar**. This dropping of the pronouns is extremely frequent in Spanish.

34 **Tú** and **Usted.** Although *Tú* is the true 2nd person singular in Spanish, it is a familiar form and its proper use by the English-speaking student is rather difficult. *Tú* is generally used with close friends and members of one's own family. In all other cases, also when in doubt, the polite form *usted* should be used. *Usted*, derived from the ancient form *vuesa mested* meaning *vuestra merced* (your grace), is "safe" in most situations. *Usted* and *ustedes,* although functionally used as substitutes for *tú* and *vosotros* in the second person, are theoretically third persons and are conjugated the same as *él, ellos*.

35 **Vosotros.** *Vosotros* is the plural of *tú*. *Vosotros* is considered archaic in most of the Spanish-speaking world, and in actual practice *ustedes* is generally used as the plural of *tú*. *Vosotros* is still used in formal, religious, and diplomatic address, and in everyday speech by a large percentage of the population of Spain.

GUIDE TO THE PROPER USE OF THE DIFFERENT TENSES

Indicative Mood *(Modo indicativo)*
Simple Tenses *(Tiempos simples)*

36 **Present Tense** *(Presente de indicativo).* The following shows the endings used in the present indicative of all regular verbs.

habl-*o*	habl-*amos*	com-*o*	com-*emos*	viv-*o*	viv-*imos*
habl-*as*	habl-*áis*	com-*es*	com-*éis*	viv-*es*	viv-*ís*
habl-*a*	habl-*an*	com-*e*	com-*en*	viv-*e*	viv-*en*

The present indicative in Spanish is used very much the same way as in English.

a) It is used to express an action that takes place at the time it is said, and which has not yet ended.

> **Estudio** español   *I study Spanish.*

b) The present indicative may be used to express intention to perform some future action.

> Mañana **me levanto** temprano.   *I'll get up early tomorrow.*

37 **Past Imperfect** *(Pretérito imperfecto)*

habl-*aba*	habl-*ábamos*	com-*ía*	com-*íamos*	viv-*ía*	viv-*íamos*
habl-*abas*	habl-*abais*	com-*ías*	com-*íais*	viv-*ías*	viv-*íais*
habl-*aba*	habl-*aban*	com-*ía*	com-*ían*	viv-*ía*	viv-*ían*

The past imperfect describes a continuing action in the past and is generally used to express:

a) An action that was taking place concurrently with another.

> Yo **estudiaba** cuando Juan llegó.   *I was studying when John arrived.*

b) An action that "used to" occur, either concurrently, customarily, or at various times.

Nosotros los **visitábamos** con much frecuencia.
We used to visit them very often.

Ella **vivía** en esa casa. *She used to live in that house.*

38 Preterit *(Pretérito indefinido)*

habl-*é*	habl-*amos*	com-*í*	com-*imos*	viv-*í*	viv-*imos*
habl-*aste*	habl-*asteis*	com-*iste*	com-*isteis*	viv-*iste*	viv-*isteis*
habl-*ó*	habl-*aron*	com-*ió*	com-*ieron*	viv-*ió*	viv-*en*

The preterit in Spanish is roughly the equivalent of the simple past in English. The preterit simply states the fact that certain action took place and was completed before the statement is made.

María nos **visitó** ayer. *Mary visited us yesterday.*

39 Future *(Futuro)*

habl-*aré*	habl-*aremos*	com-*eré*	com-*eremos*	viv-*iré*	viv-*iremos*
habl-*arás*	habl-*aráis*	com-*erás*	com-*eréis*	viv-*irás*	viv-*iréis*
habl-*ará*	habl-*arán*	com-*erá*	com-*erán*	viv-*irá*	viv-*irán*

As in English, the simple future in Spanish refers to an action that will take place after the statement is made.

Mañana **hablaremos** con el director.
Tomorrow we will speak with the director.

Indicative Mood *(Modo Indicativo)*
Compound or **Perfect Tenses** *(Tiempos compuestos)*

40 Present Perfect *(Presente perfecto).* The present perfect is formed with the present indicative of the auxiliary **haber,** plus the past participle of the main verb.

| **he hablado** | **he comido** | **he vivido** |
| etc. | etc. | etc. |

The present perfect is employed very much as in English, but is used much more frequently in Spanish. Its main uses are:

a) To describe an action that has just ended.

He comido muy bien.   *I have eaten very well.*

b) To establish the fact that a certain action took place at some indefinite time in the past, usually with no reference to the specific time it occurred.

He estado en París varias veces. *I have been to Paris several times.*

c) To indicate an action that began in the past, continues to the present, and may still be occurring in the present.

Hemos vivido aquí desde hace dos años.
We have lived here for two years.

41 **Past Perfect** *(Pretérito pluscuamperfecto).* Formed with the past imperfect of the auxiliary **haber,** and the past participle of the main verb.

había hablado	**había comido**	**había vivido**
etc.	etc.	etc.

The past perfect in Spanish is used to describe an action that occurred before a particular time in the past or before some other past action.

Antes de ir a México el año pasado ya yo **había aprendido** español.
Before going to Mexico last year I had already learned Spanish.

Cuando llegué a la estación el tren ya **se había ido**.
When I arrived at the station the train had already left.

42 **Preterit Perfect** *(Pretérito anterior).* Formed with the preterit of the auxiliary **haber** and the past participle of the main verb.

hube hablado	**hube comido**	**hube vivido**
etc.	etc.	etc.

The preterit perfect is used to describe an action that was completed immediately before another action usually in the simple preterit. It is preceded by an adverb meaning immediacy such as *tan pronto como, en seguida que, así que, cuando, no bien, luego que, apenas,* etc.

Tan pronto como **hubieron llegado** a un acuerdo, se marcharon.
As soon as they had reached an agreement, they left.

Apenas **hube regresado,** lo llamé.   *I had just arrived when I called.*

Lo llamé *apenas* **hube regresado.** *I called him just after I had arrived.*

Note: The preterit perfect (pretérito anterior) is very rarely used nowadays and the simple form is used instead. Ex.: Tan pronto llegaron a un acuerdo, se marcharon. — Lo llamé apenas regresé.

43 **Future Perfect** *(Futuro perfecto).* Formed with the future indicative of the auxiliary **haber,** and the past participle of the main verb.

habré hablado	habría comido	habría vivido
etc.	etc.	etc.

It is used as follows:

a) When the verb refers to an anticipated or presumed action which is to take place and be completed before a specific time or action will occur after the statement is made.

Yo **habré hecho** todos mis compras antes de Navidad.
I will have done all my shopping before Christmas.

Cuando él llegue, ya nosotros **nos habremos ido.**
By the time he arrives, we will have already left.

b) When it is used in a tone of doubt, wonder or conjecture about some possible or probable future or past action.

Yo supongo que **habremos terminado** el curso a fines de junio.
I suppose we will have finished the course by the end of June.

¿Adónde **habrá ido** Maria?   *Where could Mary have gone?*

44 **Conditional Mood** *(Modo potencial).* The conditional mood in Spanish expresses the action of the verb as possible, conjectural, or conditional.

The conditional mood has two tenses, a simple form *(potencial simple)* and a perfect form *(potencial compuesto).*

45 **Present** or **Simple Conditional** *(Potencial simple)*

habl-*aría*	habl-*aríamos*	com-*ería*	com-*eríamos*	viv-*iría*	viv-*iríamos*
habl-*arías*	habl-*aríais*	com-*erías*	com-*eríais*	viv-*irías*	viv-*iríais*
habl-*aría*	habl-*arían*	com-*ería*	com-*erían*	viv-*iría*	viv-*irían*

The simple conditional form denotes that the possibility, condition, or probable action expressed by the verb, is still valid. The conditional form may apply to the present, past, or future, since it does not denote time, but rather the possibility or probability of a certain action.

a) The conditional tense is used to form part of conditional sentences, together with the subjunctives, in present-unreal situations. In these conditional sentences, the conditional verb is used in the main clause and the imperfect subjunctive in the "if" (si) conditional clause.

Si yo tuviera dinero no **trabajaría**.   *If I had money I would not work.*

Si no fuera tan tarde **iría** con usted.
If it weren't so late I would go with you.

b) The conditionals are also used in indirect discourse, in other words, when telling what someone said in the past about some future action.

For instance, when speaking in present tense form, we would say:

Juan dice que **estará** en casa.   *John says he will be at home.*

In past tense form we would say:

Juan dijo que **estaría** en casa. *John said he would be at home.*

Ellos prometieron que lo **harían** en seguida.
They promised they would do it right away.

El maestro explicó por qué no **podríamos** pasar el exámen.
The teacher explained why we couldn't pass the examination.

46 Perfect Conditional Tense *(Potencial compuesto).* Formed with the conditional of the auxiliary **haber** and the past participle of the main verb:

habría hablado	habría comido	habría vivido
etc.	etc.	etc.

The perfect conditional indicates that, in general, the possible condition or probable action is no longer valid, thus expressing an unreal or hypothetical situation.

a) The perfect conditional is used in the main clause of past unreal conditional sentences. The dependent (conditional) clause, usually preceded by *si* (if) contains the past perfect subjunctive.

Si hubiera tenido dinero, lo **habría comprado**.
If I had had the money I would have bought it.

Habríamos ido a la playa el domingo, si hubiéramos tenido automóvil.
We would go to the beach on Sunday, if we had a car.

b) The perfect conditional is also used in indirect discourse when telling what someone else has said, written, declared, replied, etc., in conditional form in the past. This means, of course, that what was said did not actually occur.

For instance:

El dijo que **vendría** si tuviera tiempo *(He said he would come if he had time)*. In indirect form we would have

El me había dicho que **habría venido** si hubiera tenido tiempo *(He had told me that he would have come if he had had time)*.

El profesor había explicado que no **habríamos podido** pasar el exámen, si no hubiéramos estudiado. *The teacher had explained that we would not have passed the exam if we had not studied.*

¿Cómo **habría llegado** usted a tiempo si yo no lo hubiera traído en mi automóvil? *How would you have arrived on time if I had not brought you in my car?*

47 Subjunctive Mood *(Modo subjuntivo)*. The subjunctive is used very extensively in Spanish and is perhaps second only to the present tense in frequency of use. It requires careful study by the English-speaking student, since the subjunctive in English is of little consequence and extremely simple by comparison.

The subjunctive is generally used in dependent (subordinate) clauses and is usually preceded by the conjunction *que* (that). The subjunctive is always used in connection with a main verb, mentioned or implied in the same sentence or in a previous one.

USES OF THE SUBJUNCTIVE IN SPANISH

48 In general terms, it may be said that the subjunctive is used* when some uncertain fact or action, is related to another verb in the indicative.

For example, the following is a sentence with two clauses, both in the indicative.

> Pedro **dice** que *es* verdad. *Peter says that it is true.*

In the above example, **dice** refers to a certain, definite fact, and the verb **decir** has a positive, objective meaning. If, however, we use the verb **dudar** instead, expressing doubt on the part of the subject (Pedro), then we can not use the indicative in the subordinate clause with *es* and we must change it to the subjunctive:

> Pedro *duda* que **sea** verdad. *Peter doubts that it be (is) true.*

I) The subjunctive after verbs of wish or command

The most common use of the subjunctive in Spanish is after verbs of wish or command, such as **querer, desear, pedir, exigir, insistir, preferir**, etc., but always when two different subjects are used. Whereas in English an infinitive is used, in Spanish we must use the subjunctive.

> El profesor *desea* que todos **estudiemos** la lección.
> *The teacher wants all of us to study the lesson.*

> ¿Qué *quiere* Ud. que yo **haga**?
> *What do you want me to do?*

> Mis padres insisten en que yo **viva** con ellos.
> *My parents insist that I live with them.*

2) The subjunctive after verbs of emotion

The subjunctive is used after verbs of emotion, such as **sentir, alegrarse, lamentar, temer, extrañarse, sorprenderse**, and others. As in all other cases, the subjunctive clause must have its own subject, different from that of the main clause.

---

*Most examples on the use of the subjunctive mood in this section are given in the present subjunctive only.

Me alegro que usted **esté** contento con las clases.
I am glad that you are happy with the (your) classes.

¿No *le extraña* que ella no **haya llegado** aún?
Don't you think it is strange that she has not arrived yet?

Tememos que las cosas no **anden** tan bien como parecen.
I fear that things are not going so well as they seem.

3) The subjunctive after doubt, uncertainty, negation

The subjunctive is used after expressions of doubt or uncertainty on the part of the speaker, often containing a verb in negative form or of negative meaning, such as **dudar, impedir, rechazar, rehusar, oponerse, prohibir**, etc. Again, here, we must have a different subject for the subjunctive clause.

La señora *niega* que su hijo **sea** el que rompió la ventana.
The lady denies that her son is the one that broke the window.

Sus padres *se oponen* a que ella **se case** tan joven.
Her parents oppose her marrying so young.

Dudo que **sea** verdad. *I doubt that it be true.*

4) The subjunctive referring to a hypothetical or unknown person or thing

The subjunctive is used in subordinate clauses where the word *que* (which, who) is used as a pronoun, referring to an indefinite or hypothetical person or thing, or relating to the main verb of the preceding (main) clause.

Necesito una sirvienta *que* **sepa** cocinar bien.
I need a maid who knows how to cook well.

Se lo daré al primero *que* **venga**.
I will give it to the first one that comes along.

No hay nadie *que* nos **crea**. *There is no one that will believe us.*

5) The subjunctive after certain phrases and words

The subjunctive is used in adverbial clauses preceded by conjunctions expressing future action or state, result, purpose, supposition and concession. Some of these are *cuando, antes que, hasta que, tan pronto como, mientras, para que, a fin de que, de manera que, aunque, a menos que, con tal que,* etc.

No se vaya *antes que* él **venga**. *Don't leave before he arrives.*

Mientras usted no **sepa** hablar inglés no podrá trabajar.
As long as you don't speak English you will not be able to work.

Parece que no puedo hacer nada *sin que* mi esposa **se entere**.
It seems I can't do anything without my wife finding out about it.

The subjunctive is also used after these words:

a) *Ojalá*, in exclamations expressing hope, yearning, expectation, or wishful thinking:

¡*Ojalá* que no **llueva** mañana! *I hope it does not rain tomorrow!*

b) *Quienquiera* (whoever), *cualquiera* (whatever), *dondequiera* (wherever), are always followed by *que* and a subjunctive.

Lo encontraré *dondequiera* que él **esté**.
I'll find him no matter where (wherever) he is.

Cualquiera que **sea** su motivo, no tiene justificación.
Whatever his motive was, it is not justified.

No abra la puerta, *quienquiera* que **sea**.
Don't open the door, whoever it may be.

c) The phrase *como si* (as though, as if) is usually followed by a subjunctive, expressing a contrary-to-fact situation. If the imaginary action applies to the present or future.

Juan se porta **como si** no supiera nada.
John behaves as if he knew nothing.

If referring to a past-unreal situation, the past perfect subjunctive is used.

Me siento *como si* no **hubiera** dormido en toda la noche.
I feel as if I had not slept at all last night.

– 19 –

49 Present Subjunctive (*Presente de subjuntivo*)

habl-*e*	habl-*emos*	com-*a*	com-*amos*	viv-*a*	viv-*amos*
habl-*es*	habl-*éis*	com-*as*	com-*áis*	viv-*as*	viv-*áis*
habl-*e*	habl-*en*	com-*a*	com-*an*	viv-*a*	viv-*an*

The present subjunctive is used in subjunctive clauses referring to present or future time, usually related to a main clause containing a verb in the present indicative.

Me alegro que su familia **esté** bien. *I am glad that your family is well.*

¿ Qué quiere que yo **haga**? *What do you want me to do?*

50 Past Imperfect Subjunctive (*Pretérito de subjuntivo*)

habl-*ara*	habl-*áramos*	com-*iera*	com-*iéramos*	viv-*iera*	viv-*iéramos*
habl-*aras*	habl-*arais*	com-*ieras*	com-*ierais*	viv-*ieras*	viv-*ierais*
habl-*ara*	habl-*aran*	com-*iera*	com-*ieran*	viv-*iera*	viv-*ieran*

Also used, although obsolescent, is the following set of endings for the past imperfect subjunctive:

habl-*ase*	habl-*ásemos*	com-*iese*	com-*iésemos*	viv-*iese*	viv-*iésemos*
habl-*ases*	habl-*aseis*	com-*ieses*	com-*ieseis*	viv-*ieses*	viv-*ieseis*
habl-*ase*	habl-*asen*	com-*iese*	com-*iesen*	viv-*iese*	viv-*iesen*

1) The past imperfect subjunctive is used in subjunctive clauses, when the main verb in any of the past tenses of indicative is the preterit, past imperfect, or the past perfect. In other words, it is used to express the verb in subjunctive form in past time situations.

Juan le *dijo* que **se callara**. *John told him to keep quiet.*

No nos *permitían* que **habláramos** inglés en la clase.
We were not allowed to speak English in the class.

2) The past imperfect subjunctive is also used in the conditional or "if" (*si*) clause in conditional sentences, when the main verb is in present conditional form (*potencial simple*).

Si yo **tuviera** tiempo, *iría* a verlo.
If I had time, I would go to see him.

Si **pudiéramos**, le *haríamos* ese favor.
If we were able to, we would do him that favor.

51 Present Perfect Subjunctive *(Pretérito perfecto de subjuntivo)*. Formed with the present subjunctive of the auxiliary verb **haber**, and the past participle of the verb.

haya hablado	**haya comido**	**haya vivido**
etc.	etc.	etc.

a) The present perfect subjunctive is used in subjunctive clauses to express an uncertain, not yet established fact, in connection with a main verb, expressed or implied (as with *quizás, ojalá, es posible,* etc.) in the present indicative.

No creo que él **haya llegado** aún. *I don't think he has arrived yet.*

Quizás él ya **haya llegado**. *Perhaps he has already arrived.*

Parece increíble que ellos **hayan hecho** tal cosa.
It seems incredible that they have done such a thing.

b) The present perfect subjunctive is also sometimes used as a substitute for the imperfect subjunctive, when referring to a past action. For example instead of :

Siento mucho que yo no **estuviera** en casa cuando usted me llamó.
I am very sorry that I was not at home when you telephoned.

We could say:

Siento mucho que yo no **haya estado** en casa cuando usted me llamó.
I am very sorry not to have been at home when you telephoned.

52 Past Perfect Subjunctive *(Pretérito pluscuamperfecto de subjuntivo)*. Formed with the past imperfect subjunctive of the auxiliary verb **haber**, and the past participle of the verb.

hubiera hablado	**hubiera comido**	**hubiera vivido**
etc.	etc.	etc.

Also used, although rather infrequently:

hubiese hablado	**hubiese comido**	**hubiese vivido**
etc.	etc.	etc.

a) The past perfect subjunctive may be used in a subjunctive clause subordinated to a main verb in a past indicative tense, usually the past imperfect. It expresses, in subjunctive form, a fact or action prior to the main verb.

María *dudaba* que yo **hubiera pasado** el examen.
Mary doubted that I had passed the examination.

b) The past perfect subjunctive is mainly used in the conditional (subordinate) clause of conditional sentences indicating an unreal or contrary-to-fact situation in the past. In such cases, the main clause contains a verb in the perfect conditional tense.

Si yo lo **hubiera sabido**, *habría venido* más temprano.
If I had known it, I would have come earlier.

Jorge me *habría ayudado* si él **hubiera podido**.
George would have helped me if he had been able.

53 SPECIAL CONJUGATIONS *(Conjugaciones perifrásticas)*

There are many special conjugations formed with auxiliaries other than **haber** and **ser** (see No. 8). The Spanish language is particularly rich in these special conjugations, all of which are formed with an auxiliary verb in any of the various moods, plus an infinitive, a present participle, or a past participle. In most of these forms the words *a, de,* and *que* are used in order to form the entire verb phrase. The most frequently used of these forms, grouped according to their meaning, are:

54 *Continuous* or *progressive action* — notably formed with **estar**, but also with **ir, venir, llegar, salir, entrar, andar,** plus a present participle (gerundio).

El niño **está llorando**. *The child is crying.*

Dijo que **vendría corriendo**. *He said he would come running.*

Seguramente **llegará quejándose** de todo.
He will probably get here complaining about everything.

Entré pensando en otra cosa.
I entered thinking about something else.

Continuous action with **estar** plus a present participle (gerundio) is by far the most important and undoubtedly the most useful of the special conjugations. It is conjugated in all the tenses, particularly in the present and past imperfect indicative tenses. Although its use is similar to the English equivalent, the Spanish version adheres more strictly to the continuous nature of its definition. For instance, when we say *estoy estudiando español* we are referring to an action that is actually occurring when mentioned, while in English "I am studying Spanish" most probably means that the action of studying occurs from day to day, not necessarily when stated.

55 *Beginning action* — formed with a verb expressing the starting or beginning of some action, plus the preposition *a* and an infinitive.

Comenzó a llover. *It started to rain.*

Empezaron a jugar. *They started to play.*

La máquina **echó a andar.** *The machine started to run.*

Me dijo que **volvería a llamarme.** *He told me he would call me again.*

56 *Termination* — with **acabar de** and **terminar de** plus an infinitive.

¿Cuándo **acabarás de hacerlo**? *When will you finish doing it?*

Juan **terminó de trabajar** y se marchó. *John finished working and left.*

57 *Possibility* — with **poder** plus an infinitive.

No **pude ir** porque estaba enfermo.
I was not able to go because I was ill.

58 *Wish* — **querer** plus an infinitive.

No me **quiso decir** nada. *He did not wish to tell me anything.*

59 *Obligation* or *necessity* — **deber, tener que, haber que,** plus an infinitive. **Haber que** is only used in the third person *(ello)* singular.

Debemos hacer todo lo posible. *We must do everything possible.*

Ud. **tendrá que decidirse**. *You will have to make up your mind.*

Hay que aprender de memoria esta lista. *This list must be memorized.*

60 *Intention* — **ir a** plus an infinitive, in the present and past imperfect indicative tenses: **Ir a** in all other tenses loses its meaning of intention *(going to, was going to)* and reverts to the regular meaning of **ir** *(to go)*.

Voy a tomar unas vacaciones. *I am going to take a vacation.*

El **iba a llamarme** pero no pudo.
He was going to call me but he couldn't.

61 *Conjecture* — **deber de** plus an infinitive. **Deber de** must not be confused with **deber**, without **de**, see No. 59 above.

José **debe de estar** enfermo, porque no ha venido a trabajar hoy.
Joseph must be sick because he has not come to work today.

El tren ya **debe de haber llegado**. *The train must have arrived already.*

62 REGULAR VERBS WITH SPELLING CHANGES

Some regular verbs in Spanish undergo certain changes in spelling, mainly to retain the original hard *c, g* or *z* sounds of their infinitives. In spite of these spelling changes, such verbs are considered regular.

For example, using the regular verb **tocar** we say **yo toqué** in the preterit. Since it is not possible to pronounce the hard *c* (k) sound before the regular ending *e*, we introduce *-que* as a substitute, obtaining the same sound. The same would occur in the imperative: **Toque** el piano *(Play the piano)*.

In fact, these changes always occur in all persons of the imperative, and in the first person singular *(yo)* of the present or past indicative.

Ernesto *pagó* un dolar y yo **pagué** dos.
Ernest paid one dollar and I paid two.

Yo **cruce** la calle pero ella no la *cruzó*.
I crossed the street but she did not.

Mientras Maria *coge* flores, yo **cojo** frutas.
While Mary picks flowers, I pick fruit.

63 The following is a list of the most frequent regular verbs that undergo spelling changes:

-CAR *(-que, qué)*
acercar, buscar, edificar, explicar, indicar, sacar, tocar
-ZAR *(-ce, -cé)*
cazar, cruzar, lanzar, amenazar, gozar, rezar, destrozar
-CER *(-za, -zo)*
vencer
-GAR *(-gue, -gué)*
ahogar, llegar, pagar, juzgar
-GUIR *(-ga, -go)*
distinguir, extinguir
-GER *(-ja, -jo)*
coger, recoger, escoger, proteger
-GIR *(-ge, -gí)*
dirigir, exigir, fingir

IRREGULAR VERBS

Irregular verbs in Spanish may be roughly divided into two major groups:
Verbs of *special* irregularity.
Verbs of *common* irregularity.

64 Verbs of *special* irregularity can not be used as models for other verbs, except their compound forms. For example, **decir** can not be used as a model except for verbs that are derived from that term, such as **contradecir, desdecir,** and **predecir.**

Verbs of special irregularity are:
— andar, asir, caber, caer, dar, decir, erguir, estar, haber, hacer, ir.
— oír, placer, poder, podrir (pudrir), poner, querer, saber, ser, tener.
— traer, venir, ver, yacer.

All of these are common verbs (possibly except **asir**, *to grasp*) and are fully conjugated in this book). They should be thoroughly studied.

65 Verbs of *common* irregularity have been arranged into eleven groups.

Root (stem)-changing verbs. Vowel changes in the stem or root occur when the stress falls on that vowel. For instance, in **queremos** (verb **querer**), the stress falls outside of the stem, whereas we must say **quiero**, since the stress falls on the **e** of the stem.

66 Group I — Root-changing (e to ie) — First and Second conjugations, *-ar* and *-er* ending verbs.

Verbs in this group are:
— **acertar, apretar, calentar, cerrar, pensar,** etc.
— **querer, perder, entender,** etc.

For example, the verbs **pensar** and **perder**:

Present Indicative		Present Subjunctive		Imperative	
pienso	*pierdo*	*piense*	*pierda*		
piensas	*pierdes*	*pienses*	*pierdas*	*piensa*	*pierde*
piensa	*pierde*	*piense*	*pierda*	*piense*	*pierda*
pensamos	perdemos	pensemos	perdamos	pensemos	perdamos
pensáis	perdéis	penséis	perdáis	pensad	perded
piensan	*pierden*	*piensen*	*pierdan*	*piensen*	*pierdan*

Common -AR verbs in this group (e to ie) are:

acertar	calentar	deshelar	ensangrentar
acrecentar	cegar	desmembrar	enterrar
alentar	cerrar	despertar	errar
apacentar	cimentar	desplegar	escarmentar
apretar	comenzar	desterrar	fregar
arrendar	confesar	emparentar	gobernar
asentar	desacertar	empezar	helar
aserrar	desalentar	encerrar	herrar
atentar	desconcertar	encomendar	invernar
atravesar	desenterrar	enmendar	manifestar
			mentar

– 26 –

merendar	refregar	restregar	soterrar
negar	regar	reventar	subarrendar
nevar (def.)	regimentar	segar	temblar
pensar	remendar	sembrar	tentar
plegar	renegar	sentar	trasegar
quebrar	replegar	serrar	travesar
recalentar	requebrar	sosegar	tropezar
recomendar			

Common -ER verbs in this group (e to ie) are:

ascender	descender	extender	subentender
atender	desentenderse	heder	transcender
condescender	destender	hender	trascender
contender	distender	perder	tender
defender	encender	reverter	verter
desatender	entender	sobrentender	

67 Group 2 – Root-changing (o to ue) – First and Second conjugations, -ar and -er ending verbs.
Verbs in this group are:
– contar, encontrar, colgar, recordar, soltar, etc.
– volver, mover.

For example, the verbs **contar** and **volver**:

Present Indicative		Present Subjunctive		Imperative	
cuento	*vuelvo*	*cuente*	*vuelva*		
cuentas	*vuelves*	*cuentes*	*vuelvas*	*cuenta*	*vuelva*
cuenta	*vuelve*	*cuenté*	*vuelva*	*cuente*	*vuelve*
contamos	volvemos	contemos	volvamos	contemos	volvamos
contáis	volvéis	contéis	volváis	contad	volved
cuentan	*vuelven*	*cuenten*	*vuelvan*	*cuenten*	*vuelvan*

Common -AR verbs in this group (o to ue) are:

acordar	amoblar	aprobar	colar
acostar	amolar	asolar	colgar
almorzar	apostar	avergonzar	comprobar

concordar	descontar	recontar	rodar
consolar	desollar	recordar	rogar
contar	despoblar	recostar	soldar
costar	encontrar	reforzar	soltar
degollar	esforzar	renovar	sonar
demostrar	forzar	repoblar	soñar
desamoblar	holgar	reprobar	tostar
desaprobar	hollar	resollar	trocar
descolgar	mostrar	resonar	tronar
descollar	poblar	retostar	volar
desconsolar	probar	revolar	volcar
	recolar		

Common -ER verbs in this group (**o** to **ue**) are:

absolver	devolver	mover	resolver
cocer	disolver	oler	retorcer
condoler	doler	poder	revolver
conmover	envolver	promover	soler
contorcerse	llover (def.)	remoler	torcer
demoler	moler	remorder	volver
destorcer	morder	remover	

68 Group 3 — Root-changing (**e** to **i**) — Third conjugation, *-ir* ending verbs, such as **servir** and all other verbs ending in

-ebir,	like	**concebir**	*-edir,*	like	**pedir**
-egir,	like	**elegir**	*-eguir,*	like	**seguir**
-emir,	like	**gemir**	*-endir,*	like	**rendir**
-estir,	like	**vestir**	*-etir,*	like	**repetir**

Verbs in this group change the **e** of the stem to **i** whenever 1) the stress falls on the **e**, or 2) when the verb ending begins with **a** (present subjunctive, imperative) or with a diphtong, as in the 3rd person singular of the preterit, all persons of the imperfect subjunctive, and the present participle.

For example, the verb **pedir** :

Present Participle (Gerundio): *pidiendo*

Pres. Ind.	Pret. Ind.	Pres. Subj.	Imperf. Subj.	Imperative
pido	*pedí*	*pida*	*pidiera*	
pides	*pediste*	*pidas*	*pidieras*	*pide*
pide	*pidió*	*pida*	*pidiera*	*pida*

pedimos	pedimos	*pidamos*	*pidiéramos*	*pidamos*
pedís	pedisteis	*pidáis*	*pidierais*	pedid
piden	*pidieron*	*pidan*	*pidieran*	*pidan*

Common verbs in this group (**e** to **i**) are:

competir	desvestir	investir	regir
concebir	elegir	medir	rendir
conseguir	embestir	pedir	repetir
corregir	expedir	perseguir	revestir
derretir	gemir	preconcebir	seguir
desmedirse	henchir	proseguir	servir
despedir	impedir	reelegir	sobrevestir
			vestir

69 **Group 4 — Root-changing (e to i) —** Third conjugation verbs ending in *-eir* and *-eñir*, such as **reir, sonreir, teñir.**

Same as Group 3, except that the verb endings of the present participle, preterit indicative and imperfect subjunctive lose the **i** of the regular endings.

For example, the verb **reir** :
Present Participle (Gerundio): *riendo*

Pres. Ind.	Pret. Ind.	Pres. Subj.	Imperf. Subj.	Imperative
río	*reí*	*ría*	*riera*	
ríes	*reíste*	*rías*	*rieras*	*ríe*
ríe	*rió*	*ría*	*riera*	*ría*
reímos	*reímos*	*riamos*	*riéramos*	*riamos*
reís	*reísteis*	*riáis*	*rierais*	reíd
ríen	*rieron*	*rían*	*rieran*	*rían*

Common verbs in this group (**e** to **i**) are:

ceñir	freir	refreir	reñir
constreñir	receñir	reír	sonreir
desteñir		teñir	

70 **Group·5 — Root-changing (e to ie, e to i) —** Third conjugation verbs ending in

-entir, like **sentir, asentir, consentir, mentir,** etc.
-erir, like **herir, preferir, referir, sugerir,** etc.
-ertir, like **divertir, convertir, advertir, pervertir,** etc.
Also the verb **hervir.**

Same as with 1st and 2nd conjugation verbs, the unstressed **e** of the stem is changed to **ie,** or changed to **i** when unstressed, as in the 3rd person singular and plural of the preterit. In addition, they share the irregularity of 3rd conjugation verbs of groups 4 and 5, of dropping the **i** of the regular endings of the present participle, preterit, and imperfect subjunctive.

For example, the verb **sentir** :
Present Participle (Gerundio): *sintiendo*

Pres. Ind.	Pret. Ind.	Pres. Subj.	Imperf. Subj.	Imperative
siento	*sentí*	*sienta*	*sintiera*	
sientes	*sentiste*	*sientas*	*sintieras*	*siente*
siente	*sintió*	*sienta*	*sintiera*	*sienta*
sentimos	*sentimos*	*sintamos*	*sintiéramos*	*sintamos*
sentís	*sentisteis*	*sintáis*	*sintierais*	*sentid*
sienten	*sintieron*	*sientan*	*sintieran*	*sientan*

Common verbs in this group (**e** to **ie, e** to **i**) are:

adeherir	diferir	invertir	resentirse
advertir	digerir	malherir	revertir
arrepentirse	disentir	mentir	sentir
asentir	divertir	pervertir	subvertir
conferir	herir	preferir	sugerir
consentir	hervir	presentir	transferir
controvertir	inferir	proferir	trasferir
convertir	ingerir	referir	zaherir
desmentir	injerir	requerir	

71 **Group 6 — Root-changing (o to ue and o to u) — dormir and morir.**

The unstressed **o** of the stem is changed to **ue,** or changed to **u** when the regular ending begins with **a** or a diphtong, as with the **e** to **ie** and **e** to **i** verbs.

For example, the verb **dormir** :
Present Participle (Gerundio): *durmiendo*

Pres. Ind.	Pret. Ind.	Pres. Subj.	Imperf. Subj.	Imperative
duermo	*dormí*	*duerma*	*durmiera*	
duermes	*dormiste*	*duermas*	*durmieras*	*duerme*
duerme	*durmió*	*duerma*	*durmiera*	*duerma*
dormimos	*dormimos*	*durmamos*	*durmiéramos*	*durmamos*
dormís	*dormisteis*	*durmáis*	*durmierais*	*dormid*
duermen	*durmieron*	*duerman*	*durmieran*	*duerman*

72 **Group 7** – All verbs ending in -*uir*, like **construir, huir, incluir,** etc.. undergo the following changes:

1) The letter **y** is introduced after the **u** of the stem before all verb endings except **i**, in the present indicative, present subjunctive, and imperative.

2) The **i** of the -*uir* ending is changed to **y** before all endings which do not begin with **i**, in the present participle, preterit indicative, and imperfect subjunctive.

For example, the verb **huir** :
Present Participle (Gerundio): *huyendo*

Pres. Ind.	Pret. Ind.	Pres. Subj.	Imperf. Subj.	Imperative
huyo	*huí*	*huya*	*huyera*	
huyes	*huiste*	*huyas*	*huyeras*	*huye*
huye	*huyó*	*huya*	*huyera*	*huya*
huimos	*huimos*	*huyamos*	*huyéramos*	*huyamos*
huís	*huisteis*	*huyáis*	*huyerais*	*huid*
huyen	*huyeron*	*huyan*	*huyeran*	*huyan*

Common verbs in this group are:

afluir	derruir	huir	recluir
argüir	destituir	imbuir	reconstituir
atribuir	destruir	incluir	reconstruir
concluir	diluir	influir	rehuir
confluir	disminuir	instituir	restituir
constituir	distribuir	instruir	retribuir
construir	excluir	obstruir	sustituir
contribuir	fluir	prostituir	

73 Group 8 – Verbs ending in

- *acer*, like **nacer, renacer**, etc. (except **hacer, placer** and **yacer**).
- *ecer*, like **parecer, ofrecer, agradecer**, etc. (except **mecer**).
- *ocer*, like **conocer, desconocer, reconocer** (except **cocer**).
- *ucir*, like **lucir, relucir, deslucir, entrelucir, traslucir** (those ending in - *ducir*, see Group 9, not included).

All verbs ending in - *cer*, preceded by a vowel (-*acer*, -*ecer*, -*ocer*, -*ucir*) acquire a **z** before the **c** of the stem in the first person singular of the present indicative (for example, *conozco*) and all persons of the present subjunctive and the imperative. Note the exceptions above, notably **hacer**.

For example, the verb **ofrecer**:

Present Indicative	Present Subjunctive	Imperative
ofrezco	*ofrezca*	
ofreces	*ofrezcas*	*ofrece*
ofrece	*ofrezca*	*ofrezca*
ofrecemos	*ofrezcamos*	*ofrezcamos*
ofrecéis	*ofrezcáis*	*ofreced*
ofrecen	*ofrezcan*	*ofrezcan*

Common verbs in this group (ending in -*acer, -ecer, -ocer*) are:

abastecer	desagradecer	encanecer	escarnecer
aborrecer	desaparecer	encarecer	establecer
adolecer	desconocer	endurecer	estremecer
adormecer	desembellecer	enflaquecer	fallecer
agradecer	desfallecer	enfurecer	favorecer
aparecer	desfavorecer	engrandecer	florecer
apetecer	desmerecer	enloquecer	merecer
carecer	desobedecer	enmudecer	obedecer
clarecer	desvanecer	ennegrecer	ofrecer
compadecer	embellecer	ennoblecer	prevalecer
comparecer	embrutecer	enriquecer	reconocer
complacer	empalidecer	enrojecer	rejuvenecer
conocer	empequeñecer	ensordecer	resplandecer
convalecer	empobrecer	enternecer	renacer
crecer	enaltecer	entorpecer	restablecer
decrecer	enardecer	entristecer	robustecer

74 Group 9 — All verbs ending in -*ducir*, like **producir, conducir, reducir, traducir,** etc.

Verbs ending in -*ducir* also acquire **z** before the **c** of the stem (for example *produzco, conduzco*) in the present indicative and subjunctive and in the imperative like the -*ucir* verbs of Group 8.

However, the -*ducir* ending verbs have two additional irregularities and undergo the following changes:

1) The **c** of the stem is changed to **j** in preterit of indicative and the imperfect subjunctive.

2) In addition to changing the **c** to **j**, the initial **i** of the regular verb endings is dropped in the preterit indicative and the imperfect subjunctive.

3) The endings of the first and third persons singular of the preterit are *e, o,* instead of the regular endings *í, ió.* Thus we must say *produjo, condujo,* compared with *lució, relució* of Group 8.

For example, the verb **conducir**:

Pres. Ind.	Pret. Ind.	Pres. Subj.	Imperf. Subj.	Imperative
conduzco	*conduje*	*conduzca*	*condujera*	
conduces	*condujiste*	*conduzcas*	*condujeras*	conduce
conduce	*condujo*	*conduzca*	*condujera*	*conduzca*
conducimos	*condujimos*	*conduzcamos*	*condujéramos*	*conduzcamos*
conducís	*condujisteis*	*conduzcáis*	*condujerais*	conducid
conducen	*condujeron*	*conduzcan*	*condujeran*	*conduzcan*

Common verbs in this group (ending in -*ducir*) are:

aducir	inducir	producir	reproducir
conducir	introducir	reducir	seducir
deducir			traducir

75 Group 10 — The verbs **valer, equivaler, salir, sobresalir.** Valer and **salir** and their derivates **equivaler** and **sobresalir,** are irregular in the following ways:

1) The letter **g** is introduced after the **l** of the stem, before **o** and **a** of the verb endings, in the present indicative, present subjunctive and in the imperative. In the imperative, the **e** ending of the second person singular (*tú*) is dropped, thus saying **sal** *tú* (and not *sale*).

2) The **e** of the infinitive stem in the future indicative and the conditional is changed to **d.** Example:

¿Cuándo **valdrá** ese sombrero?
Saldriamos a comer fuera pero no podemos.

Thus, the tenses where **valer** and **salir** show irregularities are:

Pres. Ind.		Future Ind.		Pres. Cond.	
salgo	valgo	saldré	valdré	saldría	valdría
sales	vales	saldrás	valdrás	saldrías	valdrías
sale	vale	saldrá	valdrá	saldría	valdría
salimos	valemos	saldremos	valdremos	saldríamos	valdríamos
salís	valed	saldréis	valdréis	saldríais	valdríais
salen	valen	saldrán	valdrán	saldrían	valdrían

Pres. Subj.		Imperative	
salga	valga		
salgas	valgas	sal	val (vale)
salga	valga	salga	valga
salgamos	valgamos	salgamos	valgamos
salgáis	valgáis	salid	valed
salgan	valgan	salgan	valgan

76 Group II — The verbs **jugar**, **adquirir**, and **inquirir**.
The u of **jugar** is changed to **ue**, and the i of the stem of **adquirir** is changed to **ie** in the present indicative, present subjunctive and in the imperative. The u after the g in the present subjunctive of **jugar** is not pronounced.

Pres. Ind.		Pres. Subj.		Imperative	
juego	adquiero	juegue	adquiera		
juegas	adquieres	juegues	adquieras	juega	adquiere
juega	adquiere	juegue	adquiera	juegue	adquiera
jugamos	adquirimos	juguemos	adquiramos	juguemos	adquiramos
jugáis	adquirís	juguéis	adquiráis	jugad	adquirid
juegan	adquieren	jueguen	adquieran	jueguen	adquieran

MODEL CONJUGATIONS
Guide to regular verb endings

Mood & Tense	1st Conj.	2nd Conj.	3rd Conj.	Aux. verb haber
INFINITIVE	HABL-AR	COM-ER	VIV-IR	HABER
Present Participle	habl-ando	com-iendo	viv-iendo	habiendo
Past Participle	habl-ado	com-ido	viv-ido	habido
INDICATIVE				
Present Yo	habl-o	com-o	viv-o	he
Tú	habl-as	com-es	viv-es	has
Ud., él	habl-a	com-e	viv-e	ha
Nosotros	habl-amos	com-emos	viv-imos	hemos
Vosotros	habl-áis	com-éis	viv-ís	habéis
Uds., ellos	habl-an	com-en	viv-en	han
Past Imperfect				
Yo	habl-aba	com-ía	viv-ía	había
Tú	habl-abas	com-ías	viv-ías	habías
Ud., él	habl-aba	com-ía	viv-ía	había
Nosotros	habl-ábamos	com-íamos	viv-íamos	habíamos
Vosotros	habl-abais	com-íais	viv-íais	habíais
Uds., ellos	habl-aban	com-ían	viv-ían	habían

MODEL CONJUGATIONS *(Cont'd)*
Guide to regular verb endings

Mood & Tense		1st Conj.	2nd Conj.	3rd Conj.	Aux. verb haber
Preterit	Yo	habl-*é*	com-*í*	viv-*í*	*hube*
	Tú	habl-*aste*	com-*iste*	viv-*iste*	*hubiste*
	Ud., él	habl-*ó*	com-*ió*	viv-*ió*	*hubo*
	Nosotros	habl-*amos*	com-*imos*	viv-*imos*	*hubimos*
	Vosotros	habl-*asteis*	com-*isteis*	viv-*isteis*	*hubisteis*
	Uds., ellos	habl-*aron*	com-*ieron*	viv-*ieron*	*hubieron*
Future	Yo	hablar-*é*	comer-*é*	vivir-*é*	*habré*
	Tú	hablar-*ás*	comer-*ás*	vivir-*ás*	*habrás*
	Ud., él	hablar-*á*	comer-*á*	vivir-*á*	*habrá*
	Nosotros	hablar-*emos*	comer-*emos*	vivir-*emos*	*habremos*
	Vosotros	hablar-*éis*	comer-*éis*	vivir-*éis*	*habráis*
	Uds., ellos	hablar-*án*	comer-*án*	vivir-*án*	*habrán*
CONDITIONAL	Yo	hablar-*ía*	comer-*ía*	vivir-*ía*	*habría*
	Tú	hablar-*ías*	comer-*ías*	vivir-*ías*	*habrías*
	Ud., él	hablar-*ía*	comer-*ía*	vivir-*ía*	*habría*
	Nosotros	hablar-*íamos*	comer-*íamos*	vivir-*íamos*	*habríamos*
	Vosotros	hablar-*íais*	comer-*íais*	vivir-*íais*	*habríais*
	Uds., ellos	hablar-*ían*	comer-*ían*	vivir-*ían*	*habrían*

Mood & Tense		1st Conj.	2nd Conj.	3rd Conj.	Aux. verb haber
SUBJUNCTIVE					
Present	Yo	habl-*e*	com-*a*	viv-*a*	*haya*
	Tú	habl-*es*	com-*as*	viv-*as*	*hayas*
	Ud., él	habl-*e*	com-*a*	viv-*a*	*haya*
	Nosotros	habl-*emos*	com-*amos*	viv-*amos*	*hayamos*
	Vosotros	habl-*éis*	com-*áis*	viv-*áis*	*hayáis*
	Uds., ellos	habl-*en*	com-*an*	viv-*an*	*hayan*
Past Imperfect	Yo	habl-*ara*	com-*iera*	viv-*iera*	*hubiera*
	Tú	habl-*aras*	com-*ieras*	viv-*ieras*	*hubieras*
	Ud., él	habl-*ara*	com-*iera*	viv-*iera*	*hubiera*
	Nosotros	habl-*áramos*	com-*iéramos*	viv-*iéramos*	*hubiéramos*
	Vosotros	habl-*arais*	com-*ierais*	viv-*ierais*	*hubierais*
	Uds., ellos	habl-*aran*	com-*ieran*	viv-*ieran*	*hubieran*
	Yo	habl-*ase*	com-*iese*	viv-*iese*	*hubiese*
	Tú	habl-*ases*	com-*ieses*	viv-*ieses*	*hubieses*
	Ud., él	habl-*ase*	com-*iese*	viv-*iese*	*hubiese*
	Nosotros	habl-*ásemos*	com-*iésemos*	viv-*iésemos*	*hubiésemos*
	Vosotros	habl-*aseis*	com-*ieseis*	viv-*ieseis*	*hubieseis*
	Uds., ellos	habl-*asen*	com-*iesen*	viv-*iesen*	*hubiesen*

MODEL CONJUGATIONS *(Cont'd)*

Guide to regular verb endings

Mood & Tense	1st Conj.	2nd Conj.	3rd Conj.	Aux. verb haber
IMPERATIVE				
Tú	habl-*a*	com-*e*	viv-*e*	*he*
Ud., él	habl-*e*	com-*a*	viv-*a*	*haya*
Nosotros	habl-*emos*	com-*amos*	viv-*amos*	*hayamos*
Vosotros	habl-*ad*	com-*ed*	viv-*id*	*habed*
Uds., ellos	habl-*en*	com-*an*	viv-*an*	*hayan*

SER AMADO
to be loved

I INFINITIVE MOOD, *Modo Infinitivo*

	Simple	Perfect
Infinitive *(Infinitivo)*	ser amado (to be loved)	haber sido amado (to have been loved)
Present Participle *(Gerundio)*	siendo amado (being loved)	habiendo sido amado (having been loved)
Past Participle *(Participio)*	sido amado (been loved)	

II INDICATIVE MOOD, *Modo Indicativo*

Present: (I am loved)

Yo soy amado	Nosotros somos amados
Tú eres amado	Vosotros sois amados
Ud., él, ella } es amado (a)	Ustedes, ellos son amados

Present Perfect: (have been loved)

He	sido amado	Hemos	sido amados
Has	" "	Habéis	" "
Ha	" "	Han	" "

Past Imperfect: (used to be loved, was loved)

era amado	éramos amados
eras amado	erais amados
era amado	eran amados

Past Perfect: (had been loved)

Había	sido amado	Habíamos	sido amados
Habías	" "	Habíais	" "
Había	" "	Habían	" "

Preterit: (was loved)

fui amado	fuimos amados
fuiste amado	fuisteis amados
fue amado	fueron amados

Preterit Perfect: (had been loved)

Hube	sido amado	Hubimos	sido amados
Hubiste	" "	Hubisteis	" "
Hubo	" "	Hubieron	" "

Future: (I will be loved)

seré amado	seremos amados
serás amado	seréis amados
será amado	serán amados

Future Perfect: (will have been loved)

Habré	sido amado	Habremos	sido amados
Habrás	" "	Habréis	" "
Habrá	" "	Habrán	" "

III CONDITIONAL MOOD, *Modo Potencial*

Present: (would be loved)

sería amado	seríamos amados
serías amado	seríais amados
sería amado	serían amados

Conditional Perfect: (would have been loved)

Habría	sido amado	Habríamos	sido amados
Habrías	" "	Habríais	" "
Habría	" "	Habrían	" "

IV SUBJUNCTIVE MOOD, *Modo Subjuntivo*

Present Subj.: (that I may be loved)

sea amado	seamos amados
seas amado	seáis amados
sea amado	sean amados

Pres. Perf. Subj.: (that I may have been loved)

Haya	sido amado	Hayamos	sido amados
Hayas	" "	Hayáis	" "
Haya	" "	Hayan	" "

Past Imperf. Subj.: (that I might be loved)

fuera amado	fuéramos amados
fueras amado	fuerais amados
fuera amado	fueran amados
fuese amado	fuésemos amados
fueses amado	fueseis amados
fuese amado	fuesen amados

Past Perf. Subj.: (that I might have been loved)

Hubiera	sido amado	Hubiéramos	sido amados
Hubieras	" "	Hubierais	" "
Hubiera	" "	Hubieran	" "
Hubiese	sido amado	Hubiésemos	sido amados
Hubieses	" "	Hubieseis	" "
Hubiese	" "	Hubiesen	" "

V IMPERATIVE MOOD, *Modo Imperativo*

Singular	Plural
	Seamos (nosotros) amados (let us be loved)
Sé (tú) amado (be loved)	Sed (vosotros) amados (be loved)
Sea (Ud., él) amado	Sean (Uds., ellos) amados

See No. 13, p. 4, and No. 24, p. 7.

PAST PARTICIPLES

Verbs with a single, irregular past participle — See No. 25, p. 8.

abrir	abierto	interponer	interpuesto
absolver	absuelto	manuscribir	manuscrito
adscribir	adscrito	morir	muerto
antedecir	antedicho	oponer	opuesto
anteponer	antepuesto	posponer	pospuesto
antever	antevisto	predecir	predicho
circunscribir	circunscrito	predisponer	predispuesto
componer	compuesto	prescribir	prescrito
contradecir	contradicho	presuponer	presupuesto
contrahacer	contrahecho	prever	previsto
contraponer	contrapuesto	proponer	propuesto
cubrir	cubierto	proscribir	proscrito
decir	dicho	reabrir	reabierto
deponer	depuesto	recubrir	recubierto
descomponer	descompuesto	rehacer	rehecho
describir	descrito	reimprimir	reimpreso
descubrir	descubierto	reinscribir	reinscrito
desdecir	desdicho	reponer	repuesto
desenvolver	desenvuelto	resolver	resuelto
deshacer	deshecho	rever	revisto
devolver	devuelto	revolver	revuelto
disolver	disuelto	satisfacer	satisfecho
disponer	dispuesto	sobreponer	sobrepuesto
encubrir	encubierto	subscribir	subscrito
entreabrir	entreabierto	suponer	supuesto
entredecir	entredicho	suscribir	suscrito
entrever	entrevisto	transcribir	transcrito
envolver	envuelto	transponer	transpuesto
escribir	escrito	trascribir	trascrito
exponer	expuesto	trasponer	traspuesto
hacer	hecho	trasver	trasvisto
imponer	impuesto	ver	visto
imprimir	impreso	volver	vuelto
indisponer	indispuesto	yuxtaponer	yuxtapuesto
inscribir	inscrito		

PAST PARTICIPLES

Verbs with two past participles, one regular, another irregular —
See No. 25, p. 8.

	Regular	Irregular
absorber	absorbido	absorto
abstraer	abstraído	abstracto
adjuntar	adjuntado	adjunto
afligir	afligido	aflicto
atender	atendido	atento
bendecir	bendecido	bendito
circuncidar	circuncidado	circunciso
comprimir	comprimido	compreso
concluir	concluido	concluso
confesar	confesado	confeso
confundir	confundido	confuso
convencer	convencido	convicto
convertir	convertido	converso
corregir	corregido	correcto
corromper	corrompido	corrupto
despertar	despertado	despierto
difundir	difundido	difuso
dividir	dividido	diviso
elegir	elegido	electo
enjugar	enjugado	enjuto
excluir	excluido	excluso
eximir	eximido	exento
expresar	expresado	expreso
extender	extendido	extenso
extinguir	extinguido	extinto
fijar	fijado	fijo
freir	freído	frito
hartar	hartado	harto
incluir	incluido	incluso
infundir	infundido	infuso
injertar	injertado	injerto
insertar	insertado	inserto
invertir	invertido	inverso
juntar	juntado	junto

	Regular	Irregular
maldecir	maldecido	maldito
manifestar	manifestado	manifiesto
nacer	nacido	nato
oprimir	oprimido	opreso
pasar	pasado	paso
poseer	poseído	poseso
prender	prendido	preso
presumir	presumido	presunto
pretender	pretendido	pretenso
propender	propendido	propenso
proveer	proveído	provisto
recluir	recluido	recluso
romper	rompido (obsolete)	roto
salvar	salvado	salvo
sepultar	sepultado	sepulto
soltar	soltado	suelto
sustituir	sustituido	sustituto
sujetar	sujetado	sujeto
suprimir	suprimido	supreso
suspender	suspendido	suspenso
teñir	teñido	tinto

COMMON DEFECTIVE VERBS

1) Defective verbs used only in the infinitive and third person singular and plural (see No. 9, p. 3): **acaecer, acontecer, antojarse, atañer, incumbir, respectar, suceder** (to happen).

2) The following -IR defective verbs are conjugated only when the endings begin with **i** (see **agredir**, p. 50): **abolir, agredir, aguerrir, blandir, despavorir, desvair, empedernir, garantir, transgredir, trasgredir.**

3) **Concernir** is only used in the following froms: Gerund: *concerniendo, concerniente*. Present Indicative: *concierne, conciernen*. Imperfect Indicative: *concernía, concernían*. Present Subjunctive: *concierna, conciernan*.

4) **Soler** is conjugated in the following tenses: Present Indicative: *suelo, sueles, suele, solemos, soléis, suelen*. Past Imperfect Indicative: *solía, solías, solía, solíamos, solíais, solían*. Present Subjunctive: *suela, suelas, suela, solamos, soláis, suelan*.

ABRAZAR
to embrace, hug

I INFINITIVE MOOD, *Modo Infinitivo*

	Simple	Perfect
Infinitive (*Infinitivo*)	abrazar (to embrace)	haber abrazado (to have embraced)
Present Participle (*Gerundio*)	abrazando (embracing)	habiendo abrazado (having embraced)
Past Participle (*Participio*)	abrazado (embraced)	

II INDICATIVE MOOD, *Modo Indicativo*

Present: (embrace)
Yo abrazo	Nosotros abrazamos
Tú abrazas	Vosotros abrazáis
Ud., él, ella abraza	Ustedes, ellos abrazan

Present Perfect: (have embraced)
He abrazado	Hemos abrazado
Has "	Habéis "
Ha "	Han "

Past Imperfect: (was embracing, used to embrace)
abrazaba	abrazábamos
abrazabas	abrazabais
abrazaba	abrazaban

Past Perfect: (had embraced)
Había abrazado	Habíamos abrazado
Habías "	Habíais "
Había "	Habían "

Preterit: (embraced)
abracé*	abrazamos
abrazaste	abrazasteis
abrazó	abrazaron

Preterit Perfect: (had embraced)
Hube abrazado	Hubimos abrazado
Hubiste "	Hubisteis "
Hubo "	Hubieron "

Future: (will embrace)
abrazaré	abrazaremos
abrazarás	abrazaréis
abrazará	abrazarán

Future Perfect: (will have embraced)
Habré abrazado	Habremos abrazado
Habrás "	Habréis "
Habrá "	Habrán "

III CONDITIONAL MOOD, *Modo Potencial*

Present: (would embrace)
abrazaría	abrazaríamos
abrazarías	abrazaríais
abrazaría	abrazarían

Conditional Perfect: (would have embraced)
Habría abrazado	Habríamos abrazado
Habrías "	Habríais "
Habría "	Habrían "

IV SUBJUNCTIVE MOOD, *Modo Subjuntivo*

Present Subj.: (that I may embrace)
abrace*	abracemos*
abraces*	abracéis*
abrace*	abracen*

Pres. Perf. Subj.: (that I may have embraced)
Haya abrazado	Hayamos abrazado
Hayas "	Hayáis "
Haya "	Hayan "

Past Imperf. Subj.: (that I might embrace)
abrazara	abrazáramos
abrazaras	abrazarais
abrazara	abrazaran
abrazase	abrazásemos
abrazases	abrazaseis
abrazase	abrazasen

Past Perf. Subj.: (that I might have embraced)
Hubiera abrazado	Hubiéramos abrazado
Hubieras "	Hubierais "
Hubiera "	Hubieran "
Hubiese abrazado	Hubiésemos abrazado
Hubieses "	Hubieseis "
Hubiese "	Hubiesen "

V IMPERATIVE MOOD, *Modo Imperativo*

Singular	Plural
	Abracemos* (nosotros) (let us embrace)
Abraza (tú) (embrace)	Abrazad (vosotros - as) (embrace)
Abracé* (Ud., él)	Abracen* (Uds., ellos)

Similarly conjugated: all other regular -AR verbs.

* z changes to c before e; see Nos. 62-63, pp. 24-25.

ACERCARSE
to approach

I INFINITIVE MOOD, *Modo Infinitivo*

	Simple	Perfect
Infinitive *(Infinitivo)*	acercarse (to approach)	haberse acercado (to have approached)
Present Participle *(Gerundio)*	acercándose (approach)	habiéndose acercado (having approached)
Past Participle *(Participio)*	acercado (approach)	

II INDICATIVE MOOD, *Modo Indicativo*

Present: (approach)

		Present Perfect: (have approached)	
Yo me acerco	Nosotros nos acercamos	me he acercado	nos hemos acercado
Tú te acercas	Vosotros os acercáis	te has "	os habéis "
Ud., él,	Ustedes,	se ha "	se han "
ella se acerca	ellos se acercan		

Past Imperfect: (was approached, used to approach) **Past Perfect:** (had approached)

me acercaba	nos acercábamos	me había acercado	nos habíamos acercado
te acercabas	os acercabais	te habías "	os habíais "
se acercaba	se acercaban	se había "	se habían "

Preterit: (approached)

		Preterit Perfect: (had approached)	
me acerqué*	nos acercamos	me hube acercado	nos hubimos acercado
te acercaste	os acercasteis	te hubiste "	os hubisteis "
se acercó	se acercaron	se hubo "	se hubieron "

Future: (will approach)

		Future Perfect: (will have approached)	
me acercaré	nos acercaremos	me habré acercado	nos habremos acercado
te acercarás	os acercaréis	te habrás "	os habréis "
se acercará	se acercarán	se habrá "	se habrán "

III CONDITIONAL MOOD, *Modo Potencial*

Present: (would approach)

		Conditional Perfect: (would have approached)	
me acercaría	nos acercaríamos	me habría acercado	nos habríamos acercado
te acercarías	os acercaríais	te habrías "	os habríais "
se acercaría	se acercarían	se habría "	se habrían "

IV SUBJUNCTIVE MOOD, *Modo Subjuntivo*

Present Subj.: (that I may approach)

		Pres. Perf. Subj.: (that I may have approached)	
me acerque*	nos acerquemos*	me haya acercado	nos hayamos acercado
te acerques*	os acerquéis*	te hayas "	os hayáis "
se acerque*	se acerquen*	se haya "	se hayan "

Past Imperf. Subj.: (that I might approach)

		Past Perf. Subj.: (that I might have approached)	
me acercara	nos acercáramos	me hubiera acercado	nos hubiéramos acercado
te acercaras	os acercarais	te hubieras "	os hubierais "
se acercara	se acercaran	se hubiera "	se hubieran "
me acercase	nos acercásemos	me hubiese acercado	nos hubiésemos acercado
te acercases	os acercaseis	te hubieses "	os hubieseis "
se acercase	se acercasen	se hubiese "	se hubiesen "

V IMPERATIVE MOOD, *Modo Imperativo*

Singular	Plural
	Acerquémonos* (nosotros) (let us approach)
Acércate (tú) (approach)	Acercaos (vosotros) (approach)
Acérquese* (Ud., él)	Acérquense* (Uds., ellos)

Similarly conjugated: all other regular -AR verbs.

---

*hard c changes to **qu** before **e** in all verbs ending in **-car**, to retain hard c sound; see Nos. 62-63, pp. 24-25.

ACERTAR a, con, en
to hit upon, guess right,
succeed in

I INFINITIVE MOOD, *Modo Infinitivo*

	Simple	Perfect
Infinitive *(Infinitivo)*	acertar (to hit upon)	haber acertado (to have hit upon)
Present Participle *(Gerundio)*	acertando (hitting upon)	habiendo acertado (having hit upon)
Past Participle *(Participio)*	acertado (hit upon)	

II INDICATIVE MOOD, *Modo Indicativo*

Present. (hit upon, guess right)

Yo acierto	Nosotros acertamos
Tú aciertas	Vosotros acertáis
Ud., él,	Ustedes,
ella acierta	ellos aciertan

Present Perfect: (have hit upon)

He acertado	Hemos acertado
Has "	Habéis "
Ha "	Han "

Past Imperfect: (used to hit upon)

acertaba	acertábamos
acertabas	acertabais
acertaba	acertaba

Past Perfect: (had hit upon)

Había acertado	Habíamos acertado
Habías "	Habíais "
Había "	Habían "

Preterit: (hit upon)

acerté	acertamos
acertaste	acertasteis
acertó	acertaron

Preterit Perfect: (had hit upon)

Hube acertado	Hubimos acertado
Hubiste "	Hubisteis "
Hubo "	Hubieron "

Future: (will hit upon)

acertaré	acertaremos
acertarás	acertaréis
acertará	acertarán

Future Perfect: (will have hit upon)

Habré acertado	Habremos acertado
Habrás "	Habréis "
Habrá "	Habrán "

III CONDITIONAL MOOD, *Modo Potencial*

Present: (would hit upon)

acertaría	acertaríamos
acertarías	acertaríais
acertaría	acertarían

Conditional Perfect: (would have hit upon)

Habría acertado	Habríamos acertado
Habrías "	Habríais "
Habría "	Habrían "

IV SUBJUNCTIVE MOOD, *Modo Subjuntivo*

Present Subj.: (that I may hit upon)

acierte	acertemos
aciertes	acertéis
acierte	acierten

Pres. Perf. Subj.: (that I may have hit upon)

Haya acertado	Hayamos acertado
Hayas "	Hayáis "
Haya "	Hayan "

Past Imperf. Subj.: (that I might hit upon)

acertara	acertáramos
acertaras	acertarais
acertara	acertaran
acertase	acertásemos
acertases	acertaseis
acertase	acertasen

Past Perf. Subj.: (that I might have hit upon)

Hubiera acertado	Hubiéramos acertado
Hubieras "	Hubierais "
Hubiera "	Hubieran "
Hubiese acertado	Hubiésemos acertado
Hubieses "	Hubieseis "
Hubiese "	Hubiesen "

V IMPERATIVE MOOD, *Modo Imperativo*

Singular	Plural
	Acertemos (nosotros) (let us guess)
Acierta (tú) (guess)	Acertad (vosotros) (guess)
Acierte (Ud., él)	Acierten (Uds., ellos)

Common irregular verbs similarly conjugated: all verbs ending in -ERTAR, like *desacertar,*
desconcertar, despertar, etc., and all other root-changing (e to ie) -AR verbs; see No. 66,
page 26.

I INFINITIVE MOOD, *Modo Infinitivo*

	Simple	Perfect
Infinitive *(Infinitivo)*	acordarse (to remember)	haberse acordado (to have remembered)
Present Participle *(Gerundio)*	acordándose (remembering)	habiéndose acordado (having remembered)
Past Participle *(Participio)*	acordado (remembered)	

II INDICATIVE MOOD, *Modo Indicativo*

Present: (remember)

Yo me acuerdo	Nosotros nos acordamos
Tú te acuerdas	Vosotros os acordáis
Ud., él,	Ustedes,
ella se acuerda	ellos se acuerdan

Present Perfect: (have remembered)

me he acordado	nos hemos acordado
te has "	os habéis "
se ha "	se han "

Past Imperfect: (used to remember, was remembering)

me acordaba	nos acordábamos
te acordabas	os acordabais
se acordaba	se acordaban

Past Perfect: (had remembered)

me había acordado	nos habíamos acordado
te habías "	os habíais "
se había "	se habían "

Preterit: (remembered)

me acordé	nos acordamos
te acordaste	os acordasteis
se acordó	se acordaron

Preterit Perfect: (had remembered)

me hube acordado	nos hubimos acordado
te hubiste "	os hubisteis "
se hubo "	se hubieron "

Future: (will remember)

me acordaré	nos acordaremos
te acordarás	os acordaréis
se acordará	se acordarán

Future Perfect: (will have remembered)

me habré acordado	nos habremos acordado
te habrás "	os habréis "
se habrá "	se habrán "

III CONDITIONAL MOOD, *Modo Potencial*

Present: (would remember)

me acordaría	nos acordaríamos
te acordarías	os acordaríais
se acordaría	se acordarían

Conditional Perfect: (would have remembered)

me habría acordado	nos habríamos acordado
te habrías "	os habríais "
se habría "	se habrían "

IV SUBJUNCTIVE MOOD, *Modo Subjuntivo*

Present Subj.: (that I may remember)

me acuerde	nos acordemos
te acuerdes	os acordéis
se acuerde	se acuerden

Pres. Perf. Subj.: (that I may have remembered)

me haya acordado	nos hayamos acordado
te hayas "	os hayáis "
se haya "	se hayan "

Past Imperf. Subj.: (that I might remember)

me acordara	nos acordáramos
te acordaras	os acordarais
se acordara	se acordaran

Past Perf. Subj.: (that I might have remembered)

me hubiera acordado	nos hubiéramos acordado
te hubieras "	os hubierais "
se hubiera "	se hubieran "

me acordase	nos acordásemos
te acordases	os acordaseis
se acordase	se acordasen

me hubiese acordado	nos hubiésemos acordado
te hubieses "	os hubieseis "
se hubiese "	se hubiesen "

V IMPERATIVE MOOD, *Modo Imperativo*

Singular	Plural
	Acordémonos (nosotros) (let us remember)
Acuérdate (tú) (remember)	Acordaos (vosotros) (remember)
Acuérdese (Ud., él)	Acuérdense (Uds., ellos)

Common irregular verbs similarly conjugated: all other verbs ending in -ORDAR, like *acordar* (to agree), *concordar*, *recordar*, and all other root-changing (o to ue) -AR verbs; see No. 67, page 27.

I INFINITIVE MOOD, *Modo Infinitivo*

	Simple	Perfect
Infinitive *(Infinitivo)*	acostarse (to lie)	haberse acostado (to have lain)
Present Participle *(Gerundio)*	acostándose (lying)	habiéndose acostado (having lain)
Past Participle *(Participio)*	acostado (lain)	

II INDICATIVE MOOD, *Modo Indicativo*

Present: (lie)

Yo me acuesto	Nosotros nos acostamos
Tú te acuestas	Vosotros os acostáis
Ud., él,	Ustedes,
ella se acuesta	ellos se acuestan

Present Perfect: (have lain)

me he acostado	nos hemos acostado
te has "	os habéis "
se ha "	se han "

Past Imperfect: (was lying, used to lie)

me acostaba	nos acostábamos
te acostabas	os acostabais
se acostaba	se acostaban

Past Perfect: (had lain)

me había acostado	nos habíamos acostado
te habías "	os habíais "
se había "	se habían "

Preterit: (lay)

me acosté	nos acostamos
te acostaste	os acostasteis
se acostó	se acostaron

Preterit Perfect: (had lain)

me hube acostado	nos hubimos acostado
te hubiste "	os hubisteis "
se hubo "	se hubieron "

Future: (will lie)

me acostaré	nos acostaremos
te acostarás	os acostaréis
se acostará	se acostarán

Future Perfect: (will have lain)

me habré acostado	nos habremos acostado
te habrás "	os habréis "
se habrá "	se habrán "

III CONDITIONAL MOOD, *Modo Potencial*

Present: (would lie)

me acostaría	nos acostaríamos
te acostarías	os acostaríais
se acostaría	se acostarían

Conditional Perfect: (would have lain)

me habría acostado	nos habríamos acostado
te habrías "	os habríais "
se habría "	se habrían "

IV SUBJUNCTIVE MOOD, *Modo Subjuntivo*

Present Subj.: (that I may lie)

me acueste	nos acostemos
te acuestes	os acostéis
se acueste	se acuesten

Pres. Perf. Subj.: (that I may have lain)

me haya acostado	nos hayamos acostado
te hayas "	os hayáis "
se haya "	se hayan "

Past Imperf. Subj.: (that I might lie)

me acostara	nos acostáramos
te acostaras	os acostarais
se acostara	se acostaran

me acostase	nos acostásemos
te acostases	os acostaseis
se acostase	se acostasen

Past Perf. Subj.: (that I might have lain)

me hubiera acostado	nos hubiéramos acostado
te hubieras "	os hubierais "
se hubiera "	se hubieran "

me hubiese acostado	nos hubiésemos acostado
te hubieses "	os hubieseis "
se hubiese "	se hubiesen "

V IMPERATIVE MOOD, *Modo Imperativo*

Singular	Plural
	Acostémonos (nosotros) (let us lie)
Acuéstate (tú) (lie)	Acostaos (vosotros) (lie)
Acuéstese (Ud., él)	Acuéstense (Uds., ellos)

Common irregular verbs similarly conjugated: all verbs ending in -OSTAR, like *costar, recostar, apostar,* etc., and all other root-changing (o to *ue*) -AR verbs; see No. 67, page 27.

I INFINITIVE MOOD, *Modo Infinitivo*

	Simple	Perfect
Infinitive *(Infinitivo)*	adquirir (to acquire)	haber adquirido (to have acquired)
Present Participle *(Gerundio)*	adquiriendo (acquiring)	habiendo adquirido (having acquired)
Past Participle *(Participio)*	adquirido (acquired)	

II INDICATIVE MOOD, *Modo Indicativo*

Present: (acquire)

		Present Perfect: (have acquired)	
Yo adquiero	Nosotros adquirimos	He adquirido	Hemos adquirido
Tú adquieres	Vosotros adquirís	Has "	Habéis "
Ud., él,	Ustedes,	Ha "	Han "
ella adquiere	ellos adquieren		

Past Imperfect: (used to acquire, was acquiring)

		Past Perfect: (had acquired)	
adquiría	adquiríamos	Había adquirido	Habíamos adquirido
adquirías	adquiríais	Habías "	Habíais "
adquiría	adquirían	Había "	Habían "

Preterit: (acquired)

		Preterit Perfect: (had acquired)	
adquirí	adquirimos	Hube adquirido	Hubimos adquirido
adquiriste	adquiristeis	Hubiste "	Hubisteis "
adquirió	adquirieron	Hubo "	Hubieron "

Future: (will acquire)

		Future Perfect: (will have acquired)	
adquiriré	adquiriremos	Habré adquirido	Habremos adquirido
adquirirás	adquiriréis	Habrás "	Habréis "
adquirirá	adquirirán	Habrá "	Habrán "

III CONDITIONAL MOOD, *Modo Potencial*

Present: (would acquire)

		Conditional Perfect: (would have acquired)	
adquiriría	adquiriríamos	Habría adquirido	Habríamos adquirido
adquirirías	adquiriríais	Habrías "	Habríais "
adquiriría	adquirirían	Habría "	Habrían "

IV SUBJUNCTIVE MOOD, *Modo Subjuntivo*

Present Subj.: (that I may acquire)

		Pres. Perf. Subj.: (that I may have acquired)	
adquiera	adquiramos	Haya adquirido	Hayamos adquirido
adquieras	adquiráis	Hayas "	Hayáis "
adquiera	adquieran	Haya "	Hayan "

Past Imperf. Subj.: (that I might acquire)

		Past Perf. Subj.: (that I might have acquired)	
adquiriera	adquiriéramos	Hubiera adquirido	Hubiéramos adquirido
adquirieras	adquirierais	Hubieras "	Hubierais "
adquiriera	adquirieran	Hubiera "	Hubieran "
adquiriese	adquiriésemos	Hubiese adquirido	Hubiésemos adquirido
adquirieses	adquirieseis	Hubieses "	Hubieseis "
adquiriese	adquiriesen	Hubiese "	Hubiesen "

V IMPERATIVE MOOD, *Modo Imperativo*

Singular	Plural
	Adquiramos (nosotros) (let us acquire)
Adquiere (tú) (acquire)	Adquirid (vosotros) (acquire)
Adquiera (Ud., él)	Adquieran (Uds., ellos)

Common irregular verbs similarly conjugated: *inquirir;* see No. 76, page 34.

I INFINITIVE MOOD, *Modo Infinitivo*

	Simple	Perfect
Infinitive *(Infinitivo)*	agradecer (to thank)	haber agradecido (to have thanked)
Present Participle *(Gerundio)*	agradeciendo (thanking)	habiendo agradecido (having thanked)
Past Participle *(Participio)*	agradecido (thanked)	

II INDICATIVE MOOD, *Modo Indicativo*

Present: (thank)
Yo agradezco — Nosotros agradecemos
Tú agradeces — Vosotros agradecéis
Ud., él, — Ustedes,
ella agradece — ellos agradecen

Present Perfect: (have thanked)
He agradecido — Hemos agradecido
Has " — Habéis "
Ha " — Han "

Past Imperfect: (used to thank, was thanking)
agradecía — agradecíamos
agradecías — agradecíais
agradecía — agradecían

Past Perfect: (had thanked)
Había agradecido — Habíamos agradecido
Habías " — Habíais "
Había " — Habían "

Preterit: (thanked)
agradecí — agradecimos
agradeciste — agradecisteis
agradeció — agradecieron

Preterit Perfect: (had thanked)
Hube agradecido — Hubimos agradecido
Hubiste " — Hubisteis "
Hubo " — Hubieron "

Future: (will thank)
agradeceré — agradeceremos
agradecerás — agradeceréis
agradecerá — agradecerán

Future Perfect: (will have thanked)
Habré agradecido — Habremos agradecido
Habrás " — Habréis "
Habrá " — Habrán "

III CONDITIONAL MOOD, *Modo Potencial*

Present: (would thank)
agradecería — agradeceríamos
agradecerías — agradeceríais
agradecería — agradecerían

Conditional Perfect: (would have thanked)
Habría agradecido — Habríamos agradecido
Habrías " — Habríais "
Habría " — Habrían "

IV SUBJUNCTIVE MOOD, *Modo Subjuntivo*

Present Subj.: (that I may thank)
agradezca — agradezcamos
agradezcas — agradezcáis
agradezca — agradezcan

Pres. Perf. Subj.: (that I may have thanked)
Haya agradecido — Hayamos agradecido
Hayas " — Hayáis "
Haya " — Hayan "

Past Imperf. Subj.: (that I might thank)
agradeciera — agradeciéramos
agradecieras — agradecierais
agradeciera — agradecieran

agradeciese — agradeciésemos
agradecieses — agradecieseis
agradeciese — agradeciesen

Past Perf. Subj.: (that I might have thanked)
Hubiera agradecido — Hubiéramos agradecido
Hubieras " — Hubierais "
Hubiera " — Hubieran "

Hubiese agradecido — Hubiésemos agradecido
Hubieses " — Hubieseis "
Hubiese " — Hubiesen "

V IMPERATIVE MOOD, *Modo Imperativo*

Singular	Plural
	Agradezcamos (nosotros) (let us thank)
Agradece (tú) (thank)	Agradeced (vosotros) (thank)
Agradezca (Ud., él)	Agradezcan (Uds., ellos)

Common irregular verbs similarly conjugated: all verbs ending in -ECER,* like *abastecer, merecer, ofrecer,* etc.; see No. 73, page 32.

*Mecer and its derivate *remecer* are the only regular verbs ending in -ECER.

I INFINITIVE MOOD, *Modo Infinitivo*

	Simple	Perfect
Infinitive *(Infinitivo)*	agredir (to attack)	haber agredido (to have attacked)
Present Participle *(Gerundio)*	agrediendo (attacking)	habiendo agredido (having attacked)
Past Participle *(Participio)*	agredido (attacked)	

II INDICATIVE MOOD, *Modo Indicativo*

Present: (attack)		**Present Perfect:**	(have attacked)	
Yo –	Nosotros agredimos	He agredido	Hemos agredido	
Tú –	Vosotros agredís	Has "	Habéis "	
Ud., él,	Ustedes,	Ha "	Han "	
ella –	ellos –			

Past Imperfect: (was attacking, used to attack)		**Past Perfect:**	(had attacked)	
agredía	agredíamos	Había agredido	Habíamos agredido	
agredías	agredíais	Habías "	Habíais "	
agredía	agredían	Había "	Habían "	

Preterit: (attacked)		**Preterit Perfect:**	(had attacked)	
agredí	agredimos	Hube agredido	Hubimos agredido	
agrediste	agredisteis	Hubiste "	Hubisteis "	
agredió	agredieron	Hubo "	Hubieron "	

Future: (will attack)		**Future Perfect:**	(will have attacked)	
agrediré	agrediremos	Habré agredido	Habremos agredido	
agredirás	agrediréis	Habrás "	Habréis "	
agredirá	agredirán	Habrá "	Habrán "	

III CONDITIONAL MOOD, *Modo Potencial*

Present: (would attack)		**Conditional Perfect:**	(would have attacked)	
agrediría	agrediríamos	Habría agredido	Habríamos agredido	
agredirías	agrediríais	Habrías "	Habríais "	
agrediría	agredirían	Habría "	Habrían "	

IV SUBJUNCTIVE MOOD, *Modo Subjuntivo*

Present Subj.:		**Pres. Perf. Subj.:**	(that I may have attacked)	
–	–	Haya agredido	Hayamos agredido	
–	–	Hayas "	Hayáis "	
–	–	Haya "	Hayan "	

Past Imperf. Subj.: (that I might attack)		**Past Perf. Subj.:**	(that I might have attacked)	
agrediera	agrediéramos	Hubiera agredido	Hubiéramos agredido	
agredieras	agredierais	Hubieras "	Hubierais "	
agrediera	agredieran	Hubiera "	Hubieran "	
agrediese	agrediésemos	Hubiese agredido	Hubiésemos agredido	
agredieses	agredieseis	Hubieses "	Hubieseis "	
agrediese	agrediesen	Hubiese "	Hubiesen "	

V IMPERATIVE MOOD, *Modo Imperativo*

Singular	Plural
–	–
–	Agredid (vosotros) (attack)
–	–

Agredir is a defective verb which, as shown above, is only conjugated when the verb ending begins with *i*. Other common, defective verbs similarly conjugated: *abolir, aguerrir, despavorir, empedernir, garantir (garantizar), transgredir, trasgredir.*

I INFINITIVE MOOD, *Modo Infinitivo*

	Simple	Perfect
Infinitive *(Infinitivo)*	alcanzar (to reach)	haber alcanzado (to have reached)
Present Participle *(Gerundio)*	alcanzando (reaching)	habiendo alcanzado (having reached)
Past Participle *(Participio)*	alcanzado (reached)	

II INDICATIVE MOOD, *Modo Indicativo*

Present: (reach)		**Present Perfect:** (have reached)	
Yo alcanzo	Nosotros alcanzamos	He alcanzado	Hemos alcanzado
Tú alcanzas	Vosotros alcanzáis	Has "	Habéis "
Ud., él,	Ustedes,	Ha "	Han "
ella alcanza	ellos alcanzan		

Past Imperfect: (used to reach, was reaching)		**Past Perfect:** (had reached)	
alcanzaba	alcanzábamos	Había alcanzado	Habíamos alcanzado
alcanzabas	alcanzabais	Habías "	Habíais "
alcanzaba	alcanzaban	Había "	Habían "

Preterit: (reached)		**Preterit Perfect:** (had reached)	
alcancé*	alcanzamos	Hube alcanzado	Hubimos alcanzado
alcanzaste	alcanzasteis	Hubiste "	Hubisteis "
alcanzó	alcanzaron	Hubo "	Hubieron "

Future: (will reach)		**Future Perfect:** (will have reached)	
alcanzaré	alcanzaremos	Habré alcanzado	Habremos alcanzado
alcanzarás	alcanzaréis	Habrás "	Habréis "
alcanzará	alcanzarán	Habrá "	Habrán "

III CONDITIONAL MOOD, *Modo Potencial*

Present: (would reach)		**Conditional Perfect:** (would have reached)	
alcanzaría	alcanzaríamos	Habría alcanzado	Habríamos alcanzado
alcanzarías	alcanzaríais	Habrías "	Habríais "
alcanzaría	alcanzarían	Habría "	Habrían "

IV SUBJUNCTIVE MOOD, *Modo Subjuntivo*

Present Subj.: (that I may reach)		**Pres. Perf. Subj.:** (that I may have reached)	
alcance*	alcancemos*	Haya alcanzado	Hayamos alcanzado
alcances*	alcancéis*	Hayas "	Hayáis "
alcance*	alcancen*	Haya "	Hayan "

Past Imperf. Subj.: (that I might reach)		**Past Perf. Subj.:** (that I might have reached)	
alcanzara	alcanzáramos	Hubiera alcanzado	Hubiéramos alcanzado
alcanzaras	alcanzarais	Hubieras "	Hubierais "
alcanzara	alcanzaran	Hubiera "	Hubieran "
alcanzase	alcanzásemos	Hubiese alcanzado	Hubiésemos alcanzado
alcanzases	alcanzaseis	Hubieses "	Hubieseis "
alcanzase	alcanzasen	Hubiese "	Hubiesen "

V IMPERATIVE MOOD, *Modo Imperativo*

Singular	Plural
	Alcancemos* (nosotros) (let us reach)
Alcanza (tú) (reach)	Alcanzad (vosotros) (reach)
Alcance* (Ud., él)	Alcancen* (Uds., ellos)

Similarly conjugated: all other regular -AR verbs.

---

* z changes to c before e; see Nos. 62-63, pp. 24-25.

I INFINITIVE MOOD, *Modo Infinitivo*

	Simple	Perfect
Infinitive *(Infinitivo)*	almorzar (to lunch)	haber almorzado (to have lunched)
Present Participle *(Gerundio)*	almorzando (lunching)	habiendo almorzado (having lunched)
Past Participle *(Participio)*	almorzado (lunched)	

II INDICATIVE MOOD, *Modo Indicativo*

Present: (lunch, have lunch)

Yo almuerzo	Nosotros almorzamos
Tú almuerzas	Vosotros almorzáis
Ud., él,	Ustedes,
ella almuerza	ellos almuerzan

Present Perfect: (have lunched)

He almorzado		Hemos almorzado	
Has	"	Habéis	"
Ha	"	Han	"

Past Imperfect: (was lunching, used to lunch)

almorzaba	almorzábamos
almorzabas	almorzabais
almorzaba	almorzaban

Past Perfect: (had lunched)

Había almorzado		Habíamos almorzado	
Habías	"	Habíais	"
Había	"	Habían	"

Preterit: (lunched)

almorcé*	almorzamos
almorzaste	almorzasteis
almorzó	almorzaron

Preterit Perfect: (had lunched)

Hube almorzado		Hubimos almorzado	
Hubiste	"	Hubisteis	"
Hubo	"	Hubieron	"

Future: (will lunch)

almorzaré	almorzaremos
almorzarás	almorzaréis
almorzará	almorzarán

Future Perfect: (will have lunched)

Habré almorzado		Habremos almorzado	
Habrás	"	Habréis	"
Habrá	"	Habrán	"

III CONDITIONAL MOOD, *Modo Potencial*

Present: (would lunch)

almorzaría	almorzaríamos
almorzarías	almorzaríais
almorzaría	almorzarían

Conditional Perfect: (would have lunched)

Habría almorzado		Habríamos almorzado	
Habrías	"	Habríais	"
Habría	"	Habrían	"

IV SUBJUNCTIVE MOOD, *Modo Subjuntivo*

Present Subj.: (that I may lunch)

almuerce*	almorcemos*
almuerces*	almorcéis*
almuerce*	almuercen*

Pres. Perf. Subj.: (that I may have lunched)

Haya almorzado		Hayamos almorzado	
Hayas	"	Hayáis	"
Haya	"	Hayan	"

Past Imperf. Subj.: (that I might lunch)

almorzara	almorzáramos
almorzaras	almorzarais
almorzara	almorzaran
almorzase	almorzásemos
almorzases	almorzaseis
almorzase	almorzasen

Past Perf. Subj.: (that I might have lunched)

Hubiera almorzado		Hubiéramos almorzado	
Hubieras	"	Hubierais	"
Hubiera	"	Hubieran	"
Hubiese almorzado		Hubiésemos almorzado	
Hubieses	"	Hubieseis	"
Hubiese	"	Hubiesen	"

V IMPERATIVE MOOD, *Modo Imperativo*

Singular	Plural
	Almorcemos* (nosotros) (let us lunch)
Almuerza (tú) (lunch)	Almorzad (vosotros) (lunch)
Almuerce* (Ud., él)	Almuercen* (Uds., ellos)

Common irregular verbs similarly conjugated: all other verbs ending in -ORZAR, like *forzar, esforzar, reforzar,* etc., and all other root-changing (o to ue) -AR verbs; see No. 67, page 27.

*z changes to c before e; see Nos. 62-63, pp. 24-25.

I INFINITIVE MOOD, *Modo Infinitivo*

	Simple	Perfect
Infinitive *(Infinitivo)*	andar (to walk)	haber andado (to have walked)
Present Participle *(Gerundio)*	andando (walking)	habiendo andado (having walked)
Past Participle *(Participio)*	andado (walked)	

II INDICATIVE MOOD, *Modo Indicativo*

Present: (walk)
Yo ando	Nosotros andamos
Tú andas	Vosotros andáis
Ud., él,	Ustedes,
ella anda	ellos andan

Present Perfect: (have walked)
He andado	Hemos andado
Has "	Habéis "
Ha "	Han "

Past Imperfect: (was walking, used to walk)
andaba	andábamos
andabas	andabais
andaba	andaban

Past Perfect: (had walked)
Había andado	Habíamos andado
Habías "	Habíais "
Había "	Habían "

Preterit: (walked)
anduve	anduvimos
anduviste	anduvisteis
anduvo	anduvieron

Preterit Perfect: (had walked)
Hube andado	Hubimos andado
Hubiste "	Hubisteis "
Hubo "	Hubieron "

Future: (will walk)
andaré	andaremos
andarás	andaréis
andará	andarán

Future Perfect: (will have walked)
Habré andado	Habremos andado
Habrás "	Habréis "
Habrá "	Habrán "

III CONDITIONAL MOOD, *Modo Potencial*

Present: (would walk)
andaría	andaríamos
andarías	andaríais
andaría	andarían

Conditional Perfect: (would have walked)
Habría andado	Habríamos andado
Habrías "	Habríais "
Habría "	Habrían "

IV SUBJUNCTIVE MOOD, *Modo Subjuntivo*

Present Subj.: (that I may walk)
ande	andemos
andes	andéis
ande	anden

Pres. Perf. Subj.: (that I may have walked)
Haya andado	Hayamos andado
Hayas "	Hayáis "
Haya "	Hayan "

Past Imperf. Subj.: (that I might walk)
anduviera	anduviéramos
anduvieras	anduvierais
anduviera	anduvieran
anduviese	anduviésemos
anduvieses	anduvieseis
anduviese	anduviesen

Past Perf. Subj.: (that I might have walked)
Hubiera andado	Hubiéramos andado
Hubieras "	Hubierais "
Hubiera "	Hubieran "
Hubiese andado	Hubiésemos andado
Hubieses "	Hubieseis "
Hubiese "	Hubiesen "

V IMPERATIVE MOOD, *Modo Imperativo*

Singular	Plural
	Andemos (nosotros) (let us walk)
Anda (tú) (walk)	Andad (vosotros) (walk)
Ande (Ud., él)	Anden (Uds., ellos)

Andar is of special irregularity.

I INFINITIVE MOOD, *Modo Infinitivo*

	Simple	Perfect
Infinitive *(Infinitivo)*	añadir (to add)	haber añadido (to have added)
Present Participle *(Gerundio)*	añadiendo (adding)	habiendo añadido (having added)
Past Participle *(Participio)*	añadido (added)	

II INDICATIVE MOOD, *Modo Indicativo*

Present: (add)

Yo añado	Nosotros añadimos	
Tú añades	Vosotros añadís	
Ud., él, ella añade	Ustedes, ellos añaden	

Present Perfect: (have added)

He añadido	Hemos añadido
Has "	Habéis "
Ha "	Han "

Past Imperfect: (used to add, was adding, added)

añadía	añadíamos
añadías	añadíais
añadía	añadían

Past Perfect: (had added)

Había añadido	Habíamos añadido
Habías "	Habíais "
Había "	Habían "

Preterit: (added)

añadí	añadimos
añadiste	añadisteis
añadió	añadieron

Preterit Perfect: (had added)

Hube añadido	Hubimos añadido
Hubiste "	Hubisteis "
Hubo "	Hubieron "

Future: (will add)

añadiré	añadiremos
añadirás	añadiréis
añadirá	añadirán

Future Perfect: (will have added)

Habré añadido	Habremos añadido
Habrás "	Habréis "
Habrá "	Habrán "

III CONDITIONAL MOOD, *Modo Potencial*

Present: (would add)

añadiría	añadiríamos
añadirías	añadiríais
añadiría	añadirían

Conditional Perfect: (would have added)

Habría añadido	Habríamos añadido
Habrías "	Habríais "
Habría "	Habrían · "

IV SUBJUNCTIVE MOOD, *Modo Subjuntivo*

Present Subj.: (that I may add)

añada	añadamos
añadas	añadáis
añada	añadan

Pres. Perf. Subj.: (that I may have added)

Haya añadido	Hayamos añadido
Hayas "	Hayáis "
Haya "	Hayan "

Past Imperf. Subj.: (that I might add)

añadiera	añadiéramos
añadieras	añadierais
añadiera	añadieran
añadiese	añadiésemos
añadieses	añadieseis
añadiese	añadiesen

Past Perf. Subj.: (that I might have added)

Hubiera añadido	Hubiéramos añadido
Hubieras "	Hubierais "
Hubiera "	Hubieran "
Hubiese añadido	Hubiésemos añadido
Hubieses "	Hubieseis "
Hubiese "	Hubiesen "

V IMPERATIVE MOOD, *Modo Imperativo*

Singular	Plural
	Añadamos (nosotros) (let us add)
Añade (tú) (add)	Añadid (vosotros) (add)
Añada (Ud., él)	Añadan (Uds., ellos)

Similarly conjugated: all other regular -IR verbs.

I INFINITIVE MOOD, *Modo Infinitivo*

	Simple	Perfect
Infinitive *(Infinitivo)*	aprender (to learn)	haber aprendido (to have learned)
Present Participle *(Gerundio)*	aprendiendo (learning)	habiendo aprendido (having learned)
Past Participle *(Participio)*	aprendido (learned)	

II INDICATIVE MOOD, *Modo Indicativo*

Present: (learn)

Yo aprendo	Nosotros aprendemos
Tú aprendes	Vosotros aprendéis
Ud., él,	Ustedes,
ella aprende	ellos aprenden

Present Perfect: (have learned)

He	aprendido	Hemos aprendido	
Has	"	Habéis	"
Ha	"	Han	"

Past Imperfect: (used to learn)

aprendía	aprendíamos
aprendías	aprendíais
aprendía	aprendían

Past Perfect: (had learned)

Había	aprendido	Habíamos aprendido	
Habías	"	Habíais	"
Había	"	Habían	"

Preterit: (learned)

aprendí	aprendimos
aprendiste	aprendisteis
aprendió	aprendieron

Preterit Perfect: (had learned)

Hube	aprendido	Hubimos aprendido	
Hubiste	"	Hubisteis	"
Hubo	"	Hubieron	"

Future: (will learn)

aprenderé	aprenderemos
aprenderás	aprenderéis
aprenderá	aprenderán

Future Perfect: (will have learned)

Habré	aprendido	Habremos aprendido	
Habrás	"	Habréis	"
Habrá	"	Habrán	"

III CONDITIONAL MOOD, *Modo Potencial*

Present: (would learn)

aprendería	aprenderíamos
aprenderías	aprenderíais
aprendería	aprenderían

Conditional Perfect: (would have learned)

Habría	aprendido	Habríamos aprendido	
Habrías	"	Habríais	"
Habría	"	Habrían	"

IV SUBJUNCTIVE MOOD, *Modo Subjuntivo*

Present Subj.: (that I may learn)

aprenda	aprendamos
aprendas	aprendáis
aprenda	aprendan

Pres. Perf. Subj.: (that I may have learned)

Haya	aprendido	Hayamos aprendido	
Hayas	"	Hayáis	"
Haya	"	Hayan	"

Past Imperf. Subj.: (that I might learn)

aprendiera	aprendiéramos
aprendieras	aprendierais
aprendiera	aprendieran
aprendiese	aprendiésemos
aprendieses	aprendieseis
aprendiese	aprendiesen

Past Perf. Subj.: (that I might have learned)

Hubiera	aprendido	Hubiéramos aprendido	
Hubieras	"	Hubierais	"
Hubiera	"	Hubieran	"
Hubiese	aprendido	Hubiésemos aprendido	
Hubieses	"	Hubieseis	"
Hubiese	"	Hubiesen	"

V IMPERATIVE MOOD, *Modo Imperativo*

Singular	Plural
	Aprendamos (nosotros) (let us learn)
Aprende (tú) (learn)	Aprended (vosotros) (learn)
Aprenda (Ud., él)	Aprendan (Uds., ellos)

Similarly conjugated: all other regular -ER verbs.

I INFINITIVE MOOD, *Modo Infinitivo*

	Simple	Perfect
Infinitive *(Infinitivo)*	apretar (to tighten)	haber apretado (to have tightened)
Present Participle *(Gerundio)*	apretando (tightening)	habiendo apretado (having tightened)
Past Participle *(Participio)*	apretado (tightened)	

II INDICATIVE MOOD, *Modo Indicativo*

Present: (tighten)

Yo aprieto	Nosotros apretamos
Tú aprietas	Vosotros apretáis
Ud., él,	Ustedes,
ella aprieta	ellos aprietan

Present Perfect: (have tightened)

He apretado	Hemos apretado
Has "	Habéis "
Ha "	Han "

Past Imperfect: (used to tighten, was tightening)

apretaba	apretábamos
apretabas	apretabais
apretaba	apretaban

Past Perfect: (had tightened)

Había apretado	Habíamos apretado
Habías "	Habíais "
Había "	Habían "

Preterit: (tightened)

apreté	apretamos
apretaste	apretasteis
apretó	apretaron

Preterit Perfect: (had tightened)

Hube apretado	Hubimos apretado
Hubiste "	Hubisteis "
Hubo "	Hubieron "

Future: (will tighten)

apretaré	apretaremos
apretarás	apretaréis
apretará	apretarán

Future Perfect: (will have tightened)

Habré apretado	Habremos apretado
Habrás "	Habréis "
Habrá "	Habrán "

III CONDITIONAL MOOD, *Modo Potencial*

Present: (would tighten)

apretaría	apretaríamos
apretarías	apretaríais
apretaría	apretarían

Conditional Perfect: (would have tightened)

Habría apretado	Habríamos apretado
Habrías "	Habríais "
Habría "	Habrían "

IV SUBJUNCTIVE MOOD, *Modo Subjuntivo*

Present Subj.: (that I may tighten)

apriete	apretemos
aprietes	apretéis
apriete	aprieten

Pres. Perf. Subj.: (that I may have tightened)

Haya apretado	Hayamos apretado
Hayas "	Hayáis "
Haya "	Hayan "

Past Imperf. Subj.: (that I might tighten)

apretara	apretáramos
apretaras	apretarais
apretara	apretaran
apretase	apretásemos
apretases	apretaseis
apretase	apretasen

Past Perf. Subj.: (that I might have tightened)

Hubiera apretado	Hubiéramos apretado
Hubieras "	Hubierais "
Hubiera "	Hubieran "
Hubiese apretado	Hubiésemos apretado
Hubieses "	Hubieseis "
Hubiese "	Hubiesen "

V IMPERATIVE MOOD, *Modo Imperativo*

Singular	Plural
	Apretemos (nosotros) (les us tighten)
Aprieta (tú) (tighten)	Apretad (vosotros) (tighten)
Apriete (Ud., él)	Aprieten (Uds., ellos)

Common irregular verbs similarly conjugated: all other root-changing (e to ie) -AR verbs; see No. 66, page 26.

I INFINITIVE MOOD, *Modo Infinitivo*

	Simple	Perfect
Infinitive *(Infinitivo)*	asir (to seize)	haber asido (to have seized)
Present Participle *(Gerundio)*	asiendo (seizing)	habiendo asido (having seized)
Past Participle *(Participio)*	asido (seized)	

II INDICATIVE MOOD, *Modo Indicativo*

Present: (seize)		Present Perfect: (have seized)	
Yo asgo	Nosotros asimos	He asido	Hemos asido
Tú ases	Vosotros asís	Has "	Habéis "
Ud., él,	Ustedes,	Ha "	Han "
ella ase	ellos asen		

Past Imperfect: (used to seize, was seizing)		Past Perfect: (had seized)	
asía	asíamos	Había asido	Habíamos asido
asías	asíais	Habías "	Habíais "
asía	asían	Había "	Habían "

Preterit: (seized)		Preterit Perfect: (had seized)	
así	asimos	Hube asido	Hubimos asido
asiste	asisteis	Hubiste "	Hubisteis "
asió	asieron	Hubo "	Hubieron "

Future: (will seize)		Future Perfect: (will have seized)	
asiré	asiremos	Habré asido	Habremos asido
asirás	asiréis	Habrás "	Habréis "
asirá	asirán	Habrá "	Habrán "

III CONDITIONAL MOOD, *Modo Potencial*

Present: (would seize)		Conditional Perfect: (would have seized)	
asiría	asiríamos	Habría asido	Habríamos asido
asirías	asiríais	Habrías "	Habríais "
asiría	asirían	Habría "	Habrían "

IV SUBJUNCTIVE MOOD, *Modo Subjuntivo*

Present Subj.: (that I may seize)		Pres. Perf. Subj.: (that I may have seized)	
asga	asgamos	Haya asido	Hayamos asido
asgas	asgáis	Hayas "	Hayáis "
asga	asgan	Haya "	Hayan "

Past Imperf. Subj.: (that I might seize)		Past Perf. Subj.: (that I might have seized)	
asiera	asiéramos	Hubiera asido	Hubiéramos asido
asieras	asierais	Hubieras "	Hubierais "
asiera	asieran	Hubiera "	Hubieran "
asiese	asiésemos	Hubiese asido	Hubiésemos asido
asieses	asieseis	Hubieses "	Hubieseis "
asiese	asiesen	Hubiese "	Hubiesen "

V IMPERATIVE MOOD, *Modo Imperativo*

Singular	Plural
	Asgamos (nosotros) (let us seize)
Ase (tú) (seize)	Asid (vosotros) (seize)
Asga (Ud., él)	Asgan (Uds., ellos)

Asir is of special irregularity.

I   INFINITIVE MOOD, *Modo Infinitivo*

	Simple	Perfect
Infinitive *(Infinitivo)*	asistir (to assist)	haber asistido (to have assisted)
Present Participle *(Gerundio)*	asistiendo (assisting)	habiendo asistido (having assisted)
Past Participle *(Participio)*	asistido (assisted)	

II   INDICATIVE MOOD, *Modo Indicativo*

Present: (assist)

Yo asisto	Nosotros asistimos
Tú asistes	Vosotros asistís
Ud., él, ella asiste	Ustedes, ellos asisten

Present Perfect: (have assisted)

He	asistido	Hemos	asistido
Has	"	Habéis	"
Ha	"	Han	"

Past Imperfect: (used to assist, was assisting)

asistía	asistíamos
asistías	asistíais
asistía	asistían

Past Perfect: (had assisted)

Había	asistido	Habíamos	asistido
Habías	"	Habíais	"
Había	"	Habían	"

Preterit: (assisted)

asistí	asistimos
asististe	asististeis
asistió	asistieron

Preterit Perfect: (had assisted)

Hube	asistido	Hubimos	asistido
Hubiste	"	Hubisteis	"
Hubo	"	Hubieron	"

Future: (will assist)

asistiré	asistiremos
asistirás	asistiréis
asistirá	asistirán

Future Perfect: (will have assisted)

Habré	asistido	Habremos	asistido
Habrás	"	Habréis	"
Habrá	"	Habrán	"

III   CONDITIONAL MOOD, *Modo Potencial*

Present: (would assist)

asistiría	asistiríamos
asistirías	asistiríais
asistiría	asistirían

Conditional Perfect: (would have assisted)

Habría	asistido	Habríamos	asistido
Habrías	"	Habríais	"
Habría	"	Habrían	"

IV   SUBJUNCTIVE MOOD, *Modo Subjuntivo*

Present Subj.:   (that I may assist)

asista	asistamos
asistas	asistáis
asista	asistan

Pres. Perf. Subj.:   (that I may have assisted)

Haya	asistido	Hayamos	asistido
Hayas	"	Hayáis	"
Haya	"	Hayan	"

Past Imperf. Subj.:   (that I might assist)

asistiera	asistiéramos
asistieras	asistierais
asistiera	asistieran
asistiese	asistiésemos
asistieses	asistieseis
asistiese	asistiesen

Past Perf. Subj.:   (that I might have assisted)

Hubiera	asistido	Hubiéramos	asistido
Hubieras	"	Hubierais	"
Hubiera	"	Hubieran	"
Hubiese	asistido	Hubiésemos	asistido
Hubieses	"	Hubieseis	"
Hubiese	"	Hubiesen	"

V   IMPERATIVE MOOD, *Modo Imperativo*

Singular	Plural
	Asistamos (nosotros) (let us assist)
Asiste (tú) (assist)	Asistid (vosotros) (assist)
Asista (Ud., él)	Asistan (Uds., ellos)

Similarly conjugated: all other regular -IR verbs.

I INFINITIVE MOOD, *Modo Infinitivo*

	Simple	Perfect
Infinitive *(Infinitivo)*	atravesar (to cross)	haber atravesado (to have crossed)
Present Participle *(Gerundio)*	atravesando (crossing)	habiendo atravesado (having crossed)
Past Participle *(Participio)*	atravesado (crossed)	

II INDICATIVE MOOD, *Modo Indicativo*

Present: (cross)

Yo atravieso	Nosotros atravesamos
Tú atraviesas	Vosotros atravesáis
Ud., él,	Ustedes,
ella atraviesa	ellos atraviesan

Present Perfect: (have crossed)

He atravesado	Hemos atravesado
Has "	Habéis "
Ha "	Han "

Past Imperfect: (was crossing, used to cross)

atravesaba	atravesábamos
atravesabas	atravesabais
atravesaba	atravesaban

Past Perfect: (had crossed)

Había atravesado	Habíamos atravesado
Habías "	Habíais "
Había "	Habían "

Preterit: (crossed)

atravesé	atravesamos
atravesaste	atravesasteis
atravesó	atravesaron

Preterit Perfect: (had crossed)

Hube atravesado	Hubimos atravesado
Hubiste "	Hubisteis "
Hubo "	Hubieron "

Future: (will cross)

atravesaré	atravesaremos
atravesarás	atravesaréis
atravesará	atravesarán

Future Perfect: (will have crossed)

Habré atravesado	Habremos atravesado
Habrás "	Habréis "
Habrá "	Habrán "

III CONDITIONAL MOOD, *Modo Potencial*

Present: (would cross)

atravesaría	atravesaríamos
atravesarías	atravesaríais
atravesaría	atravesarían

Conditional Perfect: (would have crossed)

Habría atravesado	Habríamos atravesado
Habrías "	Habríais "
Habría "	Habrían "

IV SUBJUNCTIVE MOOD, *Modo Subjuntivo*

Present Subj.: (that I may cross)

atraviese	atravesemos
atravieses	atraveséis
atraviese	atraviesen

Pres. Perf. Subj.: (that I may have crossed)

Haya atravesado	Hayamos atravesado
Hayas "	Hayáis "
Haya "	Hayan "

Past Imperf. Subj.: (that I might cross)

atravesara	atravesáramos
atravesaras	atravesarais
atravesara	atravesaran
atravesase	atravesásemos
atravesases	atravesaseis
atravesase	atravesasen

Past Perf. Subj.: (that I might have crossed)

Hubiera atravesado	Hubiéramos atravesado
Hubieras "	Hubierais "
Hubiera "	Hubieran "
Hubiese atravesado	Hubiésemos atravesado
Hubieses "	Hubieseis "
Hubiese "	Hubiesen "

V IMPERATIVE MOOD, *Modo Imperativo*

Singular	Plural
	Atravesemos (nosotros) (let us cross)
Atraviesa (tú) (cross)	Atravesad (vosotros) (cross)
Atraviese (Ud., él)	Atraviesen (Uds., ellos)

Common irregular verbs similarly conjugated: all other root-changing (e to *ie*) -AR verbs; see No. 66, page 26.

AVERGONZAR a *to shame, embarrass*
AVERGONZARSE de *to become ashamed of, embarrassed of*

I INFINITIVE MOOD, *Modo Infinitivo*

	Simple	Perfect
Infinitive *(Infinitivo)*	avergonzar (to shame)	haber avergonzado (to have shamed)
Present Participle *(Gerundio)*	avergonzando (shaming)	habiendo avergonzado (having shamed)
Past Participle *(Participio)*	avergonzado (shamed)	

II INDICATIVE MOOD, *Modo Indicativo*

Present: (shame)
Yo avergüenzo	Nosotros avergonzamos
Tú avergüenzas	Vosotros avergonzáis
Ud., él,	Ustedes,
ella avergüenza	ellos avergüenzan

Present Perfect: (have shamed)
He avergonzado	Hemos avergonzado
Has "	Habéis "
Ha "	Han "

Past Imperfect: (was shaming, used to shame)
avergonzaba	avergonzábamos
avergonzabas	avergonzabais
avergonzaba	avergonzaban

Past Perfect: (had shamed)
Había avergonzado	Habíamos avergonzado
Habías "	Habíais "
Había "	Habían "

Preterit: (shamed)
avergoncé	avergonzamos
avergonzaste	avergonzasteis
avergonzó	avergonzaron

Preterit Perfect: (had shamed)
Hube avergonzado	Hubimos avergonzado
Hubiste "	Hubisteis "
Hubo "	Hubieron "

Future: (will shame)
avergonzaré	avergonzaremos
avergonzarás	avergonzaréis
avergonzará	avergonzarán

Future Perfect: (will have shamed)
Habré avergonzado	Habremos avergonzado
Habrás "	Habréis "
Habrá "	Habrán "

III CONDITIONAL MOOD, *Modo Potencial*

Present: (would shame)
avergonzaría	avergonzaríamos
avergonzarías	avergonzaríais
avergonzaría	avergonzarían

Conditional Perfect: (would have shamed)
Habría avergonzado	Habríamos avergonzado
Habrías "	Habríais "
Habría "	Habrían "

IV SUBJUNCTIVE MOOD, *Modo Subjuntivo*

Present Subj.: (that I may shame)
avergüence*	avergoncemos*
avergüences*	avergoncéis*
avergüence*	avergüencen*

Pres. Perf. Subj.: (that I may have shamed)
Haya avergonzado	Hayamos avergonzado
Hayas "	Hayáis "
Haya "	Hayan "

Past Imperf. Subj.: (that I might shame)
avergonzara	avergonzáramos
avergonzaras	avergonzarais
avergonzara	avergonzaran
avergonzase	avergonzásemos
avergonzases	avergonzaseis
avergonzase	avergonzasen

Past Perf. Subj.: (that I might have shamed)
Hubiera avergonzado	Hubiéramos avergonzado
Hubieras "	Hubierais "
Hubiera "	Hubieran "
Hubiese avergonzado	Hubiésemos avergonzado
Hubieses "	Hubieseis "
Hubiese "	Hubiesen "

V IMPERATIVE MOOD, *Modo Imperativo*

Singular	Plural
	Avergoncemos*(nosotros) (let us shame)
Avergüenza (tú) (shame)	Avergonzad (vosotros) (shame)
Avergüence * (Ud., él)	Avergüencen* (Uds., ellos)

Common irregular verbs similarly conjugatea: all other root-changing (o to ue) -AR verbs; see No. 67, page 27.

---
*z changes to c before e; see Nos. 62-63, pp. 24-25.

I INFINITIVE MOOD, *Modo Infinitivo*

	Simple	Perfect
Infinitive *(Infinitivo)*	averiguar (to ascertain)	haber averiguado (to have ascertained)
Present Participle *(Gerundio)*	averiguando (ascertaining)	habiendo averiguado (having ascertained)
Past Participle *(Participio)*	averiguado (ascertained)	

II INDICATIVE MOOD, *Modo Indicativo*

Present: (ascertain)

Yo averiguo	Nosotros averiguamos
Tú averiguas	Vosotros averiguais
Ud., él,	Ustedes,
ella averigua	ellos averiguan

Present Perfect: (have ascertained)

He averiguado	Hemos averiguado
Has "	Habéis "
Ha "	Han "

Past Imperfect: (was ascertaining, used to ascertain)

averiguaba	averiguábamos
averiguabas	averiguabais
averiguaba	averiguaban

Past Perfect: (had ascertained)

Había averiguado	Habíamos averiguado
Habías "	Habíais "
Había "	Habían "

Preterit: (ascertained)

averigüé	averiguamos
averiguaste	averiguasteis
averiguó	averiguaron

Preterit Perfect: (had ascertained)

Hube averiguado	Hubimos averiguado
Hubiste "	Hubisteis "
Hubo "	Hubieron "

Future: (will ascertain)

averiguaré	averiguaremos
averiguarás	averiguaréis
averiguará	averiguarán

Future Perfect: (will have ascertained)

Habré averiguado	Habremos averiguado
Habrás "	Habréis "
Habrá "	Habrán "

III CONDITIONAL MOOD, *Modo Potencial*

Present: (would ascertain)

averiguaría	averiguaríamos
averiguarías	averiguaríais
averiguaría	averiguarían

Conditional Perfect: (would have ascertained)

Habría averiguado	Habríamos averiguado
Habrías "	Habríais "
Habría "	Habrían "

IV SUBJUNCTIVE MOOD, *Modo Subjuntivo*

Present Subj.: (that I may ascertain)

averigüe	averigüemos
averigües	averigüéis
averigüe	averigüen

Pres. Perf. Subj.: (that I may have ascertained)

Haya averiguado	Hayamos averiguado
Hayas "	Hayáis "
Haya "	Hayan "

Past Imperf. Subj.: (that I might ascertain)

averiguara	averiguáramos
averiguaras	averiguarais
averiguara	averiguaran
averiguase	averiguásemos
averiguases	averiguaseis
averiguase	averiguasen

Past Perf. Subj.: (that I might have ascertained)

Hubiera averiguado	Hubiéramos averiguado
Hubieras "	Hubierais "
Hubiera "	Hubieran "
Hubiese averiguado	Hubiésemos averiguado
Hubieses "	Hubieseis "
Hubiese "	Hubiesen "

V IMPERATIVE MOOD, *Modo Imperativo*

Singular	Plural
	Averigüemos (nosotros) (let us ascertain)
Averigua (tú) (ascertain)	Averiguad (vosotros) (ascertain)
Averigüe (Ud., él)	Averigüen

Similarly conjugated: all other regular -AR verbs.

I INFINITIVE MOOD, *Modo Infinitivo*

	Simple	Perfect
Infinitive *(Infinitivo)*	ayudar (to help)	haber ayudado (to have helpted)
Present Participle *(Gerundio)*	ayudando (helping)	habiendo ayudado (having helped)
Past Participle *(Participio)*	ayudado (helped)	

II INDICATIVE MOOD, *Modo Indicativo*

Present: (help)

Yo ayudo	Nosotros ayudamos
Tú ayudas	Vosotros ayudáis
Ud., él,	Ustedes,
ella ayuda	ellos ayudan

Present Perfect: (have helped)

He ayudado	Hemos ayudado
Has "	Habéis "
Ha "	Han "

Past Imperfect: (used to help, was helping)

ayudaba	ayudábamos
ayudabas	ayudabais
ayudaba	ayudaban

Past Perfect: (had helped)

Había ayudado	Habíamos ayudado
Habías "	Habíais "
Había "	Habían "

Preterit: (helped)

ayudé	ayudamos
ayudaste	ayudasteis
ayudó	ayudaron

Preterit Perfect: (had helped)

Hube ayudado	Hubimos ayudado
Hubiste "	Hubisteis "
Hubo "	Hubieron "

Future: (will help)

ayudaré	ayudaremos
ayudarás	ayudaréis
ayudará	ayudarán

Future Perfect: (will have helped)

Habré ayudado	Habremos ayudado
Habrás "	Habréis "
Habrá "	Habrán "

III CONDITIONAL MOOD, *Modo Potencial*

Present: (would help)

ayudaría	ayudaríamos
ayudarías	ayudaríais
ayudaría	ayudarían

Conditional Perfect: (would have helped)

Habría ayudado	Habríamos ayudado
Habrías "	Habríais "
Habría "	Habrían "

IV SUBJUNCTIVE MOOD, *Modo Subjuntivo*

Present Subj.: (that I may help)

ayude	ayudemos
ayudes	ayudéis
ayude	ayuden

Pres. Perf. Subj.: (that I may have helped)

Haya ayudado	Hayamos ayudado
Hayas "	Hayáis "
Haya "	Hayan "

Past Imperf. Subj.: (that I might help)

ayudara	ayudáramos
ayudaras	ayudarais
ayudara	ayudaran
ayudase	ayudásemos
ayudases	ayudaseis
ayudase	ayudasen

Past Perf. Subj.: (that I might have helped)

Hubiera ayudado	Hubiéramos ayudado
Hubieras "	Hubierais "
Hubiera "	Hubieran "
Hubiese ayudado	Hubiésemos ayudado
Hubieses "	Hubieseis "
Hubiese "	Hubiesen "

V IMPERATIVE MOOD, *Modo Imperativo*

Singular	Plural
	Ayudemos (nosotros) (let us help)
Ayuda (tú) (help)	Ayudad (vosotros) (help)
Ayude (Ud., él)	Ayuden (Uds., ellos)

Similarly conjugated: all other regular -AR verbs.

to bathe something or someone else, to bathe oneself, take a bath

---

I   INFINITIVE MOOD, *Modo Infinitivo*

	Simple	Perfect
Infinitive *(Infinitivo)*	bañarse (to bathe)	haberse bañado (to have bathed)
Present Participle *(Gerundio)*	bañándose (bathing)	habiéndose bañado (having bathed)
Past Participle *(Participio)*	bañado (bathed)	

II   INDICATIVE MOOD, *Modo Indicativo*

Present: (bathe)
Yo me baño	Nosotros nos bañamos
Tú te bañas	Vosotros os bañáis
Ud., él,	Ustedes,
ella se baña	ellos se bañan

Present Perfect: (have bathed)
me he bañado	nos hemos bañado
te has "	os habéis "
se ha "	se han "

Past Imperfect: (was bathing, used to bathe)
me bañaba	nos bañábamos
te bañabas	os bañabais
se bañaba	se bañaban

Past Perfect: (had bathed)
me había bañado	nos habíamos bañado
te habías "	os habíais "
se había "	se habían "

Preterit: (bathed)
me bañé	nos bañamos
te bañaste	os bañasteis
se bañó	se bañaron

Preterit Perfect: (had bathed)
me hube bañado	nos hubimos bañado
te hubiste "	os hubisteis "
se hubo "	se hubieron "

Future: (will bathe)
me bañaré	nos bañaremos
te bañarás	os bañaréis
se bañará	se bañarán

Future Perfect: (will have bathed)
me habré bañado	nos habremos bañado
te habrás "	os habréis "
se habrá "	se habrán "

III   CONDITIONAL MOOD, *Modo Potencial*

Present: (would bathe)
me bañaría	nos bañaríamos
te bañarías	os bañaríais
se bañaría	se bañaría

Conditional Perfect: (would have bathed)
me habría bañado	nos habríamos bañado
te habrías "	os habríais "
se habría "	se habrían "

IV   SUBJUNCTIVE MOOD, *Modo Subjuntivo*

Present Subj.: (that I may bathe)
me bañe	nos bañemos
te bañes	os bañéis
se bañe	se bañen

Pres. Perf. Subj.: (that I may have bathed)
me haya bañado	nos hayamos bañado
te hayas "	os hayáis "
se haya "	se hayan "

Past Imperf. Subj.: (that I might bathe)
me bañara	nos bañáramos
te bañaras	os bañarais
se bañara	se bañaran

Past Perf. Subj.: (that I might have bathed)
me hubiera bañado	nos hubiéramos bañado
te hubieras "	os hubierais "
se hubiera "	se hubieran "

me bañase	nos bañásemos
te bañases	os bañaseis
se bañase	se bañasen

me hubiese bañado	nos hubiésemos bañado
te hubieses "	os hubieseis "
se hubiese "	se hubiesen "

V   IMPERATIVE MOOD, *Modo Imperativo*

Singular	Plural
	Bañémonos (nosotros) (let us bathe)
Báñate (tú) (bathe)	Bañaos (vosotros) (bathe)
Báñese (Ud., él)	Báñense (Uds., ellos)

Similarly conjugated: all other regular -AR verbs.

I INFINITIVE MOOD, *Modo Infinitivo*

	Simple	Perfect
Infinitive *(Infinitivo)*	bendecir (to bless)	haber bendecido (to have blessed)
Present Participle *(Gerundio)*	bendiciendo (blessing)	habiendo bendecido (having blessed)
Past Participle *(Participio)*	bendecido* (blessed)	

II INDICATIVE MOOD, *Modo Indicativo*

Present: (bless)

Yo bendigo	Nosotros bendecimos
Tú bendices	Vosotros bendecís
Ud., él, ella bendice	Ustedes, ellos bendicen

Present Perfect: (have blessed)

He bendecido	Hemos bendecido
Has "	Habéis "
Ha "	Han "

Past Imperfect: (used to bless, was blessing)

bendecía	bendecíamos
bendecías	bendecíais
bendecía	bendecían

Past Perfect: (had blessed)

Había bendecido	Habíamos bendecido
Habías "	Habíais "
Había "	Habían "

Preterit: (blessed)

bendije	bendijimos
bendijiste	bendijisteis
bendijo	bendijeron

Preterit Perfect: (had blessed)

Hube bendecido	Hubimos bendecido
Hubiste "	Hubisteis "
Hubo "	Hubieron "

Future: (will bless)

bendeciré	bendeciremos
bendecirás	bendeciréis
bendecirá	bendecirán

Future Perfect: (will have blessed)

Habré bendecido	Habremos bendecido
Habrás "	Habréis "
Habrá "	Habrán "

III CONDITIONAL MOOD, *Modo Potencial*

Present: (would bless)

bendeciría	bendeciríamos
bendecirías	bendeciríais
bendeciría	bendecirían

Conditional Perfect: (would have blessed)

Habría bendecido	Habríamos bendecido
Habrías "	Habríais "
Habría "	Habrían "

IV SUBJUNCTIVE MOOD, *Modo Subjuntivo*

Present Subj.: (that I may bless)

bendiga	bendigamos
bendigas	bendigáis
bendiga	bendigan

Pres. Perf. Subj.: (that I may have blessed)

Haya bendecido	Hayamos bendecido
Hayas "	Hayáis "
Haya "	Hayan "

Past Imperf. Subj.: (that I might bless)

bendijera	bendijéramos
bendijeras	bendijerais
bendijera	bendijeran
bendijese	bendijésemos
bendijeses	bendijeseis
bendijese	bendijesen

Past Perf. Subj.: (that I might have blessed)

Hubiera bendecido	Hubiéramos bendecido
Hubieras "	Hubierais "
Hubiera "	Hubieran "
Hubiese bendecido	Hubiésemos bendecido
Hubieses "	Hubieseis "
Hubiese "	Hubiesen "

V IMPERATIVE MOOD, *Modo Imperativo*

Singular	Plural
	Bendigamos (nosotros) (let us bless)
Bendice (tú) (bless)	Bendecid (vosotros) (bless)
Bendiga (Ud., él)	Bendigan (Uds., ellos)

Common irregular verbs similarly conjugated: *maldecir.*

---

*also **bendito.**

I   INFINITIVE MOOD,   *Modo Infinitivo*

	Simple	Perfect
Infinitive *(Infinitivo)*	burlarse (to ridicule)	haberse burlado (to have ridiculed)
Present Participle *(Gerundio)*	burlándose (ridiculing)	habiéndose burlado (having ridiculed)
Past Participle *(Participio)*	burlado (ridiculed)	

II   INDICATIVE MOOD,   *Modo Indicativo*

Present: (ridicule)

Yo me burlo	Nosotros nos burlamos
Tú te burlas	Vosotros os burláis
Ud., él,	Ustedes,
ella se burla	ellos se burlan

Present Perfect: (have ridiculed)

me he burlado		nos hemos burlado	
te has	"	os habéis	"
se ha	"	se han	"

Past Imperfect: (used to ridicule, was ridiculing)

me burlaba	nos burlábamos
te burlabas	os burlabais
se burlaba	se burlaban

Past Perfect: (had ridiculed)

me había burlado		nos habíamos burlado	
te habías	"	os habíais	"
se había	"	se habían	"

Preterit: (ridiculed)

me burlé	nos burlamos
te burlaste	os burlasteis
se burló	se burlaron

Preterit Perfect: (had ridiculed)

me hube burlado		nos hubimos burlado	
te hubiste	"	os hubisteis	"
se hubo	"	se hubieron	"

Future: (will ridicule)

me burlaré	nos burlaremos
te burlarás	os burlaréis
se burlará	se burlarán

Future Perfect: (will have ridiculed)

me habré burlado		nos habremos burlado	
te habrás	"	os habréis	"
se habrá	"	se habrán	"

III   CONDITIONAL MOOD,   *Modo Potencial*

Present: (would ridicule)

me burlaría	nos burlaríamos
te burlarías	os burlaríais
se burlaría	se burlarían

Conditional Perfect: (would have ridiculed)

me habría burlado		nos habríamos burlado	
te habrías	"	os habríais	"
se habría	"	se habrían	"

IV   SUBJUNCTIVE MOOD,   *Modo Subjuntivo*

Present Subj.: (that I may ridicule)

me burle	nos burlemos
te burles	os burléis
se burle	se burlen

Pres. Perf. Subj.: (that I may have ridiculed)

me haya burlado		nos hayamos burlado	
te hayas	"	os hayáis	"
se haya	"	se hayan	"

Past Imperf. Subj.: (that I might ridicule)

me burlara	nos burláramos
te burlaras	os burlarais
se burlara	se burlaran

Past Perf. Subj.: (that I might have ridiculed)

me hubiera burlado		nos hubiéramos burlado	
te hubieras	"	os hubierais	"
se hubiera	"	se hubieran	"

me burlase	nos burlásemos
te burlases	os burlaseis
se burlase	se burlasen

me hubiese burlado		nos hubiésemos burlado	
te hubieses	"	os hubieseis	"
se hubiese	"	se hubiesen	"

V   IMPERATIVE MOOD,   *Modo Imperativo*

Singular	Plural
	Burlémonos (nosotros) (let us ridicule)
Búrlate (tú) (ridicule)	Burlaos (vosotros) (ridicule)
Búrlese (Ud., él)	Búrlense (Uds., ellos)

Similarly conjugated: all other regular -AR verbs.

Note: *burlar* as a transitive verb also means to deceive, trick, outwit.

I INFINITIVE MOOD, *Modo Infinitivo*

	Simple	Perfect
Infinitive *(Infinitivo)*	buscar (to look for)	haber buscado (to have looked for)
Present Participle *(Gerundio)*	buscando (looking for)	habiendo buscado (having looked for)
Past Participle *(Participio)*	buscado (looked for)	

II INDICATIVE MOOD, *Modo Indicativo*

Present: (look for)

		Present Perfect: (have looked for)	
Yo busco	Nosotros buscamos	He buscado	Hemos buscado
Tú buscas	Vosotros buscáis	Has "	Habéis "
Ud., él,	Ustedes,	Ha "	Han "
ella busca	ellos buscan		

Past Imperfect: (was looking for, used to look for)

		Past Perfect: (had looked for)	
buscaba	buscábamos	Había buscado	Habíamos buscado
buscabas	buscabais	Habías "	Habíais "
buscaba	buscaban	Había "	Habían "

Preterit: (looked for)

		Preterit Perfect: (had looked for)	
busqué*	buscamos	Hube buscado	Hubimos buscado
buscaste	buscasteis	Hubiste "	Hubisteis "
buscó	buscaron	Hubo "	Hubieron "

Future: (will look for)

		Future Perfect: (will have looked for)	
buscaré	buscaremos	Habré buscado	Habremos buscado
buscarás	buscaréis	Habrás "	Habréis "
buscará	buscarán	Habrá "	Habrán "

III CONDITIONAL MOOD, *Modo Potencial*

Present: (would look for)

		Conditional Perfect: (would have looked for)	
buscaría	buscaríamos	Habría buscado	Habríamos buscado
buscarías	buscaríais	Habrías "	Habríais "
buscaría	buscarían	Habría "	Habrían "

IV SUBJUNCTIVE MOOD, *Modo Subjuntivo*

Present Subj.: (that I may look for)

		Pres. Perf. Subj.: (that I may have looked for)	
busque*	busquemos*	Haya buscado	Hayamos buscado
busques*	busquéis*	Hayas "	Hayáis "
busque*	busquen*	Haya "	Hayan "

Past Imperf. Subj.: (that I might look for)

		Past Perf. Subj.: (that I might have looked for)	
buscara	buscáramos	Hubiera buscado	Hubiéramos buscado
buscaras	buscarais	Hubieras "	Hubierais "
buscara	buscaran	Hubiera "	Hubieran "
buscase	buscásemos	Hubiese buscado	Hubiésemos buscado
buscases	buscaseis	Hubieses "	Hubieseis "
buscase	buscasen	Hubiese "	Hubiesen "

V IMPERATIVE MOOD, *Modo Imperativo*

Singular	Plural
	Busquemos* (nosotros) (let us look for)
Busca (tú) (look for)	Buscad (vosotros) (look for)
Busque* (Ud., él)	Busquen* (Uds., ellos)

Similarly conjugated: all other regular -AR verbs.

---

* c changes to *qu* before *e* to retain hard c sound; see Nos. 62-63, pp. 24-25.

I INFINITIVE MOOD, *Modo Infinitivo*

	Simple	Perfect
Infinitive *(Infinitivo)*	caber (to fit)	haber cabido (to have fit)
Present Participle *(Gerundio)*	cabiendo (fitting)	habiendo cabido (having fit)
Past Participle *(Participio)*	cabido (fit)	

II INDICATIVE MOOD, *Modo Indicativo*

Present: (fit)

Yo quepo	Nosotros cabemos
Tú cabes	Vosotros cabéis
Ud., él,	Ustedes,
ella cabe	ellos caben

Present Perfect: (have fitted)

He cabido	Hemos cabido
Has "	Habéis "
Ha "	Han "

Past Imperfect: (was fitting, used to fit)

cabía	cabíamos
cabías	cabíais
cabía	cabían

Past Perfect: (had fitted)

Había cabido	Habíamos cabido
Habías "	Habíais "
Había "	Habían "

Preterit: (fitted)

cupe	cupimos
cupiste	cupisteis
cupo	cupieron

Preterit Perfect: (had fitted)

Hube cabido	Hubimos cabido
Hubiste "	Hubisteis "
Hubo "	Hubieron "

Future: (will fit)

cabré	cabremos
cabrás	cabréis
cabrá	cabrán

Future Perfect: (will have fitted)

Habré cabido	Habremos cabido
Habrás "	Habréis "
Habrá "	Habrán "

III CONDITIONAL MOOD, *Modo Potencial*

Present: (would fit)

cabría	cabríamos
cabrías	cabríais
cabría	cabrían

Conditional Perfect: (would have fitted)

Habría cabido	Habríamos cabido
Habrías "	Habríais "
Habría "	Habrían "

IV SUBJUNCTIVE MOOD, *Modo Subjuntivo*

Present Subj.: (that I may fit)

quepa	quepamos
quepas	quepáis
quepa	quepan

Pres. Perf. Subj.: (that I may have fitted)

Haya cabido	Hayamos cabido
Hayas "	Hayáis "
Haya "	Hayan "

Past Imperf. Subj.: (that I might fit)

cupiera	cupiéramos
cupieras	cupierais
cupiera	cupieran
cupiese	cupiésemos
cupieses	cupieseis
cupiese	cupiesen

Past Perf. Subj.: (that I might have fitted)

Hubiera cabido	Hubiéramos cabido
Hubieras "	Hubierais "
Hubiera "	Hubieran "
Hubiese cabido	Hubiésemos cabido
Hubieses "	Hubieseis "
Hubiese "	Hubiesen "

V IMPERATIVE MOOD, *Modo Imperativo*

Singular	Plural
	Quepamos (nosotros) (let us fit)
Cabe (tú) (fit)	Cabed (vosotros) (fit)
Quepa (Ud., él)	Quepan (Uds., ellos)

Caber is of special irregularity.

I INFINITIVE MOOD, *Modo Infinitivo*

	Simple	Perfect
Infinitive *(Infinitivo)*	caer (to fall)	haber caído (to have fallen)
Present Participle *(Gerundio)*	cayendo* (falling)	habiendo caído (having fallen)
Past Participle *(Participio)*	caído (fallen)	

II INDICATIVE MOOD, *Modo Indicativo*

Present: (fall)

		Present Perfect: (have fallen)	
Yo caigo	Nosotros caemos	He caído	Hemos caído
Tú caes	Vosotros caéis	Has "	Habéis "
Ud., él,	Ustedes,	Ha "	Han "
ella cae	ellos caen		

Past Imperfect: (was falling, used to fall)

		Past Perfect: (had fallen)	
caía	caíamos	Había caído	Habíamos caído
caías	caíais	Habías "	Habíais "
caía	caían	Había "	Habían "

Preterit: (fell)

		Preterit Perfect: (had fallen)	
caí	caímos	Hube caído	Hubimos caído
caíste	caísteis	Hubiste "	Hubisteis "
cayó*	cayeron*	Hubo "	Hubieron "

Future: (will fall)

		Future Perfect: (will have fallen)	
caeré	caeremos	Habré caído	Habremos caído
caerás	caeréis	Habrás "	Habréis "
caerá	caerán	Habrá "	Habrán "

III CONDITIONAL MOOD, *Modo Potencial*

Present: (would fall)

		Conditional Perfect: (would have fallen)	
caería	caeríamos	Habría caído	Habríamos caído
caerías	caeríais	Habrías "	Habríais "
caería	caerían	Habría "	Habrían "

IV SUBJUNCTIVE MOOD, *Modo Subjuntivo*

Present Subj.: (that I may fall)

		Pres. Perf. Subj.: (that I may have fallen)	
caiga	caigamos	Haya caído	Hayamos caído
caigas	caigáis	Hayas "	Hayáis "
caiga	caigan	Haya "	Hayan "

Past Imperf. Subj.: (that I might fall)

		Past Perf. Subj.: (that I might have fallen)	
cayera*	cayéramos*	Hubiera caído	Hubiéramos caído
cayeras*	cayerais*	Hubieras "	Hubierais "
cayera*	cayeran*	Hubiera "	Hubieran "
cayese*	cayésemos*	Hubiese caído	Hubiésemos caído
cayeses*	cayeseis*	Hubieses "	Hubieseis "
cayese*	cayesen*	Hubiese "	Hubiesen "

V IMPERATIVE MOOD, *Modo Imperativo*

Singular	Plural
	Caigamos (nosotros) (let us fall)
Cae (tú) (fall)	Caed (vosotros) (fall)
Caiga (Ud., él)	Caigan (Uds., ellos)

Common irregular verbs similarly conjugated: *decaer, recaer.*

---

* *i* of the ending changes to *y.*

I INFINITIVE MOOD, *Modo Infinitivo*

	Simple	Perfect
Infinitive *(Infinitivo)*	calentar (to heat)	haber calentado (to have heated)
Present Participle *(Gerundio)*	calentando (heating)	habiendo calentado (having heated)
Past Participle *(Participio)*	calentado (heated)	

II INDICATIVE MOOD, *Modo Indicativo*

Present: (heat)
		Present Perfect:	(have heated)	
Yo caliento	Nosotros calentamos	He calentado	Hemos calentado	
Tú calientas	Vosotros calentáis	Has "	Habéis "	
Ud., él, ella calienta	Ustedes, ellos calientan	Ha "	Han "	

Past Imperfect: (was heating, used to heat)
		Past Perfect:	(had heated)	
calentaba	calentábamos	Había calentado	Habíamos calentado	
calentabas	calentabais	Habías "	Habíais "	
calentaba	calentaban	Había "	Habían "	

Preterit: (heated)
		Preterit Perfect:	(had heated)	
calenté	calentamos	Hube calentado	Hubimos calentado	
calentaste	calentasteis	Hubiste "	Hubisteis "	
calentó	calentaron	Hubo "	Hubieron "	

Future: (will heat)
		Future Perfect:	(will have heated)	
calentaré	calentaremos	Habré calentado	Habremos calentado	
calentarás	calentaréis	Habrás "	Habréis "	
calentará	calentarán	Habrá "	Habrán "	

III CONDITIONAL MOOD, *Modo Potencial*

Present: (would heat)
		Conditional Perfect:	(would have heated)	
calentaría	calentaríamos	Habría calentado	Habríamos calentado	
calentarías	calentaríais	Habrías "	Habríais "	
calentaría	calentarían	Habría "	Habrían "	

IV SUBJUNCTIVE MOOD, *Modo Subjuntivo*

Present Subj.: (that I may heat)
		Pres. Perf. Subj.:	(that I may have heated)	
caliente	calentemos	Haya calentado	Hayamos calentado	
calientes	calentéis	Hayas "	Hayáis "	
caliente	calienten	Haya "	Hayan "	

Past Imperf. Subj.: (that I might heat)
		Past Perf. Subj.:	(that I might have heated)	
calentara	calentáramos	Hubiera calentado	Hubiéramos calentado	
calentaras	calentarais	Hubieras "	Hubierais "	
calentara	calentaran	Hubiera "	Hubieran "	
calentase	calentásemos	Hubiese calentado	Hubiésemos calentado	
calentases	calentaseis	Hubieses "	Hubieseis "	
calentase	calentasen	Hubiese "	Hubiesen "	

V IMPERATIVE MOOD, *Modo Imperativo*

Singular	Plural
	Calentemos (nosotros) (let us heat)
Calienta (tú) (heat)	Calentad (vosotros) (heat)
Caliente (Ud., él)	Calienten (Uds., ellos)

Common irregular verbs similarly conjugated: all verbs ending in -ENTAR, like *alentar*, *recalentar*, *tentar*, etc., and all other root-changing (e to *ie*) -AR verbs; see No. 66, page 26.

I INFINITIVE MOOD, *Modo Infinitivo*

	Simple	Perfect
Infinitive *(Infinitivo)*	cambiar (to change)	haber cambiado (to have changed)
Present Participle *(Gerundio)*	cambiando (changing)	habiendo cambiado (having changed)
Past Participle *(Participio)*	cambiado (changed)	

II INDICATIVE MOOD, *Modo Indicativo*

Present: (change)

Yo cambio	Nosotros cambiamos
Tú cambias	Vosotros cambiáis
Ud., él, ella cambia	Ustedes, ellos cambian

Present Perfect: (have changed)

He cambiado	Hemos cambiado
Has "	Habéis "
Ha "	Han "

Past Imperfect: (was changing, used to change, changed)

cambiaba	cambiábamos
cambiabas	cambiabais
cambiaba	cambiaban

Past Perfect: (had changed)

Había cambiado	Habíamos cambiado
Habías "	Habíais "
Había "	Habían "

Preterit: (changed)

cambié	cambiamos
cambiaste	cambiasteis
cambió	cambiaron

Preterit Perfect: (had changed)

Hube cambiado	Hubimos cambiado
Hubiste "	Hubisteis "
Hubo "	Hubieron "

Future: (will change)

cambiaré	cambiaremos
cambiarás	cambiaréis
cambiará	cambiarán

Future Perfect: (will have changed)

Habré cambiado	Habremos cambiado
Habrás "	Habréis "
Habrá "	Habrán "

III CONDITIONAL MOOD, *Modo Potencial*

Present: (would change)

cambiaría	cambiaríamos
cambiarías	cambiaríais
cambiaría	cambiarían

Conditional Perfect: (would have changed)

Habría cambiado	Habríamos cambiado
Habrías "	Habríais "
Habría "	Habrían "

IV SUBJUNCTIVE MOOD, *Modo Subjuntivo*

Present Subj.: (that I may change)

cambie	cambiemos
cambies	cambiéis
cambie	cambien

Pres. Perf. Subj.: (that I may have changed)

Haya cambiado	Hayamos cambiado
Hayas "	Hayáis "
Haya "	Hayan "

Past Imperf. Subj.: (that I might change)

cambiara	cambiáramos
cambiaras	cambiarais
cambiara	cambiaran
cambiase	cambiásemos
cambiases	cambiaseis
cambiase	cambiasen

Past Perf. Subj.: (that I might have changed)

Hubiera cambiado	Hubiéramos cambiado
Hubieras "	Hubierais "
Hubiera "	Hubieran "
Hubiese cambiado	Hubiésemos cambiado
Hubieses "	Hubieseis "
Hubiese "	Hubiesen "

V IMPERATIVE MOOD, *Modo Imperativo*

Singular	Plural
	Cambiemos (nosotros) (let us change)
Cambia (tú) (change)	Cambiad (vosotros) (change)
Cambie (Ud., él)	Cambien (Uds., ellos)

Similarly conjugated: all other regular -AR verbs.

I INFINITIVE MOOD, *Modo Infinitivo*

	Simple	Perfect
Infinitive *(Infinitivo)*	casarse (to marry)	haberse casado (to have married)
Present Participle *(Gerundio)*	casándose (marrying)	habiéndose casado (having married)
Past Participle *(Participio)*	casado (married)	

II INDICATIVE MOOD, *Modo Indicativo*

Present: (get married)

Yo me caso	Nosotros nos casamos
Tú te casas	Vosotros os casáis
Ud., él, ella se casa	Ustedes, ellos se casan

Present Perfect: (have gotten married)

me he casado	nos hemos casado
te has "	os habéis "
se ha "	se han "

Past Imperfect: (was getting married)*

me casaba	nos casábamos
te casabas	os casabais
se casaba	se casaban

Past Perfect: (had gotten married)

me había casado	nos habíamos casado
te habías "	os habíais "
se había "	se habían "

Preterit: (got married)

me casé	nos casamos
te casaste	os casasteis
se casó	se casaron

Preterit Perfect: (had gotten married)

me hube casado	nos hubimos casado
te hubiste "	os hubisteis "
se hubo "	se hubieron "

Future: (will get married)

me casaré	nos casaremos
te casarás	os casaréis
se casará	se casarán

Future Perfect: (will have gotten married)

me habré casado	nos habremos casado
te habrás "	os habréis "
se habrá "	se habrán "

III CONDITIONAL MOOD, *Modo Potencial*

Present: (would get married)

me casaría	nos casaríamos
te casarías	os casaríais
se casaría	se casarían

Conditional Perfect: (would have gotten married)

me habría casado	nos habríamos casado
te habrías "	os habríais "
se habría "	se habrían "

IV SUBJUNCTIVE MOOD, *Modo Subjuntivo*

Present Subj.: (that I may get married)

me case	nos casemos
te cases	os caséis
se case	se casen

Pres. Perf. Subj.: (that I may have gotten married)

me haya casado	nos hayamos casado
te hayas "	os hayáis "
se haya "	se hayan "

Past Imperf. Subj.: (that I might get married)

me casara	nos casáramos
te casaras	os casarais
se casara	se casaran

me casase	nos casásemos
te casases	os casaseis
se casase	se casasen

Past Perf. Subj.: (that I might have gotten married)

me hubiera casado	nos hubiéramos casado
te hubieras "	os hubierais "
se hubiera "	se hubieran "

me hubiese casado	nos hubiésemos casado
te hubieses "	os hubieseis "
se hubiese "	se hubiesen "

V IMPERATIVE MOOD, *Modo Imperativo*

Singular	Plural
	Casémonos (nosotros) (let us get married)
Cásate (tú) (get married)	Casaos (vosotros) (get married)
Cásese (Ud., él)	Cásense (Uds., ellos)

Similarly conjugated: all other regular -AR verbs.

---

* used to get married, married.

I INFINITIVE MOOD, *Modo Infinitivo*

	Simple	Perfect
Infinitive *(Infinitivo)*	cerrar (to close)	haber cerrado (to have closed)
Present Participle *(Gerundio)*	cerrando (closing)	habiendo cerrado (having closed)
Past Participle *(Participio)*	cerrado (closed)	

II INDICATIVE MOOD, *Modo Indicativo*

Present: (close)

		Present Perfect: (have closed)	
Yo cierro	Nosotros cerramos	He cerrado	Hemos cerrado
Tú cierras	Vosotros cerráis	Has "	Habéis "
Ud., él,	Ustedes,	Ha "	Han "
ella cierra	ellos cierran		

Past Imperfect: (was closing, used to close, closed)

		Past Perfect: (had closed)	
cerraba	cerrábamos	Había cerrado	Habíamos cerrado
cerrabas	cerrabais	Habías "	Habíais "
cerraba	cerraban	Había "	Habían "

Preterit: (closed)

		Preterit Perfect: (had closed)	
cerré	cerramos	Hube cerrado	Hubimos cerrado
cerraste	cerrasteis	Hubiste "	Hubisteis "
cerró	cerraron	Hubo "	Hubieron "

Future: (will close)

		Future Perfect: (will have closed)	
cerraré	cerraremos	Habré cerrado	Habremos cerrado
cerrarás	cerraréis	Habrás "	Habréis "
cerrará	cerrarán	Habrá "	Habrán "

III CONDITIONAL MOOD, *Modo Potencial*

Present: (would close)

		Conditional Perfect: (would have closed)	
cerraría	cerraríamos	Habría cerrado	Habríamos cerrado
cerrarías	cerraríais	Habrías "	Habríais "
cerraría	cerrarían	Habría "	Habrían "

IV SUBJUNCTIVE MOOD, *Modo Subjuntivo*

Present Subj.: (that I may close)

		Pres. Perf. Subj.: (that I may have closed)	
cierre	cerremos	Haya cerrado	Hayamos cerrado
cierres	cerréis	Hayas "	Hayáis "
cierre	cierren	Haya "	Hayan "

Past Imperf. Subj.: (that I might close)

		Past Perf. Subj.: (that I might have closed)	
cerrara	cerráramos	Hubiera cerrado	Hubiéramos cerrado
cerraras	cerrarais	Hubieras "	Hubierais "
cerrara	cerraran	Hubiera "	Hubieran "
cerrase	cerrásemos	Hubiese cerrado	Hubiésemos cerrado
cerrases	cerraseis	Hubieses "	Hubieseis "
cerrase	cerrasen	Hubiese "	Hubiesen "

V IMPERATIVE MOOD, *Modo Imperativo*

Singular	Plural
	Cerremos (nosotros) (let us close)
Cierra (tú) (close)	Cerrad (vosotros) (close)
Cierre (Ud., él)	Cierren (Uds., ellos)

Common irregular verbs similarly conjugated: *encerrar, desencerrar.* All verbs ending in -ERRAR,* like *aserrar, enterrar, serrar,* etc., and all other root-changing (e to ie) -AR verbs; see No. 66, page 26.

_____

* The verb errar (to err) is similarly conjugated; see page 107.

I INFINITIVE MOOD, *Modo Infinitivo*

	Simple	Perfect
Infinitive *(Infinitivo)*	coger (to take)	haber cogido (to have taken)
Present Participle *(Gerundio)*	cogiendo (taking)	habiendo cogido (having taken)
Past Participle *(Participio)*	cogido (taken)	

II INDICATIVE MOOD, *Modo Indicativo*

Present: (take)

Yo cojo*	Nosotros cogemos
Tú coges	Vosotros cogéis
Ud., él,	Ustedes,
ella coge	ellos cogen

Present Perfect: (have taken)

He	cogido	Hemos	cogido
Has	"	Habéis	"
Ha	"	Han	"

Past Imperfect: (used to take, was taking, took)

cogía	cogíamos
cogías	cogíais
cogía	cogían

Past Perfect: (had taken)

Había	cogido	Habíamos	cogido
Habías	"	Habíais	"
Había	"	Habían	"

Preterit: (took)

cogí	cogimos
cogiste	cogisteis
cogió	cogieron

Preterit Perfect: (had taken)

Hube	cogido	Hubimos	cogido
Hubiste	"	Hubisteis	"
Hubo	"	Hubieron	"

Future: (will take)

cogeré	cogeremos
cogerás	cogeréis
cogerá	cogerán

Future Perfect: (will have taken)

Habré	cogido	Habremos	cogido
Habrás	"	Habréis	"
Habrá	"	Habrán	"

III CONDITIONAL MOOD, *Modo Potencial*

Present: (would take)

cogería	cogeríamos
cogerías	cogeríais
cogería	cogerían

Conditional Perfect: (would have taken)

Habría	cogido	Habríamos	cogido
Habrías	"	Habríais	"
Habría	"	Habrían	"

IV SUBJUNCTIVE MOOD, *Modo Subjuntivo*

Present Subj.: (that I may take)

coja*	cojamos*
cojas*	cojáis*
coja*	cojan*

Pres. Perf. Subj.: (that I may have taken)

Haya	cogido	Hayamos	cogido
Hayas	"	Hayáis	"
Haya	"	Hayan	"

Past Imperf. Subj.: (that I might take)

cogiera	cogiéramos
cogieras	cogierais
cogiera	cogieran
cogiese	cogiésemos
cogieses	cogieseis
cogiese	cogiesen

Past Perf. Subj.: (that I might have taken)

Hubiera	cogido	Hubiéramos	cogido
Hubieras	"	Hubierais	"
Hubiera	"	Hubieran	"
Hubiese	cogido	Hubiésemos	cogido
Hubieses	"	Hubieseis	"
Hubiese	"	Hubiesen	"

V IMPERATIVE MOOD, *Modo Imperativo*

Singular	Plural
	Cojamos* (nosotros) (let us take)
Coge (tú) (take)	Coged (vosotros) (take)
Coja* (Ud., él)	Cojan* (Uds., ellos)

Similarly conjugated: *escoger, recoger,* and all other regular -ER verbs.

---

* *g* changes to *j* before *a* and *o* to retain soft *g* sound; see Nos. 62-63, pp. 24-25.

I INFINITIVE MOOD, *Modo Infinitivo*

	Simple	Perfect
Infinitive *(Infinitivo)*	colgar (to hang)	haber colgado (to have hung)
Present Participle *(Gerundio)*	colgando (hanging)	habiendo colgado (having hung)
Past Participle *(Participio)*	colgado (hung)	

II INDICATIVE MOOD, *Modo Indicativo*

Present: (hang)

Yo cuelgo	Nosotros colgamos
Tú cuelgas	Vosotros colgáis
Ud., él, ella cuelga	Ustedes, ellos cuelgan

Present Perfect: (have hung)

He	colgado	Hemos	colgado
Has	"	Habéis	"
Ha	"	Han	"

Past Imperfect: (was hanging, used to hang, hung)

colgaba	colgábamos
colgabas	colgabais
colgaba	colgaban

Past Perfect: (had hung)

Había	colgado	Habíamos	colgado
Habías	"	Habíais	"
Había	"	Habían	"

Preterit: (hung)

colgué*	colgamos
colgaste	colgasteis
colgó	colgaron

Preterit Perfect: (had hung)

Hube	colgado	Hubimos	colgado
Hubiste	"	Hubisteis	"
Hubo	"	Hubieron	"

Future: (will hang)

colgaré	colgaremos
colgarás	colgaréis
colgará	colgarán

Future Perfect: (will have hung)

Habré	colgado	Habremos	colgado
Habrás	"	Habréis	"
Habrá	"	Habrán	"

III CONDITIONAL MOOD, *Modo Potencial*

Present: (would hang)

colgaría	colgaríamos
colgarías	colgaríais
colgaría	colgarían

Conditional Perfect: (would have hung)

Habría	colgado	Habríamos	colgado
Habrías	"	Habríais	"
Habría	"	Habrían	"

IV SUBJUNCTIVE MOOD, *Modo Subjuntivo*

Present Subj.: (that I may hang)

cuelgue*	colguemos*
cuelgues*	colguéis*
cuelgue*	cuelguen*

Pres. Perf. Subj.: (that I may have hung)

Haya	colgado	Hayamos	colgado
Hayas	"	Hayáis	"
Haya	"	Hayan	"

Past Imperf. Subj.: (that I might hang)

colgara	colgáramos
colgaras	colgarais
colgara	colgaran
colgase	colgásemos
colgases	colgaseis
colgase	colgasen

Past Perf. Subj.: (that I might have hung)

Hubiera	colgado	Hubiéramos	colgado
Hubieras	"	Hubierais	"
Hubiera	"	Hubieran	"
Hubiese	colgado	Hubiésemos	colgado
Hubieses	"	Hubieseis	"
Hubiese	"	Hubiesen	"

V IMPERATIVE MOOD, *Modo Imperativo*

Singular	Plural
	Colguemos* (nosotros) (let us hang)
Cuelga (tú) (hang)	Colgad (vosotros) (hang)
Cuelgue* (Ud., él)	Cuelguen* (Uds., ellos)

Common irregular verbs similarly conjugated: *descolgar, holgar,* and all other root-changing (o to u*e*) -AR verbs; see No. 67, page 27.

---

* *g* changes to *gu* before *e* to retain hard *g* sound; see Nos. 62-63, pp. 24-25.

I INFINITIVE MOOD, *Modo Infinitivo*

	Simple	Perfect
Infinitive *(Infinitivo)*	colocar (to place)	haber colocado (to have placed)
Present Participle *(Gerundio)*	colocando (placing)	habiendo colocado (having placed)
Past Participle *(Participio)*	colocado (placed)	

II INDICATIVE MOOD, *Modo Indicativo*

Present: (place)

Yo coloco	Nosotros colocamos
Tú colocas	Vosotros colocáis
Ud., él, ella coloca	Ustedes, ellos colocan

Present Perfect: (have placed)

He	colocado	Hemos	colocado
Has	"	Habéis	"
Ha	"	Han	"

Past Imperfect: (was placing, used to place, placed)

colocaba	colocábamos
colocabas	colocabais
colocaba	colocaban

Past Perfect: (had placed)

Había	colocado	Habíamos	colocado
Habías	"	Habíais	"
Había	"	Habían	"

Preterit: (placed)

coloqué*	colocamos
colocaste	colocasteis
colocó	colocaron

Preterit Perfect: (had placed)

Hube	colocado	Hubimos	colocado
Hubiste	"	Hubisteis	"
Hubo	"	Hubieron	"

Future: (will place)

colocaré	colocaremos
colocarás	colocaréis
colocará	colocarán

Future Perfect: (will have placed)

Habré	colocado	Habremos	colocado
Habrás	"	Habréis	"
Habrá	"	Habrán	"

III CONDITIONAL MOOD, *Modo Potencial*

Present: (would place)

colocaría	colocaríamos
colocarías	colocaríais
colocaría	colocarían

Conditional Perfect: (would have placed)

Habría	colocado	Habríamos	colocado
Habrías	"	Habríais	"
Habría	"	Habrían	"

IV SUBJUNCTIVE MOOD, *Modo Subjuntivo*

Present Subj.: (that I may place)

coloque*	coloquemos*
coloques*	coloquéis*
coloque*	coloquen*

Pres. Perf. Subj.: (that I may have placed)

Haya	colocado	Hayamos	colocado
Hayas	"	Hayáis	"
Haya	"	Hayan	"

Past Imperf. Subj.: (that I might place)

colocara	colocáramos
colocaras	colocarais
colocara	colocaran
colocase	colocásemos
colocases	colocaseis
colocase	colocasen

Past Perf. Subj.: (that I might have placed)

Hubiera	colocado	Hubiéramos	colocado
Hubieras	"	Hubierais	"
Hubiera	"	Hubieran	"
Hubiese	colocado	Hubiésemos	colocado
Hubieses	"	Hubieseis	"
Hubiese	"	Hubiesen	"

V IMPERATIVE MOOD, *Modo Imperativo*

Singular	Plural
	Coloquemos* (nosotros) (let us place)
Coloca (tú) (place)	Colocad (vosotros) (place)
Coloque* (Ud., él)	Coloquen* (Uds., ellos)

Similarly conjugated: all other regular -AR verbs.

---

* c changes to *qu* before e of the endings to retain hard c sound; see Nos. 62-63, pp. 24-25.

to begin, commence

I INFINITIVE MOOD, *Modo Infinitivo*

	Simple	Perfect
Infinitive *(Infinitivo)*	comenzar (to begin)	haber comenzado (to have begun)
Present Participle *(Gerundio)*	comenzando (beginning)	habiendo comenzado (having begun)
Past Participle *(Participio)*	comenzado (begun)	

II INDICATIVE MOOD, *Modo Indicativo*

Present: (begin)		Present Perfect: (have begun)		
Yo comienzo	Nosotros comenzamos	He comenzado	Hemos comenzado
Tú comienzas	Vosotros comenzáis	Has "	Habéis "
Ud., él,	Ustedes,	Ha "	Han "
ella comienza	ellos comienzan		

Past Imperfect: (was beginning, used to begin, began)		Past Perfect: (had begun)		
comenzaba	comenzábamos	Había comenzado	Habíamos comenzado
comenzabas	comenzabais	Habías "	Habíais "
comenzaba	comenzaban	Había "	Habían "

Preterit: (began)		Preterit Perfect: (had begun)		
comencé*	comenzamos	Hube comenzado	Hubimos comenzado
comenzaste	comenzasteis	Hubiste "	Hubisteis "
comenzó	comenzaron	Hubo "	Hubieron "

Future: (will begin)		Future Perfect: (will have begun)		
comenzaré	comenzaremos	Habré comenzado	Habremos comenzado
comenzarás	comenzaréis	Habrás "	Habréis "
comenzará	comenzarán	Habrá "	Habrán "

III CONDITIONAL MOOD, *Modo Potencial*

Present: (would begin)		Conditional Perfect: (would have begun)		
comenzaría	comenzaríamos	Habría comenzado	Habríamos comenzado
comenzarías	comenzaríais	Habrías "	Habríais "
comenzaría	comenzarían	Habría "	Habrían "

IV SUBJUNCTIVE MOOD, *Modo Subjuntivo*

Present Subj.: (that I may begin)		Pres. Perf. Subj.: (that I may have begun)		
comience*	comencemos*	Haya comenzado	Hayamos comenzado
comiences*	comencéis*	Hayas "	Hayáis "
comience*	comiencen*	Haya "	Hayan "

Past Imperf. Subj.: (that I might begin)		Past Perf. Subj.: (that I might have begun)		
comenzara	comenzáramos	Hubiera comenzado	Hubiéramos comenzado
comenzaras	comenzarais	Hubieras "	Hubierais "
comenzara	comenzaran	Hubiera "	Hubieran "
comenzase	comenzásemos	Hubiese comenzado	Hubiésemos comenzado
comenzases	comenzaseis	Hubieses "	Hubieseis "
comenzase	comenzasen	Hubiese "	Hubiesen "

V IMPERATIVE MOOD, *Modo Imperativo*

Singular	Plural
	Comencemos* (nosotros) (let us begin)
Comienza (tú) (begin)	Comenzad (vosotros) (begin)
Comience* (Ud., él)	Comiencen* (Uds., ellos)

Common irregular verbs similarly conjugated: *recomenzar* and all other root-changing (e to *ie*) -AR verbs; see No. 66, page 26.

---

* z changes to c before e.

Spanish in a Nutshell

$ 15

EDMONTON PUBLIC SCHOOL
BOARD

VICTORIA COMPOSITE HIGH SCHOOL

REGISTRATION FOR ADULT
EVENING CLASSES

THIS CLASS WILL BE HELD IN

ROOM _____

PLEASE PRINT:

MR.
MRS. Mrs. G. MENEELY
MISS
SURNAME

MARGUERITE
GIVEN NAME

ADDRESS 5127-LansdowneDR

HOME
PHONE NO. 435-222?

EMPLOYER _____

BUS.
PHONE NO. _____

COURSE DESIRED Spanish in a nutshell

CIRCLE NIGHT(S)   MON.   TUES.   WED.   THURS.

NOTE: REBATES WILL BE IN ACCORDANCE WITH THE E.P.S.B. RATES SCHEDULE

THE GOLD RECEIPTED COPY IS YOUR CLASS ADMISSION SLIP.
DO NOT REMOVE UNTIL FEES HAVE BEEN PAID.
PLEASE PRESENT THIS SLIP AT THE FIRST NIGHT OF CLASSES.

COMER
to eat

I INFINITIVE MOOD, *Modo Infinitivo*

	Simple	Perfect
Infinitive *(Infinitivo)*	comer (to eat)	haber comido (to have eaten)
Present Participle *(Gerundio)*	comiendo (eating)	habiendo comido (having eaten)
Past Participle *(Participio)*	comido (eaten)	

II INDICATIVE MOOD, *Modo Indicativo*

Present: (eat)
Yo como	Nosotros comemos
Tú comes	Vosotros coméis
Ud., él,	Ustedes,
ella come	ellos comen

Present Perfect: (have eaten)
He comido		Hemos comido	
Has	"	Habéis	"
Ha	"	Han	"

Past Imperfect: (used to eat, was eating, ate)
comía	comíamos
comías	comíais
comía	comían

Past Perfect: (had eaten)
Había	comido	Habíamos	comido
Habías	"	Habíais	"
Había	"	Habían	"

Preterit: (ate)
comí	comimos
comiste	comisteis
comió	comieron

Preterit Perfect: (had eaten)
Hube	comido	Hubimos	comido
Hubiste	"	Hubisteis	"
Hubo	"	Hubieron	"

Future: (will eat)
comeré	comeremos
comerás	comeréis
comerá	comerán

Future Perfect: (will have eaten)
Habré	comido	Habremos	comido
Habrás	"	Habréis	"
Habrá	"	Habrán	"

III CONDITIONAL MOOD, *Modo Potencial*

Present: (would eat)
comería	comeríamos
comerías	comeríais
comería	comerían

Conditional Perfect: (would have eaten)
Habría	comido	Habríamos	comido
Habrías	"	Habríais	"
Habría	"	Habrían	"

IV SUBJUNCTIVE MOOD, *Modo Subjuntivo*

Present Subj.: (that I may eat)
coma	comamos
comas	comáis
coma	coman

Pres. Perf. Subj.: (that I may have eaten)
Haya	comido	Hayamos	comido
Hayas	"	Hayáis	"
Haya	"	Hayan	"

Past Imperf. Subj.: (that I might eat)
comiera	comiéramos
comieras	comierais
comiera	comieran
comiese	comiésemos
comieses	comieseis
comiese	comiesen

Past Perf. Subj.: (that I might have eaten)
Hubiera	comido	Hubiéramos	comido
Hubieras	"	Hubierais	"
Hubiera	"	Hubieran	"
Hubiese	comido	Hubiésemos	comido
Hubieses	"	Hubieseis	"
Hubiese	"	Hubiesen	"

V IMPERATIVE MOOD, *Modo Imperativo*

Singular	Plural
	Comamos (nosotros) (let us eat)
Come (tú) (eat)	Comed (vosotros) (eat)
Coma (Ud., él)	Coman (Uds., ellos)

Similarly conjugated: all other regular -ER verbs.

CONCEBIR
to conceive

I INFINITIVE MOOD, *Modo Infinitivo*

	Simple	Perfect
Infinitive *(Infinitivo)*	concebir (to conceive)	haber concebido (to have conceived)
Present Participle *(Gerundio)*	concibiendo (conceiving)	habiendo concebido (having conceived)
Past Participle *(Participio)*	concebido (conceived)	

II INDICATIVE MOOD, *Modo Indicativo*

Present: (conceive)

Yo concibo	Nosotros concebimos
Tú concibes	Vosotros concebís
Ud., él, ella concibe	Ustedes, ellos conciben

Present Perfect: (have conceived)

He concebido	Hemos concebido
Has "	Habéis "
Ha "	Han "

Past Imperfect: (was conceiving, used to conceive)

concebía	concebíamos
concebías	concebíais
concebía	concebían

Past Perfect: (had conceived)

Había concebido	Habíamos concebido
Habías "	Habíais "
Había "	Habían "

Preterit: (conceived)

concebí	concebimos
concebiste	concebisteis
concibió	concibieron

Preterit Perfect: (had conceived)

Hube concebido	Hubimos concebido
Hubiste "	Hubisteis "
Hubo "	Hubieron "

Future: (will conceive)

concebiré	concebiremos
concebirás	concebiréis
concebirá	concebirán

Future Perfect: (will have conceived)

Habré concebido	Habremos concebido
Habrás "	Habréis "
Habrá "	Habrán "

III CONDITIONAL MOOD, *Modo Potencial*

Present: (would conceive)

concebiría	concebiríamos
concebirías	concebiríais
concebiría	concebirían

Conditional Perfect: (would have conceived)

Habría concebido	Habríamos concebido
Habrías "	Habríais "
Habría "	Habrían "

IV SUBJUNCTIVE MOOD, *Modo Subjuntivo*

Present Subj.: (that I may conceive)

conciba	concibamos
concibas	concibáis
conciba	conciban

Pres. Perf. Subj.: (that I may have conceived)

Haya concebido	Hayamos concebido
Hayas "	Hayáis "
Haya "	Hayan "

Past Imperf. Subj.: (that I might conceive)

concibiera	concibiéramos
concibieras	concibierais
concibiera	concibieran
concibiese	concibiésemos
concibieses	concibieseis
concibiese	concibiesen

Past Perf. Subj.: (that I might have conceived)

Hubiera concebido	Hubiéramos concebido
Hubieras "	Hubierais "
Hubiera "	Hubieran "
Hubiese concebido	Hubiésemos concebido
Hubieses "	Hubieseis "
Hubiese "	Hubiesen "

V IMPERATIVE MOOD, *Modo Imperativo*

Singular	Plural
	Concibamos (nosotros) (let us conceive)
Concibe (tú) (conceive)	Concebid (vosotros) (conceive)
Conciba (Ud., él)	Conciban (Uds., ellos)

Common irregular verbs similarly conjugated: all other root-changing (e to *i*) -IR verbs ending in -EBIR ; see No. 68, page 28.

I   INFINITIVE MOOD, *Modo Infinitivo*

	Simple	Perfect
Infinitive *(Infinitivo)*	conducir (to lead)	haber conducido (to have led)
Present Participle *(Gerundio)*	conduciendo (leading)	habiendo conducido (having led)
Past Participle *(Participio)*	conducido (led)	

II   INDICATIVE MOOD, *Modo Indicativo*

Present: (lead)		**Present Perfect:** (have led)	
Yo conduzco	Nosotros conducimos	He conducido	Hemos conducido
Tú conduces	Vosotros conducís	Has "	Habéis "
Ud., él,	Ustedes,	Ha "	Han "
ella conduce	ellos conducen		

Past Imperfect: (was leading, used to lead, led)		**Past Perfect:** (had led)	
conducía	conducíamos	Había conducido	Habíamos conducido
conducías	conducíais	Habías "	Habíais "
conducía	conducían	Había "	Habían "

Preterit: (led)		**Preterit Perfect:** (had led)	
conduje	condujimos	Hube conducido	Hubimos conducido
condujiste	condujisteis	Hubiste "	Hubisteis "
condujo	condujeron	Hubo "	Hubieron "

Future: (will lead)		**Future Perfect:** (will have led)	
conduciré	conduciremos	Habré conducido	Habremos conducido
conducirás	conduciréis	Habrás "	Habréis "
conducirá	conducirán	Habrá "	Habrán "

III   CONDITIONAL MOOD, *Modo Potencial*

Present: (would lead)		**Conditional Perfect:** (would have led)	
conduciría	conduciríamos	Habría conducido	Habríamos conducido
conducirías	conduciríais	Habrías "	Habríais "
conduciría	conducirían	Habría "	Habrían "

IV   SUBJUNCTIVE MOOD, *Modo Subjuntivo*

Present Subj.: (that I may lead)		**Pres. Perf. Subj.:** (that I may have led)	
conduzca	conduzcamos	Haya conducido	Hayamos conducido
conduzcas	conduzcáis	Hayas "	Hayáis "
conduzca	conduzcan	Haya "	Hayan "

Past Imperf. Subj.: (that I might lead)		**Past Perf. Subj.:** (that I might have led)	
condujera	condujéramos	Hubiera conducido	Hubiéramos conducido
condujeras	condujerais	Hubieras "	Hubierais "
condujera	condujeran	Hubiera "	Hubieran "
condujese	condujésemos	Hubiese conducido	Hubiésemos conducido
condujeses	condujeseis	Hubieses "	Hubieseis "
condujese	condujesen	Hubiese "	Hubiesen "

V   IMPERATIVE MOOD, *Modo Imperativo*

Singular	Plural
	Conduzcamos (nosotros) (let us lead)
Conduce (tú) (lead)	Conducid (vosotros) (lead)
Conduzca (Ud., él)	Conduzcan (Uds., ellos)

Common irregular verbs similarly conjugated: all verbs ending in -DUCIR, like *introducir*, *producir, traducir,* etc.; see No. 74, page 33.

I INFINITIVE MOOD, *Modo Infinitivo*

	Simple	Perfect
Infinitive *(Infinitivo)*	conocer (to know)	haber conocido (to have known)
Present Participle *(Gerundio)*	conociendo (knowing)	habiendo conocido (having known)
Past Participle *(Participio)*	conocido (known)	

II INDICATIVE MOOD, *Modo Indicativo*

Present: (know)

Yo conozco	Nosotros conocemos
Tú conoces	Vosotros conocéis
Ud., él,	Ustedes,
ella conoce	ellos conocen

Present Perfect: (have known)

He	conocido	Hemos	conocido
Has	"	Habéis	"
Ha	"	Han	"

Past Imperfect: (used to know, knew)

conocía	conocíamos
conocías	conocíais
conocía	conocían

Past Perfect: (had known)

Había	conocido	Habíamos	conocido
Habías	"	Habíais	"
Había	"	Habían	"

Preterit: (knew)

conocí	conocimos
conociste	conocisteis
conoció	conocieron

Preterit Perfect: (had known)

Hube	conocido	Hubimos	conocido
Hubiste	"	Hubisteis	"
Hubo	"	Hubieron	"

Future: (will know)

conoceré	conoceremos
conocerás	conoceréis
conocerá	conocerán

Future Perfect: (will have known)

Habré	conocido	Habremos	conocido
Habrás	"	Habréis	"
Habrá	"	Habrán	"

III CONDITIONAL MOOD, *Modo Potencial*

Present: (would know)

conocería	conoceríamos
conocerías	conoceríais
conocería	conocerían

Conditional Perfect: (would have known)

Habría	conocido	Habríamos	conocido
Habrías	"	Habríais	"
Habría	"	Habrían	"

IV SUBJUNCTIVE MOOD, *Modo Subjuntivo*

Present Subj.: (that I may know)

conozca	conozcamos
conozcas	conozcáis
conozca	conozcan

Pres. Perf. Subj.: (that I may have known)

Haya	conocido	Hayamos	conocido
Hayas	"	Hayáis	"
Haya	"	Hayan	"

Past Imperf. Subj.: (that I might know)

conociera	conociéramos
conocieras	conocierais
conociera	conocieran

Past Perf. Subj.: (that I might have known)

Hubiera	conocido	Hubiéramos	conocido
Hubieras	"	Hubierais	"
Hubiera	"	Hubieran	"

conociese	conociésemos
conocieses	conocieseis
conociese	conociesen

Hubiese	conocido	Hubiésemos	conocido
Hubieses	"	Hubieseis	"
Hubiese	"	Hubiesen	"

V IMPERATIVE MOOD, *Modo Imperativo*

Singular	Plural
	Conozcamos (nosotros) (let us know)
Conoce (tú) (know)	Conoced (vosotros) (know)
Conozca (Ud., él)	Conozcan (Uds., ellos)

Common irregular verbs similarly conjugated: *desconocer, reconocer* ; see No. 73, page 32.

I INFINITIVE MOOD, *Modo Infinitivo*

	Simple	Perfect
Infinitive *(Infinitivo)*	construir (to build)	haber construído (to have built)
Present Participle *(Gerundio)*	construyendo* (building)	habiendo construído (having built)
Past Participle *(Participio)*	construído (built)	

II INDICATIVE MOOD, *Modo Indicativo*

Present: (build)

Yo construyo	Nosotros construímos
Tú construyes	Vosotros construís
Ud., él,	Ustedes,
ella construye	ellos construyen

Present Perfect: (have built)

He construído	Hemos construído
Has "	Habéis "
Ha "	Han "

Past Imperfect: (was building, used to build, built)

construía	construíamos
construías	construíais
construía	construían

Past Perfect: (had built)

Había construído	Habíamos construído
Habías "	Habíais "
Había "	Habían "

Preterit: (built)

construí	construimos
construiste	construisteis
construyó*	construyeron*

Preterit Perfect: (had built)

Hube construído	Hubimos construído
Hubiste "	Hubisteis "
Hubo "	Hubieron "

Future: (will build)

construiré	construiremos
construirás	construiréis
construirá	construirán

Future Perfect: (will have built)

Habré construído	Habremos construído
Habrás "	Habréis "
Habrá "	Habrán "

III CONDITIONAL MOOD, *Modo Potencial*

Present: (would built)

construiría	construiríamos
construirías	construiríais
construiría	construirían

Conditional Perfect: (would have built)

Habría construído	Habríamos construído
Habrías "	Habríais "
Habría "	Habrían "

IV SUBJUNCTIVE MOOD, *Modo Subjuntivo*

Present Subj.: (that I may build)

construya	construyamos
construyas	construyáis
construya	construyan

Pres. Perf. Subj.: (that I may have built)

Haya construído	Hayamos construído
Hayas "	Hayáis "
Haya "	Hayan "

Past Imperf. Subj.: (that I might build)

construyera*	construyéramos*
construyeras*	construyerais*
construyera*	construyeran*
construyese*	construyésemos*
construyeses*	construyeseis*
construyese*	construyesen*

Past Perf. Subj.: (that I might have built)

Hubiera construído	Hubiéramos construído
Hubieras "	Hubierais "
Hubiera "	Hubieran "
Hubiese construído	Hubiésemos construído
Hubieses "	Hubieseis "
Hubiese "	Hubiesen "

V IMPERATIVE MOOD, *Modo Imperativo*

Singular	Plural
	Construyamos (nosotros) (let us build)
Construye (tú) (build)	Construid (vosotros) (build)
Construya (Ud., él)	Construyan (Uds., ellos)

Common irregular verbs similarly conjugated: all verbs ending in -UIR, like *afluir, constituir, contribuir*, etc.; see No. 72, page 31.

---

* *i* of the ending changes to semiconsonant *y*.

I INFINITIVE MOOD, *Modo Infinitivo*

	Simple	Perfect
Infinitive *(Infinitivo)*	contar (to count)	haber contado (to have counted)
Present Participle *(Gerundio)*	contando (counting)	habiendo contado (having counted)
Past Participle *(Participio)*	contado (counted)	

II INDICATIVE MOOD, *Modo Indicativo*

Present: (count)

Yo cuento	Nosotros contamos
Tú cuentas	Vosotros contáis
Ud., él,	Ustedes,
ella cuenta	ellos cuentan

Present Perfect: (have counted)

He	contado	Hemos	contado
Has	"	Habéis	"
Ha	"	Han	"

Past Imperfect: (was counting, used to count, counted)

contaba	contábamos
contabas	contabais
contaba	contaban

Past Perfect: (had counted)

Había	contado	Habíamos	contado
Habías	"	Habíais	"
Había	"	Habían	"

Preterit: (counted)

conté	contamos
contaste	contasteis
contó	contaron

Preterit Perfect: (had counted)

Hube	contado	Hubimos	contado
Hubiste	"	Hubisteis	"
Hubo	"	Hubieron	"

Future: (will count)

contaré	contaremos
contarás	contaréis
contará	contarán

Future Perfect: (will have counted)

Habré	contado	Habremos	contado
Habrás	"	Habréis	"
Habrá	"	Habrán	"

III CONDITIONAL MOOD, *Modo Potencial*

Present: (would count)

contaría	contaríamos
contarías	contaríais
contaría	contarían

Conditional Perfect: (would have counted)

Habría	contado	Habríamos	contado
Habrías	"	Habríais	"
Habría	"	Habrían	"

IV SUBJUNCTIVE MOOD, *Modo Subjuntivo*

Present Subj.: (that I may count)

cuente	contemos
cuentes	contéis
cuente	cuenten

Pres. Perf. Subj.: (that I may have counted)

Haya	contado	Hayamos	contado
Hayas	"	Hayáis	"
Haya	"	Hayan	"

Past Imperf. Subj.: (that I might count)

contara	contáramos
contaras	contarais
contara	contaran
contase	contásemos
contases	contaseis
contase	contasen

Past Perf. Subj.: (that I might have counted)

Hubiera	contado	Hubiéramos	contado
Hubieras	"	Hubierais	"
Hubiera	"	Hubieran	"
Hubiese	contado	Hubiésemos	contado
Hubieses	"	Hubieseis	"
Hubiese	"	Hubiesen	"

V IMPERATIVE MOOD, *Modo Imperativo*

Singular	Plural
	Contemos (nosotros) (let us count)
Cuenta (tú) (count)	Contad (vosotros) (count)
Cuente (Ud., él)	Cuenten (Uds., ellos)

Common irregular verbs similarly conjugated: *descontar, recontar,* and all other root-changing (o to *ue*) -AR verbs; see No. 67, page 27.

I INFINITIVE MOOD, *Modo Infinitivo*

	Simple	Perfect
Infinitive *(Infinitivo)*	continuar (to continue)	haber continuado (to have continued)
Present Participle *(Gerundio)*	continuando (continuing)	habiendo continuado (having continued)
Past Participle *(Participio)*	continuado (continued)	

II INDICATIVE MOOD, *Modo Indicativo*

Present: (continue)		**Present Perfect:** (have continued)	
Yo continúo	Nosotros continuamos	He continuado	Hemos continuado
Tú continúas	Vosotros continuáis	Has "	Habéis "
Ud., él,	Ustedes,	Ha "	Han "
ella continúa	ellos continúan		

Past Imperfect: (was continuing, used to continue)*		**Past Perfect:** (had continued)	
continuaba	continuábamos	Había continuado	Habíamos continuado
continuabas	continuabais	Habías "	Habíais "
continuaba	continuaban	Había "	Habían "

Preterit: (continued)		**Preterit Perfect:** (had continued)	
continué	continuamos	Hube continuado	Hubimos continuado
continuaste	continuasteis	Hubiste "	Hubisteis "
continuó	continuaron	Hubo "	Hubieron "

Future: (will continue)		**Future Perfect:** (will have continued)	
continuaré	continuaremos	Habré continuado	Habremos continuado
continuarás	continuaréis	Habrás "	Habréis "
continuará	continuarán	Habrá "	Habrán "

III CONDITIONAL MOOD, *Modo Potencial*

Present: (would continue)		**Conditional Perfect:** (would have continued)	
continuaría	continuaríamos	Habría continuado	Habríamos continuado
continuarías	continuaríais	Habrías "	Habríais "
continuaría	continuarían	Habría "	Habrían "

IV SUBJUNCTIVE MOOD, *Modo Subjuntivo*

Present Subj.: (that I may continue)		**Pres. Perf. Subj.:** (that I may have continued)	
continúe	continuemos	Haya continuado	Hayamos continuado
continúes	continuéis	Hayas "	Hayáis "
continúe	continúen	Haya "	Hayan "

Past Imperf. Subj.: (that I might continue)		**Past Perf. Subj.:** (that I might have continued)	
continuara	continuáramos	Hubiera continuado	Hubiéramos continuado
continuaras	continuarais	Hubieras "	Hubierais "
continuara	continuaran	Hubiera "	Hubieran "
continuase	continuásemos	Hubiese continuado	Hubiésemos continuado
continuases	continuaseis	Hubieses "	Hubieseis "
continuase	continuasen	Hubiese "	Hubiesen "

V IMPERATIVE MOOD, *Modo Imperativo*

Singular	Plural
	Continuemos (nosotros) (let us continue)
Continúa (tú) (continue)	Continuad (vosotros) (continue)
Continúe (Ud., él)	Continúen (Uds., ellos)

Similarly conjugated: *descontinuar* and all other regular -AR verbs.

---

* continued.

I   INFINITIVE MOOD, *Modo Infinitivo*

	Simple	Perfect
Infinitive *(Infinitivo)*	conversar (to converse)	haber conversado (to have conversed)
Present Participle *(Gerundio)*	conversando (conversing)	habiendo conversado (having conversed)
Past Participle *(Participio)*	conversado (conversed)	

II   INDICATIVE MOOD, *Modo Indicativo*

Present: (converse)		Present Perfect: (have conversed)		
Yo converso	Nosotros conversamos	He conversado	Hemos conversado
Tú conversas	Vosotros conversáis	Has "	Habéis "
Ud., él,	Ustedes,	Ha "	Han "
ella conversa	ellos conversan		

Past Imperfect: (used to converse)*		Past Perfect: (had conversed)	
conversaba	conversábamos	Había conversado	Habíamos conversado
conversabas	conversabais	Habías "	Habíais "
conversaba	conversaban	Había "	Habían "

Preterit: (conversed)		Preterit Perfect: (had conversed)	
conversé	conversamos	Hube conversado	Hubimos conversado
conversaste	conversasteis	Hubiste "	Hubisteis "
conversó	conversaron	Hubo "	Hubieron "

Future: (will converse)		Future Perfect: (will have conversed)	
conversaré	conversaremos	Habré conversado	Habremos conversado
conversarás	conversaréis	Habrás "	Habréis "
conversará	conversarán	Habrá "	Habrán "

III   CONDITIONAL MOOD, *Modo Potencial*

Present: (would converse)		Conditional Perfect: (would have conversed)	
conversaría	conversaríamos	Habría conversado	Habríamos conversado
conversarías	conversaríais	Habrías "	Habríais "
conversaría	conversarían	Habría "	Habrían "

IV   SUBJUNCTIVE MOOD, *Modo Subjuntivo*

Present Subj.: (that I may converse)		Pres. Perf. Subj.: (that I may have conversed)	
converse	conversemos	Haya conversado	Hayamos conversado
converses	converséis	Hayas "	Hayáis "
converse	conversen	Haya "	Hayan "

Past Imperf. Subj.: (that I might converse)		Past Perf. Subj.: (that I might have conversed)	
conversara	conversáramos	Hubiera conversado	Hubiéramos conversado
conversaras	conversarais	Hubieras "	Hubierais "
conversara	conversaran	Hubiera "	Hubieran "
conversase	conversásemos	Hubiese conversado	Hubiésemos conversado
conversases	conversaseis	Hubieses "	Hubieseis "
conversase	conversasen	Hubiese "	Hubiesen "

V   IMPERATIVE MOOD, *Modo Imperativo*

Singular	Plural
	Conversemos (nosotros) (let us converse)
Conversa (tú) (converse)	Conversad (vosotros) (converse)
Converse (Ud., él)	Conversen (Uds., ellos)

Similarly conjugated: all other regular -AR verbs.

---

* was conversing, conversed.

I INFINITIVE MOOD, *Modo Infinitivo*

	Simple	Perfect
Infinitive *(Infinitivo)*	corregir (to correct)	haber corregido (to have corrected)
Present Participle *(Gerundio)*	corrigiendo (correcting)	habiendo corregido (having corrected)
Past Participle *(Participio)*	corregido (corrected)	

II INDICATIVE MOOD, *Modo Indicativo*

Present: (correct)

Yo corrijo*	Nosotros corregimos
Tú corriges	Vosotros corregís
Ud., él, ella corrige	Ustedes, ellos corrigen

Present Perfect: (have corrected)

He	corregido	Hemos	corregido
Has	"	Habéis	"
Ha	"	Han	"

Past Imperfect: (was correcting, used to correct)

corregía	corregíamos
corregías	corregíais
corregía	corregían

Past Perfect: (had corrected)

Había	corregido	Habíamos	corregido
Habías	"	Habíais	"
Había	"	Habían	"

Preterit: (corrected)

corregí	corregimos
corregiste	corregisteis
corrigió	corrigieron

Preterit Perfect: (had corrected)

Hube	corregido	Hubimos	corregido
Hubiste	"	Hubisteis	"
Hubo	"	Hubieron	"

Future: (will correct)

corregiré	corregiremos
corregirás	corregiréis
corregirá	corregirán

Future Perfect: (will have corrected)

Habré	corregido	Habremos	corregido
Habrás	"	Habréis	"
Habrá	"	Habrán	"

III CONDITIONAL MOOD, *Modo Potencial*

Present: (would correct)

corregiría	corregiríamos
corregirías	corregiríais
corregiría	corregirían

Conditional Perfect: (would have corrected)

Habría	corregido	Habríamos	corregido
Habrías	"	Habríais	"
Habría	"	Habrían	"

IV SUBJUNCTIVE MOOD, *Modo Subjuntivo*

Present Subj.: (that I may correct)

corrija*	corrijamos*
corrijas*	corrijáis*
corrija*	corrijan*

Pres. Perf. Subj.: (that I may have corrected)

Haya	corregido	Hayamos	corregido
Hayas	"	Hayáis	"
Haya	"	Hayan	"

Past Imperf. Subj.: (that I might correct)

corrigiera	corrigiéramos
corrigieras	corrigierais
corrigiera	corrigieran
corrigiese	corrigiésemos
corrigieses	corrigieseis
corrigiese	corrigiesen

Past Perf. Subj.: (that I might have corrected)

Hubiera	corregido	Hubiéramos	corregido
Hubieras	"	Hubierais	"
Hubiera	"	Hubieran	"
Hubiese	corregido	Hubiésemos	corregido
Hubieses	"	Hubieseis	"
Hubiese	"	Hubiesen	"

V IMPERATIVE MOOD, *Modo Imperativo*

Singular	Plural
	Corrijamos* (nosotros) (let us correct)
Corrige (tú) (correct)	Corregid (vosotros) (correct)
Corrija* (Ud., él)	Corrijan* (Uds., ellos)

Common irregular verbs similarly conjugated: *elegir, reelegir, regir,* and all other root-changing (e to i) -IR verbs; see No. 68, page 28.

*g changes to *j* before *a* and *o* to retain soft *g* sound.

– 85 –

I INFINITIVE MOOD, *Modo Infinitivo*

	Simple	Perfect
Infinitive *(Infinitivo)*	crecer (to grow)	haber crecido (to have grown)
Present Participle *(Gerundio)*	creciendo (growing)	habiendo crecido (having grown)
Past Participle *(Participio)*	crecido (grown)	

II INDICATIVE MOOD, *Modo Indicativo*

Present: (grow)

Yo crezco	Nosotros crecemos
Tú creces	Vosotros crecéis
Ud., él, ella crece	Ustedes, ellos crecen

Present Perfect: (have grown)

He crecido	Hemos crecido
Has "	Habéis "
Ha "	Han "

Past Imperfect: (was growing, used to grow, grew)

crecía	crecíamos
crecías	crecíais
crecía	crecían

Past Perfect: (had grown)

Había crecido	Habíamos crecido
Habías "	Habíais "
Había "	Habían "

Preterit: (grew)

crecí	crecimos
creciste	crecisteis
creció	crecieron

Preterit Perfect: (had grown)

Hube crecido	Hubimos crecido
Hubiste "	Hubisteis "
Hubo "	Hubieron "

Future: (will grow)

creceré	creceremos
crecerás	creceréis
crecerá	crecerán

Future Perfect: (will have grown)

Habré crecido	Habremos crecido
Habrás "	Habréis "
Habrá "	Habrán "

III CONDITIONAL MOOD, *Modo Potencial*

Present: (would grow)

crecería	creceríamos
crecerías	creceríais
crecería	crecerían

Conditional Perfect: (would have grown)

Habría crecido	Habríamos crecido
Habrías "	Habríais "
Habría "	Habrían "

IV SUBJUNCTIVE MOOD, *Modo Subjuntivo*

Present Subj.: (that I may grow)

crezca	crezcamos
crezcas	crezcáis
crezca	crezcan

Pres. Perf. Subj.: (that I may have grown)

Haya crecido	Hayamos crecido
Hayas "	Hayáis "
Haya "	Hayan "

Past Imperf. Subj.: (that I might grow)

creciera	creciéramos
crecieras	crecierais
creciera	crecieran
creciese	creciésemos
crecieses	crecieseis
creciese	creciesen

Past Perf. Subj.: (that I might have grown)

Hubiera crecido	Hubiéramos crecido
Hubieras "	Hubierais "
Hubiera "	Hubieran "
Hubiese crecido	Hubiésemos crecido
Hubieses "	Hubieseis "
Hubiese "	Hubiesen "

V IMPERATIVE MOOD, *Modo Imperativo*

Singular	Plural
	Crezcamos (nosotros) (let us grow)
Crece (tú) (grow)	Creced (vosotros) (grow)
Crezca (Ud., él)	Crezcan (Uds., ellos)

Common irregular verbs similarly conjugated: all verbs ending in -ECER,* like *agradecer, merecer, obedecer,* etc.; see No. 73, page 32.

*Mecer and its derivate *remecer* are the only regular verbs ending in -ECER.

I INFINITIVE MOOD, *Modo Infinitivo*

	Simple	Perfect
Infinitive *(Infinitivo)*	creer (to believe)	haber creído (to have believed)
Present Participle *(Gerundio)*	creyendo* (believing)	habiendo creído (having believed)
Past Participle *(Participio)*	creído (believed)	

II INDICATIVE MOOD, *Modo Indicativo*

Present: (believe)		**Present Perfect:** (have believed)	
Yo creo	Nosotros creemos	He creído	Hemos creído
Tú crees	Vosotros creéis	Has "	Habéis "
Ud., él,	Ustedes,	Ha "	Han "
ella cree	ellos creen		

Past Imperfect: (used to believe, was believing, believed)		**Past Perfect:** (had believed)	
creía	creíamos	Había creído	Habíamos creído
creías	creíais	Habías "	Habíais "
creía	creían	Había "	Habían "

Preterit: (believed)		**Preterit Perfect:** (had believed)	
creí	creímos	Hube creído	Hubimos creído
creíste	creísteis	Hubiste "	Hubisteis "
creyó*	creyeron*	Hubo "	Hubieron "

Future: (will believe)		**Future Perfect:** (will have believed)	
creeré	creeremos	Habré creído	Habremos creído
creerás	creeréis	Habrás "	Habréis "
creerá	creerán	Habrá "	Habrán "

III CONDITIONAL MOOD, *Modo Potencial*

Present: (would believe)		**Conditional Perfect:** (would have believed)	
creería	creeríamos	Habría creído	Habríamos creído
creerías	creeríais	Habrías "	Habríais "
creería	creerían	Habría "	Habrían "

IV SUBJUNCTIVE MOOD, *Modo Subjuntivo*

Present Subj.: (that I may believe)		**Pres. Perf. Subj.:** (that I may have believed)	
crea	creamos	Haya creído	Hayamos creído
creas	creáis	Hayas "	Hayáis "
crea	crean	Haya "	Hayan "

Past Imperf. Subj.: (that I might believe)		**Past Perf. Subj.:** (that I might have believed)	
creyera*	creyéramos*	Hubiera creído	Hubiéramos creído
creyeras*	creyerais*	Hubieras "	Hubierais "
creyera*	creyeran*	Hubiera "	Hubieran "
creyese*	creyésemos*	Hubiese creído	Hubiésemos creído
creyeses*	creyeseis*	Hubieses "	Hubieseis "
creyese*	creyesen*	Hubiese "	Hubiesen "

V IMPERATIVE MOOD, *Modo Imperativo*

Singular	Plural
	Creamos (nosotros) (let us believe)
Cree (tú) (believe)	Creed (vosotros) (believe)
Crea (Ud., él)	Crean (Uds., ellos)

Similarly conjugated: *leer, poseer* and all other regular -ER verbs.

---

* *i* of the ending changes to *y* (also see *leer, poseer,* page 127).

I   INFINITIVE MOOD, *Modo Infinitivo*

	Simple	Perfect
Infinitive *(Infinitivo)*	dar (to give)	haber dado (to have given)
Present Participle *(Gerundio)*	dando (giving)	habiendo dado (having given)
Past Participle *(Participio)*	dado (given)	

II   INDICATIVE MOOD, *Modo Indicativo*

Present: (give)		Present Perfect: (have given)	
Yo doy	Nosotros damos	He dado	Hemos dado
Tú das	Vosotros dais	Has "	Habéis "
Ud., él, ella da	Ustedes, ellos dan	Ha "	Han "

Past Imperfect: (was giving, used to give, gave)		Past Perfect: (had given)	
daba	dábamos	Había dado	Habíamos dado
dabas	dabais	Habías "	Habíais "
daba	daban	Había "	Habían "

Preterit: (gave)		Preterit Perfect: (had given)	
di	dimos	Hube dado	Hubimos dado
diste	disteis	Hubiste "	Hubisteis "
dio	dieron	Hubo "	Hubieron "

Future: (will give)		Future Perfect: (will have given)	
daré	daremos	Habré dado	Habremos dado
darás	daréis	Habrás "	Habréis "
dará	darán	Habrá "	Habrán "

III   CONDITIONAL MOOD, *Modo Potencial*

Present: (would give)		Conditional Perfect: (would have given)	
daría	daríamos	Habría dado	Habríamos dado
darías	daríais	Habrías "	Habríais "
daría	darían	Habría "	Habrían "

IV   SUBJUNCTIVE MOOD, *Modo Subjuntivo*

Present Subj.: (that I may give)		Pres. Perf. Subj.: (that I may have given)	
dé*	demos	Haya dado	Hayamos dado
des	déis	Hayas "	Hayáis "
dé*	den	Haya "	Hayan "

Past Imperf. Subj.: (that I might give)		Past Perf. Subj.: (that I might have given)	
diera	diéramos	Hubiera dado	Hubiéramos dado
dieras	dierais	Hubieras "	Hubierais "
diera	dieran	Hubiera "	Hubieran "
diese	diésemos	Hubiese dado	Hubiésemos dado
dieses	dieseis	Hubieses "	Hubieseis "
diese	diesen	Hubiese "	Hubiesen "

V   IMPERATIVE MOOD, *Modo Imperativo*

Singular	Plural
	Demos (nosotros) (let us give)
Da (tú) (give)	Dad (vosotros) (give)
Dé* (Ud., él)	Den (Uds., ellos)

Verb of special irregularity; see No. 64, page 25.

---

* *Dé*, form of *dar*, is accented to distinguish from prep. *de*.

I INFINITIVE MOOD, *Modo Infinitivo*

	Simple	Perfect
Infinitive *(Infinitivo)*	deber (to owe)	haber debido (to have owed)
Present Participle *(Gerundio)*	debiendo (owing)	habiendo debido (having owed)
Past Participle *(Participio)*	debido (owed)	

II INDICATIVE MOOD, *Modo Indicativo*

Present: (owe)

Yo debo	Nosotros debemos
Tú debes	Vosotros debéis
Ud., él,	Ustedes,
ella debe	ellos deben

Present Perfect: (have owed)

He debido	Hemos debido
Has "	Habéis "
Ha "	Han "

Past Imperfect: (was owing, used to owe, owed)

debía	debíamos
debías	debíais
debía	debían

Past Perfect: (had owed)

Había debido	Habíamos debido
Habías "	Habíais "
Había "	Habían "

Preterit: (owed)

debí	debimos
debiste	debisteis
debió	debieron

Preterit Perfect: (had owed)

Hube debido	Hubimos debido
Hubiste "	Hubisteis "
Hubo "	Hubieron "

Future: (will owe)

deberé	deberemos
deberás	deberéis
deberá	deberán

Future Perfect: (will have owed)

Habré debido	Habremos debido
Habrás "	Habréis "
Habrá "	Habrán "

III CONDITIONAL MOOD, *Modo Potencial*

Present: (would owe)

debería	deberíamos
deberías	deberíais
debería	deberían

Conditional Perfect: (would have owed)

Habría debido	Habríamos debido
Habrías "	Habríais "
Habría "	Habrían "

IV SUBJUNCTIVE MOOD, *Modo Subjuntivo*

Present Subj.: (that I may owe)

deba	debamos
debas	debáis
deba	deban

Pres. Perf. Subj.: (that I may have owed)

Haya debido	Hayamos debido
Hayas "	Hayáis "
Haya "	Hayan "

Past Imperf. Subj.: (that I might owe)

debiera	debiéramos
debieras	debierais
debiera	debieran
debiese	debiésemos
debieses	debieseis
debiese	debiesen

Past Perf. Subj.: (that I might have owed)

Hubiera debido	Hubiéramos debido
Hubieras "	Hubierais "
Hubiera "	Hubieran "
Hubiese debido	Hubiésemos debido
Hubieses "	Hubieseis "
Hubiese "	Hubiesen "

V IMPERATIVE MOOD, *Modo Imperativo*

Singular	Plural
	Debamos (nosotros) (let us owe)
Debe (tú) (owe)	Debed (vosotros) (owe)
Deba (Ud., él)	Deban (Uds., ellos)

Similarly conjugated: all other regular -ER verbs.

---

* Deber as a main verb means *to owe;* when followed by an infinitive it indicates obligation. Also, *deber de,* plus an infinitive, means probability.

I   INFINITIVE MOOD, *Modo Infinitivo*

	Simple	Perfect
Infinitive (*Infinitivo*)	decir (to say)	haber dicho (to have said)
Present Participle (*Gerundio*)	diciendo (saying)	habiendo dicho (having said)
Past Participle (*Participio*)	dicho (said)	

II   INDICATIVE MOOD, *Modo Indicativo*

Present: (say)

Yo digo	Nosotros decimos
Tú dices	Vosotros decís
Ud., él,	Ustedes,
ella dice	ellos dicen

Present Perfect: (have said)

He dicho	Hemos dicho
Has "	Habéis "
Ha "	Han "

Past Imperfect: (used to say, was saying, said)

decía	decíamos
decías	decíais
decía	decían

Past Perfect: (had said)

Había dicho	Habíamos dicho
Habías "	Habíais "
Había "	Habían "

Preterit: (said)

dije	dijimos
dijiste	dijisteis
dijo	dijeron

Preterit Perfect: (had said)

Hube dicho	Hubimos dicho
Hubiste "	Hubisteis "
Hubo "	Hubieron "

Future: (will say)

diré	diremos
dirás	diréis
dirá	dirán

Future Perfect: (will have said)

Habré dicho	Habremos dicho
Habrás "	Habréis "
Habrá "	Habrán "

III   CONDITIONAL MOOD, *Modo Potencial*

Present: (would say)

diría	diríamos
dirías	diríais
diría	dirían

Conditional Perfect: (would have said)

Habría dicho	Habríamos dicho
Habrías "	Habríais "
Habría "	Habrían "

IV   SUBJUNCTIVE MOOD, *Modo Subjuntivo*

Present Subj.: (that I may say)

diga	digamos
digas	digáis
diga	digan

Pres. Perf. Subj.: (that I may have said)

Haya dicho	Hayamos dicho
Hayas "	Hayáis "
Haya "	Hayan "

Past Imperf. Subj.: (that I might say)

dijera	dijéramos
dijeras	dijerais
dijera	dijeran
dijese	dijésemos
dijeses	dijeseis
dijese	dijesen

Past Perf. Subj.: (that I might have said)

Hubiera dicho	Hubiéramos dicho
Hubieras "	Hubierais "
Hubiera "	Hubieran "
Hubiese dicho	Hubiésemos dicho
Hubieses "	Hubieseis "
Hubiese "	Hubiesen "

V   IMPERATIVE MOOD, *Modo Imperativo*

Singular	Plural
	Digamos (nosotros) (let us say)
Di (tú) (say)	Decid (vosotros) (say)
Diga (Ud., él)	Digan (Uds., ellos)

Decir is of special irregularity; see No. 64, page 25.
Common irregular verbs similarly conjugated: *contradecir, desdecir, predecir.*

DEJAR
to let, permit, leave, allow

I INFINITIVE MOOD, *Modo Infinitivo*

	Simple	Perfect
Infinitive *(Infinitivo)*	dejar (to let)	haber dejado (to have let)
Present Participle *(Gerundio)*	dejando (letting)	habiendo dejado (having let)
Past Participle *(Participio)*	dejado (let)	

II INDICATIVE MOOD, *Modo Indicativo*

Present: (let)
Yo dejo	Nosotros dejamos
Tú dejas	Vosotros dejáis
Ud., él, ella deja	Ustedes, ellos dejan

Present Perfect: (have let)
He dejado	Hemos dejado
Has "	Habéis "
Ha "	Han "

Past Imperfect: (used to let, was letting, let)
dejaba	dejábamos
dejabas	dejabais
dejaba	dejaban

Past Perfect: (had let)
Había dejado	Habíamos dejado
Habías "	Habíais "
Había "	Habían "

Preterit: (let)
dejé	dejamos
dejaste	dejasteis
dejó	dejaron

Preterit Perfect: (had let)
Hube dejado	Hubimos dejado
Hubiste "	Hubisteis "
Hubo "	Hubieron "

Future: (will let)
dejaré	dejaremos
dejarás	dejaréis
dejará	dejarán

Future Perfect: (will have let)
Habré dejado	Habremos dejado
Habrás "	Habréis "
Habrá "	Habrán "

III CONDITIONAL MOOD, *Modo Potencial*

Present: (would let)
dejaría	dejaríamos
dejarías	dejaríais
dejaría	dejarían

Conditional Perfect: (would have let)
Habría dejado	Habríamos dejado
Habrías "	Habríais "
Habría "	Habrían "

IV SUBJUNCTIVE MOOD, *Modo Subjuntivo*

Present Subj.: (that I may let)
deje	dejemos
dejes	dejéis
deje	dejen

Pres. Perf. Subj.: (that I may have let)
Haya dejado	Hayamos dejado
Hayas "	Hayáis "
Haya "	Hayan "

Past Imperf. Subj.: (that I might let)
dejara	dejáramos
dejaras	dejarais
dejara	dejaran
dejase	dejásemos
dejases	dejaseis
dejase	dejasen

Past Perf. Subj.: (that I might have let)
Hubiera dejado	Hubiéramos dejado
Hubieras "	Hubierais "
Hubiera "	Hubieran "
Hubiese dejado	Hubiésemos dejado
Hubieses "	Hubieseis "
Hubiese "	Hubiesen "

V IMPERATIVE MOOD, *Modo Imperativo*

Singular	Plural
	Dejemos (nosotros) (let us let)
Deja (tú) (let)	Dejad (vosotros) (let)
Deje (Ud., él)	Dejen (Uds., ellos)

Similarly conjugated: all other regular -AR verbs.

I INFINITIVE MOOD, *Modo Infinitivo*

	Simple	Perfect
Infinitive *(Infinitivo)*	desear (to wish)	haber deseado (to have wished)
Present Participle *(Gerundio)*	deseando (wishing)	habiendo deseado (having wished)
Past Participle *(Participio)*	deseado (wished)	

II INDICATIVE MOOD, *Modo Indicativo*

Present: (wish)

		Present Perfect:	(have wished)
Yo deseo	Nosotros deseamos	He deseado	Hemos deseado
Tú deseas	Vosotros deseáis	Has "	Habéis "
Ud., él,	Ustedes,	Ha "	Han "
ella desea	ellos desean		

Past Imperfect: (used to wish, was wishing, wished)

		Past Perfect:	(had wished)
deseaba	deseábamos	Había deseado	Habíamos deseado
deseabas	deseabais	Habías "	Habíais "
deseaba	deseaban	Había "	Habían "

Preterit: (wished)

		Preterit Perfect:	(had wished)
deseé	deseamos	Hube deseado	Hubimos deseado
deseaste	deseasteis	Hubiste "	Hubisteis "
deseó	desearon	Hubo "	Hubieron "

Future: (will wish)

		Future Perfect:	(will have wished)
desearé	desearemos	Habré deseado	Habremos deseado
desearás	desearéis	Habrás "	Habréis "
deseará	desearán	Habrá "	Habrán "

III CONDITIONAL MOOD, *Modo Potencial*

Present: (would wish)

		Conditional Perfect:	(would have wished)
desearía	desearíamos	Habría deseado	Habríamos deseado
desearías	desearíais	Habrías "	Habríais "
desearía	desearían	Habría "	Habrían "

IV SUBJUNCTIVE MOOD, *Modo Subjuntivo*

Present Subj.: (that I may wish)

		Pres. Perf. Subj.:	(that I may have wished)
desee	deseemos	Haya deseado	Hayamos deseado
desees	deseéis	Hayas "	Hayáis "
desee	deseen	Haya "	Hayan "

Past Imperf. Subj.: (that I might wish)

		Past Perf. Subj.:	(that I might have wished)
deseara	deseáramos	Hubiera deseado	Hubiéramos deseado
desearas	desearais	Hubieras "	Hubierais "
deseara	desearan	Hubiera "	Hubieran "
desease	deseásemos	Hubiese deseado	Hubiésemos deseado
deseases	deseaseis	Hubieses "	Hubieseis "
desease	deseasen	Hubiese "	Hubiesen "

V IMPERATIVE MOOD, *Modo Imperativo*

Singular	Plural
	Deseemos (nosotros) (let us wish)
Desea (tú) (wish)	Desead (vosotros) (wish)
Desee (Ud., él)	Deseen (Uds., ellos)

Similarly conjugated: all other regular -AR verbs.

I INFINITIVE MOOD, *Modo Infinitivo*

	Simple	Perfect
Infinitive *(Infinitivo)*	despedirse (to part)	haberse despedido (to have parted)
Present Participle *(Gerundio)*	despidiéndose (parting)	habiéndose despedido (having parted)
Past Participle *(Participio)*	despedido (parted)	

II INDICATIVE MOOD, *Modo Indicativo*

Present: (part)

Yo me despido	Nosotros nos despedimos	
Tú te despides	Vosotros os despedís	
Ud., él,	Ustedes,	
ella se despide	ellos se despiden	

Present Perfect: (have parted)

me he despedido	nos hemos despedido	
te has "	os habéis "	
se ha "	se han "	

Past Imperfect: (was parting, used to part, parted)

me despedía	nos despedíamos
te despedías	os despedíais
se despedía	se despedían

Past Perfect: (had parted)

me había despedido	nos habíamos despedido
te habías "	os habíais "
se había "	se habían "

Preterit: (parted)

me despedí	nos despedimos
te despediste	os despedisteis
se despidió	se despidieron

Preterit Perfect: (had parted)

me hube despedido	nos hubimos despedido
te hubiste "	os hubisteis "
se hubo "	se hubieron "

Future: (will part)

me despediré	nos despediremos
te despedirás	os despediréis
se despedirá	se despedirán

Future Perfect: (will have parted)

me habré despedido	nos habremos despedido
te habrás "	os habréis "
se habrá "	se habrán "

III CONDITIONAL MOOD, *Modo Potencial*

Present: (would part)

me despediría	nos despediríamos
te despedirías	os despediríais
se despediría	se despedirían

Conditional Perfect: (would have parted)

me habría despedido	nos habríamos despedido
te habrías "	os habríais "
se habría "	se habrían "

IV SUBJUNCTIVE MOOD, *Modo Subjuntivo*

Present Subj.: (that I may part)

me despida	nos despidamos
te despidas	os despidáis
se despida	se despidan

Pres. Perf. Subj.: (that I may have parted)

me haya despedido	nos hayamos despedido
te hayas "	os hayáis "
se haya "	se hayan "

Past Imperf. Subj.: (that I might part)

me despidiera	nos despidiéramos
te despidieras	os despidierais
se despidiera	se despidieran

Past Perf. Subj.: (that I might have parted)

me hubiera despedido	nos hubiéramos despedido
te hubieras "	os hubierais "
se hubiera "	se hubieran "

me despidiese	nos despidiésemos
te despidieses	os despidieseis
se despidiese	se despidiesen

me hubiese despedido	nos hubiésemos despedido
te hubieses "	os hubieseis "
se hubiese "	se hubiesen "

V IMPERATIVE MOOD, *Modo Imperativo*

Singular	Plural
	Despidámonos (nosotros) (let us part)
	Despedíos (vosotros) (part)
Despídete (tú) (part)	
Despídase (Ud., él)	Despídanse (Uds., ellos)

Common irregular verbs similarly conjugated: *pedir, expedir, impedir,* and all other root-changing (e to i) -IR verbs; see No. 68, page 28.

I INFINITIVE MOOD, *Modo Infinitivo*

	Simple	Perfect
Infinitive *(Infinitivo)*	despertarse (to wake up)	haberse despertado (to have waked up)
Present Participle *(Gerundio)*	despertándose (waking up)	habiéndose despertado (having waked up)
Past Participle *(Participio)*	despertado (waked up)	

II INDICATIVE MOOD, *Modo Indicativo*

Present:

Yo me despierto	Nosotros nos despertamos
Tú te despiertas	Vosotros os despertáis
Ud., él,	Ustedes,
ella se despierta	ellos se despiertan

Present Perfect:

me he despertado	nos hemos despertado
te has "	os habéis "
se ha "	se han "

Past Imperfect: (was waking up)

me despertaba	nos despertábamos
te despertabas	os despertabais
se despertaba	se despertaban

Past Perfect: (had waked up)

me había despertado	nos habíamos despertado
te habías "	os habíais "
se había "	se habían "

Preterit: (woke up)

me desperté	nos despertamos
te despertaste	os despertasteis
se despertó	se despertaron

Preterit Perfect: (had waked up)

me hube despertado	nos hubimos despertado
te hubiste "	os hubisteis "
se hubo "	se hubieron "

Future: (will wake up)

me despertaré	nos despertaremos
te despertarás	os despertaréis
se despertará	se despertaran

Future Perfect: (will have waked up)

me habré despertado	nos habremos despertado
te habrás "	os habréis "
se habrá "	se habrán "

III CONDITIONAL MOOD, *Modo Potencial*

Present: (would wake up)

me despertaría	nos despertaríamos
te despertarías	os despertaríais
se despertaría	se despertarían

Conditional Perfect: (would have waked up)

me habría despertado	nos habríamos despertado
te habrías "	os habríais "
se habría "	se habrían "

IV SUBJUNCTIVE MOOD, *Modo Subjuntivo*

Present Subj.: (that I may wake up)

me despierte	nos despertemos
te despiertes	os despertéis
se despierte	se despierten

Pres. Perf. Subj.: (that I may have waked up)

me haya despertado	nos hayamos despertado
te hayas "	os hayáis "
se haya "	se hayan "

Past Imperf. Subj.: (that I might wake up)

me despertara	nos despertáramos
te despertaras	os despertárais
se despertara	se despertaran

Past Perf. Subj.: (that I might have waked up)

me hubiera despertado	nos hubiéramos despertado
te hubieras "	os hubierais "
se hubiera "	se hubieran "

me despertase	nos despertásemos
te despertases	os despertaseis
se despertase	se despertasen

me hubiese despertado	nos hubiésemos despertado
te hubieses "	os hubieseis "
se hubiese "	se hubiesen "

V IMPERATIVE MOOD, *Modo Imperativo*

Singular	Plural
	Despertémonos (nosotros) (let us wake up)
Despiértate (tú) (wake up)	Despertaos (vosotros) (wake up)
Despiértese (Ud., él)	Despiértense (Uds., ellos)

Common irregular verbs similarly conjugated: *acertar, desacertar,* and all other root-changing (e to ie) -AR verbs; see No. 66, page 26.

I INFINITIVE MOOD, *Modo Infinitivo*

	Simple	Perfect
Infinitive *(Infinitivo)*	destruir (to destroy)	haber destruído (to have destroyed)
Present Participle *(Gerundio)*	destruyendo* (destroying)	habiendo destruído (having destroyed)
Past Participle *(Participio)*	destruído (destroyed)	

II INDICATIVE MOOD, *Modo Indicativo*

Present: (destroy)		**Present Perfect:** (have destroyed)	
Yo destruyo	Nosotros destruimos	He destruído	Hemos destruído
Tú destruyes	Vosotros destruís	Has "	Habéis "
Ud., él,	Ustedes,	Ha "	Han "
ella destruye	ellos destruyen		

Past Imperfect: (was destroying)**		**Past Perfect:** (had destroyed)	
destruía	destruíamos	Había destruído	Habíamos destruído
destruías	destruíais	Habías "	Habíais "
destruía	destruían	Había "	Habían "

Preterit: (destroyed)		**Preterit Perfect:** (had destroyed)	
destruí	destruimos	Hube destruído	Hubimos destruído
destruiste	destruisteis	Hubiste "	Hubisteis "
destruyó*	destruyeron*	Hubo "	Hubieron "

Future: (will destroy)		**Future Perfect:** (will have destroyed)	
destruiré	destruiremos	Habré destruído	Habremos destruído
destruirás	destruiréis	Habrás "	Habréis "
destruirá	destruirán	Habrá "	Habrán "

III CONDITIONAL MOOD, *Modo Potencial*

Present: (would destroy)		**Conditional Perfect:** (would have destroyed)	
destruiría	destruiríamos	Habría destruído	Habríamos destruído
destruirías	destruiríais	Habrías "	Habríais "
destruiría	destruirían	Habría "	Habrían "

IV SUBJUNCTIVE MOOD, *Modo Subjuntivo*

Present Subj.: (that I may destroy)		**Pres. Perf. Subj.:** (that I may have destroyed)	
destruya	destruyamos	Haya destruído	Hayamos destruído
destruyas	destruyáis	Hayas "	Hayáis "
destruya	destruyan	Haya "	Hayan "

Past Imperf. Subj.: (that I might destroy)		**Past Perf. Subj.:** (that I might have destroyed)	
destruyera*	destruyéramos*	Hubiera destruído	Hubiéramos destruído
destruyeras*	destruyerais*	Hubieras "	Hubierais "
destruyera*	destruyeran*	Hubiera "	Hubieran "
destruyese*	destruyésemos*	Hubiese destruído	Hubiésemos destruído
destruyeses*	destruyeseis*	Hubieses "	Hubieseis "
destruyese*	destruyesen*	Hubiese "	Hubiesen "

V IMPERATIVE MOOD, *Modo Imperativo*

Singular	Plural
	Destruyamos (nosotros) (let us destroy)
Destruye (tú) (destroy)	Destruid (vosotros) (destroy)
Destruya (Ud., él)	Destruyan (Uds., ellos)

Common irregular verbs similarly conjugated: *construir, instruir, obstruir;* and all other verbs ending in -UIR; see No. 72, page 31.

---

*i of the ending changes to semiconsonant y.
**used to destroy, destroyed.

I   INFINITIVE MOOD, *Modo Infinitivo*

	Simple	Perfect
Infinitive *(Infinitivo)*	dirigir (to direct)	haber dirigido (to have directed)
Present Participle *(Gerundio)*	dirigiendo (directing)	habiendo dirigido (having directed)
Past Participle *(Participio)*	dirigido (directed)	

II   INDICATIVE MOOD, *Modo Indicativo*

Present: (direct)

		Present Perfect: (have directed)	
Yo dirijo*	Nosotros dirigimos	He dirigido	Hemos dirigido
Tú diriges	Vosotros dirigís	Has "	Habéis "
Ud., él,	Ustedes,	Ha "	Han "
ella dirige	ellos dirigen		

Past Imperfect: (used to direct, was directing, directed)

		Past Perfect: (had directed)	
dirigía	dirigíamos	Había dirigido	Habíamos dirigido
dirigías	dirigíais	Habías "	Habíais "
dirigía	dirigían	Había "	Habían "

Preterit: (directed)

		Preterit Perfect: (had directed)	
dirigí	dirigimos	Hube dirigido	Hubimos dirigido
dirigiste	dirigisteis	Hubiste "	Hubisteis "
dirigió	dirigieron	Hubo "	Hubieron "

Future: (will direct)

		Future Perfect: (will have directed)	
dirigiré	dirigiremos	Habré dirigido	Habremos dirigido
dirigirás	dirigiréis	Habrás "	Habréis "
dirigirá	dirigirán	Habrá "	Habrán "

III   CONDITIONAL MOOD, *Modo Potencial*

Present: (would direct)

		Conditional Perfect: (would have directed)	
dirigiría	dirigiríamos	Habría dirigido	Habríamos dirigido
dirigirías	dirigiríais	Habrías "	Habríais "
dirigiría	dirigirían	Habría "	Habrían "

IV   SUBJUNCTIVE MOOD, *Modo Subjuntivo*

Present Subj.: (that I may direct)

		Pres. Perf. Subj.: (that I may have directed)	
dirija*	dirijamos*	Haya dirigido	Hayamos dirigido
dirijas*	dirijáis*	Hayas "	Hayáis "
dirija*	dirijan*	Haya "	Hayan "

Past Imperf. Subj.: (that I might direct)

		Past Perf. Subj.: (that I might have directed)	
dirigiera	dirigiéramos	Hubiera dirigido	Hubiéramos dirigido
dirigieras	dirigierais	Hubieras "	Hubierais "
dirigiera	dirigieran	Hubiera "	Hubieran "
dirigiese	dirigiésemos	Hubiese dirigido	Hubiésemos dirigido
dirigieses	dirigieseis	Hubieses "	Hubieseis "
dirigiese	dirigiesen	Hubiese "	Hubiesen "

V   IMPERATIVE MOOD, *Modo Imperativo*

Singular	Plural
	Dirijamos* (nosotros) (let us direct)
Dirige (tú) (direct)	Dirigid (vosotros) (direct)
Dirija* (Ud., él)	Dirijan* (Uds., ellos)

Similarly conjugated: *erigir, exigir, restringir,* and all other regular -IR verbs.

---

* *g* changes to *j* before *a* and *o* to retain soft *g* sound; see Nos. 62-63, pp. 24-25.

I INFINITIVE MOOD, *Modo Infinitivo*

	Simple	Perfect
Infinitive *(Infinitivo)*	distinguir (to distinguish)	haber distinguido (to have distinguished)
Present Participle *(Gerundio)*	distinguiendo (distinguishing)	habiendo distinguido (having distinguished)
Past Participle *(Participio)*	distinguido (distinguished)	

II INDICATIVE MOOD, *Modo Indicativo*

Present: (distinguish)

		Present Perfect: (have distinguished)	
Yo distingo*	Nosotros distinguimos	He distinguido	Hemos distinguido
Tú distingues	Vosotros distinguís	Has "	Habéis "
Ud., él,	Ustedes,	Ha "	Han "
ella distingue	ellos distinguen		

Past Imperfect: (used to distinguish, was distinguishing) **Past Perfect:** (had distinguished)

distinguía	distinguíamos	Había distinguido	Habíamos distinguido
distinguías	distinguíais	Habías "	Habíais "
distinguía	distinguían	Había "	Habían "

Preterit: (distinguished)

		Preterit Perfect: (had distinguished)	
distinguí	distinguimos	Hube distinguido	Hubimos distinguido
distinguiste	distinguisteis	Hubiste "	Hubisteis "
distinguió	distinguieron	Hubo "	Hubieron "

Future: (will distinguish)

		Future Perfect: (will have distinguished)	
distinguiré	distinguiremos	Habré distinguido	Habremos distinguido
distinguirás	distinguiréis	Habrás "	Habréis "
distinguirá	distinguirán	Habrá "	Habrán "

III CONDITIONAL MOOD, *Modo Potencial*

Present: (would distinguish)

		Conditional Perfect: (would have distinguished)	
distinguiría	distinguiríamos	Habría distinguido	Habríamos distinguido
distinguirías	distinguiríais	Habrías "	Habríais "
distinguiría	distinguirían	Habría "	Habrían " .

IV SUBJUNCTIVE MOOD, *Modo Subjuntivo*

Present Subj.: (that I may distinguish)

		Pres. Perf. Subj.: (that I may have distinguished)	
distinga*	distingamos*	Haya distinguido	Hayamos distinguido
distingas*	distingáis*	Hayas "	Hayáis "
distinga*	distingan*	Haya "	Hayan "

Past Imperf. Subj.: (that I might distinguish)

		Past Perf. Subj.: (that I might have distinguished)	
distinguiera	distinguiéramos	Hubiera distinguido	Hubiéramos distinguido
distinguieras	distinguierais	Hubieras "	Hubierais "
distinguiera	distinguieran	Hubiera "	Hubieran "
distinguiese	distinguiésemos	Hubiese distinguido	Hubiésemos distinguido
distinguieses	distinguieseis	Hubieses "	Hubieseis "
distinguiese	distinguiesen	Hubiese "	Hubiesen "

V IMPERATIVE MOOD, *Modo Imperativo*

Singular	Plural
	Distingamos* (nosotros) (let us distinguish)
Distingue (tú) (distinguish)	Distinguid (vosotros) (distinguish)
Distinga* (Ud., él)	Distingan* (Uds., ellos)

Similarly conjugated: all other regular -IR verbs.

---

* u of the root is omitted before a and o of the endings.

I INFINITIVE MOOD, *Modo Infinitivo*

	Simple	Perfect
Infinitive *(Infinitivo)*	divertirse (to enjoy oneself)	haberse divertido (to have enjoyed oneself)
Present Participle *(Gerundio)*	divirtiéndose (enjoying oneself)	habiéndose divertido (having enjoyed oneself)
Past Participle *(Participio)*	divertido (enjoyed)	

II INDICATIVE MOOD, *Modo Indicativo*

Present: (enjoy oneself)

Yo me divierto	Nosotros nos divertimos
Tú te diviertes	Vosotros os divertís
Ud., él,	Ustedes,
ella se divierte	ellos se divierten

Present Perfect: (I have enjoyed myself)

me he	divertido	nos hemos	divertido
te has	"	os habéis	"
se ha	"	se han	"

Past Imperfect: (I was enjoying myself)*

me divertía	nos divertíamos
te divertías	os divertíais
se divertía	se divertían

Past Perfect: (I had enjoyed myself)

me había	divertido	nos habíamos	divertido
te habías	"	os habíais	"
se había	"	se habían	"

Preterit: (I enjoyed myself)

me divertí	nos divertimos
te divertiste	os divertisteis
se divirtió	se divirtieron

Preterit Perfect: (I had enjoyed myself)

me hube	divertido	nos hubimos	divertido
te hubiste	"	os hubisteis	"
se hubo	"	se hubieron	"

Future: (I will enjoy myself)

me divertiré	nos divertiremos
te divertirás	os divertiréis
se divertirá	se divertirán

Future Perfect: (I will have enjoyed myself)

me habré	divertido	nos habremos	divertido
te habrás	"	os habréis	"
se habrá	"	se habrán	"

III CONDITIONAL MOOD, *Modo Potencial*

Present: (I would enjoy myself)

me divertiría	nos divertiríamos
te divertirías	os divertiríais
se divertiría	se divertirían

Conditional Perfect: (I would have enjoyed myself)

me habría	divertido	nos habríamos	divertido
te habrías	"	os habríais	"
se habría	"	se habrían	"

IV SUBJUNCTIVE MOOD, *Modo Subjuntivo*

Present Subj.: (that I may enjoy myself)

me divierta	nos divirtamos
te diviertas	os divirtáis
se divierta	se diviertan

Pres. Perf. Subj.: (that I may have enjoyed myself)

me haya	divertido	nos hayamos	divertido
te hayas	"	os hayáis	"
se haya	"	se hayan	"

Past Imperf. Subj.: (that I might enjoy myself)

me divirtiera	nos divirtiéramos
te divirtieras	os divirtierais
se divirtiera	se divirtieran

Past Perf. Subj.: (that I might have enjoyed myself)

me hubiera	divertido	nos hubiéramos	divertido
te hubieras	"	os hubierais	"
se hubiera	"	se hubieran	"

me divirtiese	nos divirtiésemos
te divirtieses	os divirtieseis
se divirtiese	se divirtiesen

me hubiese	divertido	nos hubiésemos	divertido
te hubieses	"	os hubieseis	"
se hubiese	"	se hubiesen	"

V IMPERATIVE MOOD, *Modo Imperativo*

Singular	Plural
	Divirtámonos (nosotros) (let us enjoy ourselves)
Diviértete (tú) (enjoy yourself)	Divertíos (vosotros) (enjoy yourselves)
Diviértase (Ud., él)	Diviértanse (Uds., ellos)

Common irregular verbs similarly conjugated: *advertir, convertir, invertir, pervertir, revertir, subvertir,* and all other root-changing (**e** to *ie*, **e** to *i*) -IR verbs; see No. 70, page 29.

*I used to enjoy myself, I enjoyed myself.

I   INFINITIVE MOOD, *Modo Infinitivo*

	Simple	Perfect
Infinitive *(Infinitivo)*	dormir (to sleep)	haber dormido (to have slept)
Present Participle *(Gerundio)*	durmiendo (sleeping)	habiendo dormido (having slept)
Past Participle *(Participio)*	dormido (slept)	

II   INDICATIVE MOOD, *Modo Indicativo*

Present: (sleep)

Yo duermo	Nosotros dormimos
Tú duermes	Vosotros dormís
Ud., él,	Ustedes,
ella duerme	ellos duermen

Present Perfect: (have slept)

He dormido	Hemos dormido
Has "	Habéis "
Ha "	Han "

Past Imperfect: (was sleeping, used to sleep, slept)

dormía	dormíamos
dormías	dormíais
dormía	dormían

Past Perfect: (had slept)

Había dormido	Habíamos dormido
Habías "	Habíais "
Había "	Habían "

Preterit: (slept)

dormí	dormimos
dormiste	dormisteis
durmió	durmieron

Preterit Perfect: (had slept)

Hube dormido	Hubimos dormido
Hubiste "	Hubisteis "
Hubo "	Hubieron "

Future: (will sleep)

dormiré	dormiremos
dormirás	dormiréis
dormirá	dormirán

Future Perfect: (will have slept)

Habré dormido	Habremos dormido
Habrás "	Habréis "
Habrá "	Habrán "

III   CONDITIONAL MOOD, *Modo Potencial*

Present: (would sleep)

dormiría	dormiríamos
dormirías	dormiríais
dormiría	dormirían

Conditional Perfect: (would have slept)

Habría dormido	Habríamos dormido
Habrías "	Habríais "
Habría "	Habrían "

IV   SUBJUNCTIVE MOOD, *Modo Subjuntivo*

Present Subj.:   (that I may sleep)

duerma	durmamos
duermas	durmáis
duerma	duerman

Pres. Perf. Subj.:   (that I may have slept)

Haya dormido	Hayamos dormido
Hayas "	Hayáis "
Haya "	Hayan "

Past Imperf. Subj.:   (that I might sleep)

durmiera	durmiéramos
durmieras	durmierais
durmiera	durmieran
durmiese	durmiésemos
durmieses	durmieseis
durmiese	durmiesen

Past Perf. Subj.:   (that I might have slept)

Hubiera dormido	Hubiéramos dormido
Hubieras "	Hubierais "
Hubiera "	Hubieran "
Hubiese dormido	Hubiésemos dormido
Hubieses "	Hubieseis "
Hubiese "	Hubiesen "

V   IMPERATIVE MOOD, *Modo Imperativo*

Singular	Plural
	Durmamos (nosotros) (let us sleep)
Duerme (tú) (sleep)	Dormid (vosotros) (sleep!)
Duerma (Ud., él)	Duerman (Uds., ellos)

Common irregular verbs similarly conjugated: all other root-changing (o to *ue*, o to *u*) -IR verbs; see No. 71, page 30.

I   INFINITIVE MOOD, *Modo Infinitivo*

	Simple	Perfect
Infinitive *(Infinitivo)*	elegir (to elect)	haber elegido (to have elected)
Present Participle *(Gerundio)*	eligiendo (electing)	habiendo elegido (having elected)
Past Participle *(Participio)*	elegido (elected)	

II   INDICATIVE MOOD, *Modo Indicativo*

Present: (elect)

		Present Perfect:	(have elected)
Yo elijo*	Nosotros elegimos	He elegido	Hemos elegido
Tú eliges	Vosotros elegís	Has "	Habéis "
Ud., él,	Ustedes,	Ha "	Han "
ella elige	ellos eligen		

Past Imperfect: (was electing, used to elect, elected)

		Past Perfect:	(had elected)
elegía	elegíamos	Había elegido	Habíamos elegido
elegías	elegíais	Habías "	Habíais "
elegía	elegían	Había "	Habían "

Preterit: (elected)

		Preterit Perfect:	(had elected)
elegí	elegimos	Hube elegido	Hubimos elegido
elegiste	elegisteis	Hubiste "	Hubisteis "
eligió	eligieron	Hubo "	Hubieron "

Future: (will elect)

		Future Perfect:	(will have elected)
elegiré	elegiremos	Habré elegido	Habremos elegido
elegirás	elegiréis	Habrás "	Habréis "
elegirá	elegirán	Habrá "	Habrán "

III   CONDITIONAL MOOD, *Modo Potencial*

Present: (would elect)

		Conditional Perfect:	(would have elected)
elegiría	elegiríamos	Habría elegido	Habríamos elegido
elegirías	elegiríais	Habrías "	Habríais "
elegiría	elegirían	Habría "	Habrían "

IV   SUBJUNCTIVE MOOD, *Modo Subjuntivo*

Present Subj.:   (that I may elect)

		Pres. Perf. Subj.:	(that I may have elected)
elija*	elijamos*	Haya elegido	Hayamos elegido
elijas*	elijáis*	Hayas "	Hayáis "
elija*	elijan*	Haya "	Hayan "

Past Imperf. Subj.:   (that I might elect)

		Past Perf. Subj.:	(that I might have elected)
eligiera	eligiéramos	Hubiera elegido	Hubiéramos elegido
eligieras	eligierais	Hubieras "	Hubierais "
eligiera	eligieran	Hubiera "	Hubieran "
eligiese	eligiésemos	Hubiese elegido	Hubiésemos elegido
eligieses	eligieseis	Hubieses "	Hubieseis "
eligiese	eligiesen	Hubiese "	Hubiesen "

V   IMPERATIVE MOOD, *Modo Imperativo*

Singular	Plural
	Elijamos* (nosotros) (let us elect)
Elige (tú) (elect)	Elegid (vosotros) (elect)
Elija* (Ud., él)	Elijan* (Uds., ellos)

Common irregular verbs similarly conjugated: *corregir, regir, reelegir,* etc., and all other
root-changing (e to i) -IR verbs; see No. 68, page 28.

---

* g changes to j before a and o to retain soft g sound; see Nos. 62-63, pp. 24-25.

I INFINITIVE MOOD, *Modo Infinitivo*

	Simple	Perfect
Infinitive *(Infinitivo)*	empezar (to begin)	haber empezado (to have begun)
Present Participle *(Gerundio)*	empezando (beginning)	habiendo empezado (having begun)
Past Participle *(Participio)*	empezado (begun)	

II INDICATIVE MOOD, *Modo Indicativo*

Present: (begin)

Yo empiezo	Nosotros empezamos
Tú empiezas	Vosotros empezáis
Ud., él,	Ustedes,
ella empieza	ellos empiezan

Present Perfect: (have begun)

He empezado	Hemos empezado
Has "	Habéis "
Ha "	Han "

Past Imperfect: (was beginning, used to begin, began)

empezaba	empezábamos
empezabas	empezabais
empezaba	empezaban

Past Perfect: (had begun)

Había empezado	Habíamos empezado
Habías "	Habíais "
Había "	Habían "

Preterit: (began)

empecé*	empezamos
empezaste	empezasteis
empezó	empezaron

Preterit Perfect: (had begun)

Hube empezado	Hubimos empezado
Hubiste "	Hubisteis "
Hubo "	Hubieron "

Future: (will begin)

empezaré	empezaremos
empezarás	empezaréis
empezará	empezarán

Future Perfect: (will have begun)

Habré empezado	Habremos empezado
Habrás "	Habréis "
Habrá "	Habrán "

III CONDITIONAL MOOD, *Modo Potencial*

Present: (would begin)

empezaría	empezaríamos
empezarías	empezaríais
empezaría	empezarían

Conditional Perfect: (would have begun)

Habría empezado	Habríamos empezado
Habrías "	Habríais "
Habría "	Habrían "

IV SUBJUNCTIVE MOOD, *Modo Subjuntivo*

Present Subj.: (that I may begin)

empiece*	empecemos*
empieces*	empecéis*
empiece*	empiecen*

Pres. Perf. Subj.: (that I may have begun)

Haya empezado	Hayamos empezado
Hayas "	Hayáis "
Haya "	Hayan "

Past Imperf. Subj.: (that I might begin)

empezara	empezáramos
empezaras	empezarais
empezara	empezaran

empezase	empezásemos
empezases	empezaseis
empezase	empezasen

Past Perf. Subj.: (that I might have begun)

Hubiera empezado	Hubiéramos empezado
Hubieras "	Hubierais "
Hubiera "	Hubieran "

Hubiese empezado	Hubiésemos empezado
Hubieses "	Hubieseis "
Hubiese "	Hubiesen "

V IMPERATIVE MOOD, *Modo Imperativo*

Singular	Plural
	Empecemos* (nosotros) (let us begin)
Empieza (tú) (begin)	Empezad (vosotros) (begin)
Empiece* (Ud., él)	Empiecen* (Uds., ellos)

Common irregular verbs similarly conjugated: *tropezar*, and all other root-changing (e to *ie*) -AR verbs; see No. 66, page 26.

---

*z changes to c before e; see Nos. 62-63, pp. 24-25.

I INFINITIVE MOOD, *Modo Infinitivo*

	Simple	Perfect
Infinitive *(Infinitivo)*	encontrar (to find)	haber encontrado (to have found)
Present Participle *(Gerundio)*	encontrando (finding)	habiendo encontrado (having found)
Past Participle *(Participio)*	encontrado (found)	

II INDICATIVE MOOD, *Modo Indicativo*

Present: (find)

Yo encuentro	Nosotros encontramos
Tú encuentras	Vosotros encontráis
Ud., él,	Ustedes,
ella encuentra	ellos encuentran

Present Perfect: (have found)

He encontrado	Hemos encontrado
Has "	Habéis "
Ha "	Han "

Past Imperfect: (was finding, used to find, found)

encontraba	encontrábamos
encontrabas	encontrabais
encontraba	encontraban

Past Perfect: (had found)

Había encontrado	Habíamos encontrado
Habías "	Habíais "
Había "	Habían "

Preterit: (found)

encontré	encontramos
encontraste	encontrasteis
encontró	encontraron

Preterit Perfect: (had found)

Hube encontrado	Hubimos encontrado
Hubiste "	Hubisteis "
Hubo "	Hubieron "

Future: (will find)

encontraré	encontraremos
encontrarás	encontraréis
encontrará	encontrarán

Future Perfect: (will have found)

Habré encontrado	Habremos encontrado
Habrás "	Habréis "
Habrá "	Habrán "

III CONDITIONAL MOOD, *Modo Potencial*

Present: (would find)

encontraría	encontraríamos
encontrarías	encontraríais
encontraría	encontrarían

Conditional Perfect: (would have found)

Habría encontrado	Habríamos encontrado
Habrías "	Habríais "
Habría "	Habrían "

IV SUBJUNCTIVE MOOD, *Modo Subjuntivo*

Present Subj.: (that I may find)

encuentre	encontremos
encuentres	encontréis
encuentre	encuentren

Pres. Perf. Subj.: (that I may have found)

Haya encontrado	Hayamos encontrado
Hayas "	Hayáis "
Haya "	Hayan "

Past Imperf. Subj.: (that I might find)

encontrara	encontráramos
encontraras	encontrarais
encontrara	encontraran
encontrase	encontrásemos
encontrases	encontraseis
encontrase	encontrasen

Past Perf. Subj.: (that I might have found)

Hubiera encontrado	Hubiéramos encontrado
Hubieras "	Hubierais "
Hubiera "	Hubieran "
Hubiese encontrado	Hubiésemos encontrado
Hubieses "	Hubieseis "
Hubiese "	Hubiesen "

V IMPERATIVE MOOD, *Modo Imperativo*

Singular	Plural
	Encontremos (nosotros) (let us find)
Encuentra (tú) (find)	Encontrad (vosotros) (find)
Encuentre (Ud., él)	Encuentren (Uds., ellos)

Common irregular verbs similarly conjugated: all other root-changing (o to ue) -AR verbs; see No. 67, page 27.

I INFINITIVE MOOD, *Modo Infinitivo*

	Simple	Perfect
Infinitive *(Infinitivo)*	entender (to understand)	haber entendido (to have understood)
Present Participle *(Gerundio)*	entendiendo (understanding)	habiendo entendido (having understood)
Past Participle *(Participio)*	entendido (understood)	

II INDICATIVE MOOD, *Modo Indicativo*

Present: (understand)

Yo entiendo	Nosotros entendemos
Tú entiendes	Vosotros entendéis
Ud., él,	Ustedes,
ella entiende	ellos entienden

Present Perfect: (have understood)

He	entendido	Hemos	entendido
Has	"	Habéis	"
Ha	"	Han	"

Past Imperfect: (was understanding)*

entendía	entendíamos
entendías	entendíais
entendía	entendían

Past Perfect: (had understood)

Había	entendido	Habíamos	entendido
Habías	"	Habíais	"
Había	"	Habían	"

Preterit: (understood)

entendí	entendimos
entendiste	entendisteis
entendió	entendieron

Preterit Perfect: (had understood)

Hube	entendido	Hubimos	entendido
Hubiste	"	Hubisteis	"
Hubo	"	Hubieron	"

Future: (will understand)

entenderé	entenderemos
entenderás	entenderéis
entenderá	entenderán

Future Perfect: (will have understood)

Habré	entendido	Habremos	entendido
Habrás	"	Habréis	"
Habrá	"	Habrán	"

III CONDITIONAL MOOD, *Modo Potencial*

Present: (would understand)

entendería	entenderíamos
entenderías	entenderíais
entendería	entenderían

Conditional Perfect: (would have understood)

Habría	entendido	Habríamos	entendido
Habrías	"	Habríais	"
Habría	"	Habrían	"

IV SUBJUNCTIVE MOOD, *Modo Subjuntivo*

Present Subj.: (that I may understand)

entienda	entendamos
entiendas	entendáis
entienda	entiendan

Pres. Perf. Subj.: (that I may have understood)

Haya	entendido	Hayamos	entendido
Hayas	"	Hayáis	"
Haya	"	Hayan	"

Past Imperf. Subj.: (that I might understand)

entendiera	entendiéramos
entendieras	entendierais
entendiera	entendieran
entendiese	entendiésemos
entendieses	entendieseis
entendiese	entendiesen

Past Perf. Subj.: (that I might have understood)

Hubiera	entendido	Hubiéramos	entendido
Hubieras	"	Hubierais	"
Hubiera	"	Hubieran	"
Hubiese	entendido	Hubiésemos	entendido
Hubieses	"	Hubieseis	"
Hubiese	"	Hubiesen	"

V IMPERATIVE MOOD, *Modo Imperativo*

Singular	Plural
	Entendamos (nosotros) (let us understand)
Entiende (tú) (understand)	Entended (vosotros) (understand)
Entienda (Ud., él)	Entiendan (Uds., ellos)

Similarly conjugated: *desentender, malentender, sobrentender,* and also irregular verbs ending in -ENDER, like *extender, tender,* etc., and all other root-changing (e to *ie*) -ER verbs; see No. 66, page 26.

*used to understand, understood.

I INFINITIVE MOOD, *Modo Infinitivo*

	Simple	Perfect
Infinitive *(Infinitivo)*	enviar (to send)	haber enviado (to have sent)
Present Participle *(Gerundio)*	enviando (sending)	habiendo enviado (having sent)
Past Participle *(Participio)*	enviado (sent)	

II INDICATIVE MOOD, *Modo Indicativo*

Present: (send)

Yo envío	Nosotros enviamos
Tú envías	Vosotros enviáis
Ud., él,	Ustedes,
ella envía	ellos envían

Present Perfect: (have sent)

He enviado	Hemos enviado
Has "	Habéis "
Ha "	Han "

Past Imperfect: (used to send, was sending, sent)

enviaba	enviábamos
enviabas	enviabais
enviaba	enviaban

Past Perfect: (had sent)

Había enviado	Habíamos enviado
Habías "	Habíais "
Había "	Habían "

Preterit: (sent)

envié	enviamos
enviaste	enviasteis
envió	enviaron

Preterit Perfect: (had sent)

Hube enviado	Hubimos enviado
Hubiste "	Hubisteis "
Hubo "	Hubieron "

Future: (will send)

enviaré	enviaremos
enviarás	enviaréis
enviará	enviarán

Future Perfect: (will have sent)

Habré enviado	Habremos enviado
Habrás "	Habréis "
Habrá "	Habrán "

III CONDITIONAL MOOD, *Modo Potencial*

Present: (would send)

enviaría	enviaríamos
enviarías	enviaríais
enviaría	enviarían

Conditional Perfect: (would have sent)

Habría enviado	Habríamos enviado
Habrías "	Habríais "
Habría "	Habrían "

IV SUBJUNCTIVE MOOD, *Modo Subjuntivo*

Present Subj.: (that I may send)

envíe	enviemos
envíes	enviéis
envíe	envíen

Pres. Perf. Subj.: (that I may have sent)

Haya enviado	Hayamos enviado
Hayas "	Hayáis "
Haya "	Hayan "

Past Imperf. Subj.: (that I might send)

enviara	enviáramos
enviaras	enviarais
enviara	enviaran
enviase	enviásemos
enviases	enviaseis
enviase	enviasen

Past Perf. Subj.: (that I might have sent)

Hubiera enviado	Hubiéramos enviado
Hubieras "	Hubierais "
Hubiera "	Hubieran "
Hubiese enviado	Hubiésemos enviado
Hubieses "	Hubieseis "
Hubiese "	Hubiesen "

V IMPERATIVE MOOD, *Modo Imperativo*

Singular	Plural
	Enviemos (nosotros) (let us send)
Envía (tú) (send)	Enviad (vosotros) (send)
Envíe (Ud., él)	Envíen (Uds., ellos)

Similarly conjugated: *desviar,* and all other regular -AR verbs.

I INFINITIVE MOOD, *Modo Infinitivo*

	Simple	Perfect
Infinitive *(Infinitivo)*	equivocarse (to mistake)	haberse equivocado (to have mistaken)
Present Participle *(Gerundio)*	equivocándose (mistaking)	habiéndose equivocado (having mistaken)
Past Participle *(Participio)*	equivocado (mistaken)	

II INDICATIVE MOOD, *Modo Indicativo*

Present: (mistake)

		Present Perfect:	(have mistaken)
Yo me equivoco	Nosotros nos equivocamos	me he equivocado	nos hemos equivocado
Tú te equivocas	Vosotros os equivocáis	te has "	os habéis "
Ud., él,	Ustedes,	se ha "	se han "
ella se equivoca	ellos se equivocan		

Past Imperfect: (was mistaking, used to mistake)*

		Past Perfect:	(had mistaken)
me equivocaba	nos equivocábamos	me había equivocado	nos habíamos equivocado
te equivocabas	os equivocabais	te habías "	os habíais "
se equivocaba	se equivocaban	se había "	se habían "

Preterit: (mistook)

		Preterit Perfect:	(had mistaken)
me equivoqué**	nos equivocamos	me hube equivocado	nos hubimos equivocado
te equivocaste	os equivocasteis	te hubiste "	os hubisteis "
se equivocó	se equivocaron	se hubo "	se hubieron "

Future: (will mistake)

		Future Perfect:	(will have mistaken)
me equivocaré	nos equivocaremos	me habré equivocado	nos habremos equivocado
te equivocarás	os equivocaréis	te habrás "	os habréis "
se equivocará	se equivocarán	se habrá "	se habrán "

III CONDITIONAL MOOD, *Modo Potencial*

Present: (would mistake)

		Conditional Perfect:	(would have mistaken)
me equivocaría	nos equivocaríamos	me habría equivocado	nos habríamos equivocado
te equivocarías	os equivocaríais	te habrías "	os habríais "
se equivocaría	se equivocarían	se habría "	se habrían "

IV SUBJUNCTIVE MOOD, *Modo Subjuntivo*

Present Subj.: (that I may mistake)

		Pres. Perf. Subj.:	(that I may have mistaken)
me equivoque**	nos equivoquemos**	me haya equivocado	nos hayamos equivocado
te equivoques**	os equivoquéis**	te hayas "	os hayáis "
se equivoque**	se equivoquen**	se haya "	se hayan "

Past Imperf. Subj.: (that I might mistake)

		Past Perf. Subj.:	(that I might have mistaken)
me equivocara	nos equivocáramos	me hubiera equivocado	nos hubiéramos equivocado
te equivocaras	os equivocarais	te hubieras "	os hubierais "
se equivocara	se equivocaran	se hubiera "	se hubieran "
me equivocase	nos equivocásemos	me hubiese equivocado	nos hubiésemos equivocado
te equivocases	os equivocaseis	te hubieses "	os hubieseis "
se equivocase	se equivocasen	se hubiese "	se hubiesen "

V IMPERATIVE MOOD, *Modo Imperativo*

Singular	Plural
	Equivoquémonos** (nosotros) (let us mistake)
Equivócate (tú) (mistake)	Equivocaos (vosotros) (mistake)
Equivóquese** (Ud., él)	Equivóquense** (Uds., ellos)

Similarly conjugated: *convocar, evoca., invocar, revocar,* and all other regular -AR verbs.

---

* mistook
** hard c changes to *qu* before *e*, as in all verbs ending in -car, to retain hard c; see Nos. 62-63, pp. 24-25.

I INFINITIVE MOOD, *Modo Infinitivo*

	Simple	Perfect
Infinitive *(Infinitivo)*	erguirse (to straighten)	haberse erguido (to have straightened)
Present Participle *(Gerundio)*	irguiéndose (straightening)	habiéndose erguido (having straightened)
Past Participle *(Participio)*	erguido (straightened)	

II INDICATIVE MOOD, *Modo Indicativo*

Present: (straighten)

Yo me yergo*	Nosotros nos erguimos
Tú te yergues	Vosotros os erguís
Ud., él,	Ustedes,
ella se yergue	ellos se yerguen

Present Perfect: (have straightened)

me he erguido	nos hemos erguido
te has "	os habéis "
se ha "	se han "

Past Imperfect: (used to straighten, was straightening)

me erguía	nos erguíamos
te erguías	os erguíais
se erguía	se erguían

Past Perfect: (had straightened)

me había erguido	nos habíamos erguido
te habías "	os habíais "
se había "	se habían "

Preterit: (straightened)

me erguí	nos erguimos
te erguiste	os erguisteis
se irguió	se irguieron

Preterit Perfect: (had straightened)

me hube erguido	nos hubimos erguido
te hubiste "	os hubisteis "
se hubo "	se hubieron "

Future: (will straighten)

me erguiré	nos erguiremos
te erguirás	os erguiréis
se erguirá	se erguirán

Future Perfect: (will have straightened)

me habré erguido	nos habremos erguido
te habrás "	os habréis "
se habrá "	se habrán "

III CONDITIONAL MOOD, *Modo Potencial*

Present: (would straighten)

me erguiría	nos erguiríamos
te erguirías	os erguiríais
se erguiría	se erguirían

Conditional Perfect: (would have straightened)

me habría erguido	nos habríamos erguido
te habrías "	os habríais "
se habría "	se habrían "

IV SUBJUNCTIVE MOOD, *Modo Subjuntivo*

Present Subj.: (that I may straighten)

me yerga*	nos yergamos*
te yergas*	os yergáis*
se yerga*	se yergan*

Pres. Perf. Subj.: (that I may have straightened)

me haya erguido	nos hayamos erguido
te hayas "	os hayáis "
se haya "	se hayan "

Past Imperf. Subj.: (that I might straighten)

me irguiera	nos irguiéramos
te irguieras	os irguierais
se irguiera	se irguieran
me irguiese	nos irguiésemos
te irguieses	os irguieseis
se irguiese	se irguiesen

Past Perf. Subj.: (that I might have straightened)

me hubiera erguido	nos hubiéramos erguido
te hubieras "	os hubierais "
se hubiera "	se hubieran "
me hubiese erguido	nos hubiésemos erguido
te hubieses "	os hubieseis "
se hubiese "	se hubiesen "

V IMPERATIVE MOOD, *Modo Imperativo*

Singular	Plural
	Yergámonos* (nosotros) (let us straighten)
Yérguete (tú) (straighten)	Erguíos (vosotros) (straighten)
Yérgase* (Ud., él)	Yérganse* (Uds., ellos)

Verb of special irregularity; see No. 64, page 25.

---

* u of the root is omitted before *a* and *o* of the endings to retain hard **g**.

I INFINITIVE MOOD, *Modo Infinitivo*

	Simple	Perfect
Infinitive *(Infinitivo)*	errar (to err)	haber errado (to have erred)
Present Participle *(Gerundio)*	errando (erring)	habiendo errado (having erred)
Past Participle *(Participio)*	errado (erred)	

II INDICATIVE MOOD, *Modo Indicativo*

Present: (err)

Yo yerro	Nosotros erramos
Tú yerras	Vosotros erráis
Ud., él,	Ustedes,
ella yerra	ellos yerran

Present Perfect: (have erred)

He	errado	Hemos	errado
Has	"	Habéis	"
Ha	"	Han	"

Past Imperfect: (used to err, was erring)

erraba	errábamos
errabas	errabais
erraba	erraban

Past Perfect: (had erred)

Había	errado	Habíamos	errado
Habías	"	Habíais	"
Había	"	Habían	"

Preterit: (erred)

erré	erramos
erraste	errasteis
erró	erraron

Preterit Perfect: (had erred)

Hube	errado	Hubimos	errado
Hubiste	"	Hubisteis	"
Hubo	"	Hubieron	"

Future: (will err)

erraré	erraremos
errarás	erraréis
errará	errarán

Future Perfect: (will have erred)

Habré	errado	Habremos	errado
Habrás	"	Habréis	"
Habrá	"	Habrán	"

III CONDITIONAL MOOD, *Modo Potencial*

Present: (would err)

erraría	erraríamos
errarías	erraríais
erraría	errarían

Conditional Perfect: (would have erred)

Habría	errado	Habríamos	errado
Habrías	"	Habríais	"
Habría	"	Habrían	"

IV SUBJUNCTIVE MOOD, *Modo Subjuntivo*

Present Subj.: (that I may err)

yerre	erremos
yerres	erréis
yerre	yerren

Pres. Perf. Subj.: (that I may have erred)

Haya	errado	Hayamos	errado
Hayas	"	Hayáis	"
Haya	"	Hayan	"

Past Imperf. Subj.: (that I might err)

errara	erráramos
erraras	errarais
errara	erraran
errase	errásemos
errases	erraseis
errase	errasen

Past Perf. Subj.: (that I might have erred)

Hubiera	errado	Hubiéramos	errado
Hubieras	"	Hubierais	"
Hubiera	"	Hubieran	"
Hubiese	errado	Hubiésemos	errado
Hubieses	"	Hubieseis	"
Hubiese	"	Hubiesen	"

V IMPERATIVE MOOD, *Modo Imperativo*

Singular	Plural
	Erremos (nosotros) (let us err)
Yerra (tú) (err)	Errad (vosotros) (err)
Yerre (Ud., él)	Yerren (Uds., ellos)

NOTE: *errar* belongs to the root-changing (e to *ie*) group like *cerrar* (see p. 73). Also note that the *i* of *ie* becomes semiconsonant y.

I INFINITIVE MOOD, *Modo Infinitivo*

	Simple	Perfect
Infinitive *(Infinitivo)*	escribir (to write)	haber escrito* (to have written)
Present Participle *(Gerundio)*	escribiendo (writing)	habiendo escrito* (having written)
Past Participle *(Participio)*	escrito* (written)	

II INDICATIVE MOOD, *Modo Indicativo*

Present: (write)

Yo escribo	Nosotros escribimos
Tú escribes	Vosotros escribís
Ud., él, ella escribe	Ustedes, ellos escriben

Present Perfect: (have written)

He	escrito*	Hemos	escrito*
Has	"	Habéis	"
Ha	"	Han	"

Past Imperfect: (used to write, was writing)

escribía	escribíamos
escribías	escribíais
escribía	escribían

Past Perfect: (had written)

Había	escrito*	Habíamos	escrito*
Habías	"	Habíais	"
Había	"	Habían	"

Preterit: (written)

escribí	escribimos
escribiste	escribisteis
escribió	escribieron

Preterit Perfect: (had written)

Hube	escrito*	Hubimos	escrito*
Hubiste	"	Hubisteis	"
Hubo	"	Hubieron	"

Future: (will write)

escribiré	escribiremos
escribirás	escribiréis
escribirá	escribirán

Future Perfect: (will have written)

Habré	escrito*	Habremos	escrito*
Habrás	"	Habréis	"
Habrá	"	Habrán	"

III CONDITIONAL MOOD, *Modo Potencial*

Present: (would write)

escribiría	escribiríamos
escribirías	escribiríais
escribiría	escribirían

Conditional Perfect: (would have written)

Habría	escrito*	Habríamos	escrito*
Habrías	"	Habríais	"
Habría	"	Habrían	"

IV SUBJUNCTIVE MOOD, *Modo Subjuntivo*

Present Subj.: (that I may write)

escriba	escribamos
escribas	escribáis
escriba	escriban

Pres. Perf. Subj.: (that I may have written)

Haya	escrito*	Hayamos	escrito*
Hayas	"	Hayáis	"
Haya	"	Hayan	"

Past Imperf. Subj.: (that I might write)

escribiera	escribiéramos
escribieras	escribierais
escribiera	escribieran
escribiese	escribiésemos
escribieses	escribieseis
escribiese	escribiesen

Past Perf. Subj.: (that I might have written)

Hubiera	escrito*	Hubiéramos	escrito*
Hubieras	"	Hubierais	"
Hubiera	"	Hubieran	"
Hubiese	escrito*	Hubiésemos	escrito*
Hubieses	"	Hubieseis	"
Hubiese	"	Hubiesen	"

V IMPERATIVE MOOD, *Modo Imperativo*

Singular	Plural
	Escribamos (nosotros) (let us write)
Escribe (tú) (write)	Escribid (vosotros) (write)
Escriba (Ud., él)	Escriban (Uds., ellos)

Similarly conjugated: *describir, inscribir,* and all other regular -IR verbs.
*NOTE: only irregularity in past participle (*escrito*).

I INFINITIVE MOOD, *Modo Infinitivo*

	Simple	Perfect
Infinitive *(Infinitivo)*	estar (to be)	haber estado (to have been)
Present Participle *(Gerundio)*	estando (being)	habiendo estado (having been)
Past Participle *(Participio)*	estado (been)	

II INDICATIVE MOOD, *Modo Indicativo*

Present: (am)

Yo estoy	Nosotros estamos
Tú estás	Vosotros estáis
Ud., él,	Ustedes,
ella está	ellos están

Present Perfect: (have been)

He	estado	Hemos	estado
Has	"	Habéis	"
Ha	"	Han	"

Past Imperfect: (was, used to be)

estaba	estábamos
estabas	estabais
estaba	estaban

Past Perfect: (had been)

Había	estado	Habíamos	estado
Habías	"	Habíais	"
Había	"	Habían	"

Preterit: (was)

estuve	estuvimos
estuviste	estuvisteis
estuvo	estuvieron

Preterit Perfect: (had been)

Hube	estado	Hubimos	estado
Hubiste	"	Hubisteis	"
Hubo	"	Hubieron	"

Future: (will be)

estaré	estaremos
estarás	estaréis
estará	estarán

Future Perfect: (will have been)

Habré	estado	Habremos	estado
Habrás	"	Habréis	"
Habrá	"	Habrán	"

III CONDITIONAL MOOD, *Modo Potencial*

Present: (would be)

estaría	estaríamos
estarías	estaríais
estaría	estarían

Conditional Perfect: (would have been)

Habría	estado	Habríamos	estado
Habrías	"	Habríais	"
Habría	"	Habrían	"

IV SUBJUNCTIVE MOOD, *Modo Subjuntivo*

Present Subj.: (that I may be)

esté	estemos
estés	estéis
esté	estén

Pres. Perf. Subj.: (that I may have been)

Haya	estado	Hayamos	estado
Hayas	"	Hayáis	"
Haya	"	Hayan	"

Past Imperf. Subj.: (that I might be)

estuviera	estuviéramos
estuvieras	estuvierais
estuviera	estuvieran
estuviese	estuviésemos
estuvieses	estuvieseis
estuviese	estuviesen

Past Perf. Subj.: (that I might have been)

Hubiera	estado	Hubiéramos	estado
Hubieras	"	Hubierais	"
Hubiera	"	Hubieran	"
Hubiese	estado	Hubiésemos	estado
Hubieses	"	Hubieseis	"
Hubiese	"	Hubiesen	"

V IMPERATIVE MOOD, *Modo Imperativo*

Singular	Plural
	Estemos (nosotros) (let us be)
Está (tú) (be)	Estad (vosotros) (be)
Esté (Ud., él)	Estén (Uds., ellos)

Estar is of special irregularity. For uses of *estar* see No. 54, page 22.

I INFINITIVE MOOD, *Modo Infinitivo*

	Simple	Perfect
Infinitive *(Infinitivo)*	exigir (to demand)	haber exigido (to have demanded)
Present Participle *(Gerundio)*	exigiendo (demanding)	habiendo exigido (having demanded)
Past Participle *(Participio)*	exigido (demanded)	

II INDICATIVE MOOD, *Modo Indicativo*

Present: (demand)		**Present Perfect:** (have demanded)	
Yo exijo*	Nosotros exigimos	He exigido	Hemos exigido
Tú exiges	Vosotros exigís	Has "	Habéis "
Ud., él,	Ustedes,	Ha "	Han "
ella exige	ellos exigen		

Past Imperfect: (was demanding, used to demand, demanded)		**Past Perfect:** (had demanded)	
exigía	exigíamos	Había exigido	Habíamos exigido
exigías	exigíais	Habías "	Habíais "
exigía	exigían	Había "	Habían "

Preterit: (demanded)		**Preterit Perfect:** (had demanded)	
exigí	exigimos	Hube exigido	Hubimos exigido
exigiste	exigisteis	Hubiste "	Hubisteis "
exigió	exigieron	Hubo "	Hubieron "

Future: (will demand)		**Future Perfect:** (will have demanded)	
exigiré	exigiremos	Habré exigido	Habremos exigido
exigirás	exigiréis	Habrás "	Habréis "
exigirá	exigirán	Habrá "	Habrán "

III CONDITIONAL MOOD, *Modo Potencial*

Present: (would demand)		**Conditional Perfect:** (would have demanded)	
exigiría	exigiríamos	Habría exigido	Habríamos exigido
exigirías	exigiríais	Habrías "	Habríais "
exigiría	exigirían	Habría "	Habrían "

IV SUBJUNCTIVE MOOD, *Modo Subjuntivo*

Present Subj.: (that I may demand)		**Pres. Perf. Subj.:** (that I may have demanded)	
exijo*	exijamos*	Haya exigido	Hayamos exigido
exijas*	exijáis*	Hayas "	Hayáis "
exija*	exijan*	Haya "	Hayan "

Past Imperf. Subj.: (that I might demand)		**Past Perf. Subj.:** (that I might have demanded)	
exigiera	exigiéramos	Hubiera exigido	Hubiéramos exigido
exigieras	exigierais	Hubieras "	Hubierais "
exigiera	exigieran	Hubiera ··	Hubieran "
exigiese	exigiésemos	Hubiese exigido	Hubiésemos exigido
exigieses	exigieseis	Hubieses "	Hubieseis "
exigiese	exigiesen	Hubiese "	Hubiesen "

V IMPERATIVE MOOD, *Modo Imperativo*

Singular	Plural
	Exijamos* (nosotros) (let us demand)
Exige (tú) (demand)	Exigid (vosotros) (demand)
Exija* (Ud., él)	Exijan* (Uds., ellos)

Similarly conjugated: *dirigir*, and all other regular -IR verbs.

---

* g changes to j before a and o; see Nos. 62-63, pp. 24-25.

I INFINITIVE MOOD, *Modo Infinitivo*

	Simple	Perfect
Infinitive *(Infinitivo)*	gemir (to moan)	haber gemido (to have moaned)
Present Participle *(Gerundio)*	gimiendo (moaning)	habiendo gemido (having moaned)
Past Participle *(Participio)*	gemido (moaned)	

II INDICATIVE MOOD, *Modo Indicativo*

Present: (moan)		Present Perfect: (have moaned)	
Yo gimo	Nosotros gemimos	He gemido	Hemos gemido
Tú gimes	Vosotros gemís	Has "	Habéis "
Ud., él,	Ustedes,	Ha "	Han "
ella gime	ellos gimen		

Past Imperfect: (was moaning, used to moan, moaned)		Past Perfect: (had moaned)	
gemía	gemíamos	Había gemido	Habíamos gemido
gemías	gemíais	Habías "	Habíais "
gemía	gemían	Había "	Habían "

Preterit: (moaned)		Preterit Perfect: (had moaned)	
gemí	gemimos	Hube gemido	Hubimos gemido
gemiste	gemisteis	Hubiste "	Hubisteis "
gimió	gimieron	Hubo "	Hubieron "

Future: (will moan)		Future Perfect: (will have moaned)	
gemiré	gemiremos	Habré gemido	Habremos gemido
gemirás	gemiréis	Habrás "	Habréis "
gemirá	gemirán	Habrá "	Habrán "

III CONDITIONAL MOOD, *Modo Potencial*

Present: (would moan)		Conditional Perfect: (would have moaned)	
gemiría	gemiríamos	Habría gemido	Habríamos gemido
gemirías	gemiríais	Habrías "	Habríais "
gemiría	gemirían	Habría "	Habrían "

IV SUBJUNCTIVE MOOD, *Modo Subjuntivo*

Present Subj.: (that I may moan)		Pres. Perf. Subj.: (that I may have moaned)	
gima	gimamos	Haya gemido	Hayamos gemido
gimas	gimáis	Hayas "	Hayáis "
gima	giman	Haya "	Hayan "

Past Imperf. Subj.: (that I might moan)		Past Perf. Subj.: (that I might have moaned)	
gimiera	gimiéramos	Hubiera gemido	Hubiéramos gemido
gimieras	gimierais	Hubieras "	Hubierais "
gimiera	gimieran	Hubiera "	Hubieran "
gimiese	gimiésemos	Hubiese gemido	Hubiésemos gemido
gimieses	gimieseis	Hubieses "	Hubieseis "
gimiese	gimiesen	Hubiese "	Hubiesen "

V IMPERATIVE MOOD, *Modo Imperativo*

Singular	Plural
	Gimamos (nosotros) (let us moan)
Gime (tú) (moan)	Gemid (vosotros) (moan)
Gima (Ud., él)	Giman (Uds., ellos)

Common irregular verbs similarly conjugated: all other root-changing (e to i) -IR verbs; see No. 68, page 28.

I INFINITIVE MOOD, *Modo Infinitivo*

	Simple	Perfect
Infinitive *(Infinitivo)*	gobernar (to govern)	haber gobernado (to have governed)
Present Participle *(Gerundio)*	gobernando (governing)	habiendo gobernado (having governed)
Past Participle *(Participio)*	gobernado (governed)	

II INDICATIVE MOOD, *Modo Indicativo*

Present: (govern)

Yo gobierno	Nosotros gobernamos
Tú gobiernas	Vosotros gobernáis
Ud., él,	Ustedes,
ella gobierna	ellos gobiernan

Present Perfect: (have governed)

He gobernado	Hemos gobernado
Has "	Habéis "
Ha "	Han "

Past Imperfect: (was governing, used to govern)

gobernaba	gobernábamos
gobernabas	gobernabais
gobernaba	gobernaban

Past Perfect: (had governed)

Había gobernado	Habíamos gobernado
Habías "	Habíais "
Había "	Habían "

Preterit: (governed)

goberné	gobernamos
gobernaste	gobernasteis
gobernó	gobernaron

Preterit Perfect: (had governed)

Hube gobernado	Hubimos gobernado
Hubiste "	Hubisteis "
Hubo "	Hubieron "

Future: (will govern)

gobernaré	gobernaremos
gobernarás	gobernaréis
gobernará	gobernarán

Future Perfect: (will have governed)

Habré gobernado	Habremos gobernado
Habrás "	Habréis "
Habrá "	Habrán "

III CONDITIONAL MOOD, *Modo Potencial*

Present: (would govern)

gobernaría	gobernaríamos
gobernarías	gobernaríais
gobernaría	gobernarían

Conditional Perfect: (would have governed)

Habría gobernado	Habríamos gobernado
Habrías "	Habríais "
Habría "	Habrían "

IV SUBJUNCTIVE MOOD, *Modo Subjuntivo*

Present Subj.: (that I may govern)

gobierne	gobernemos
gobiernes	gobernéis
gobierne	gobiernen

Pres. Perf. Subj.: (that I may have governed)

Haya gobernado	Hayamos gobernado
Hayas "	Hayáis "
Haya "	Hayan "

Past Imperf. Subj.: (that I might govern)

gobernará	gobernáramos
gobernarás	gobernarais
gobernará	gobernarán
gobernase	gobernásemos
gobernases	gobernaseis
gobernase	gobernasen

Past Perf. Subj.: (that I might have governed)

Hubiera gobernado	Hubiéramos gobernado
Hubieras "	Hubierais "
Hubiera "	Hubieran "
Hubiese gobernado	Hubiésemos gobernado
Hubieses "	Hubieseis "
Hubiese "	Hubiesen "

V IMPERATIVE MOOD, *Modo Imperativo*

Singular	Plural
	Gobernemos (nosotros) (let us govern)
Gobierna (tú) (govern)	Gobernad (vosotros) (govern)
Gobierne (Ud., él)	Gobiernen (Uds., ellos)

Common irregular verbs similarly conjugated: *desgobernar,* and all other root-changing (e to *ie*) -AR verbs; see No. 66, page 26.

I INFINITIVE MOOD, *Modo Infinitivo*

	Simple	Perfect
Infinitive *(Infinitivo)*	gozar (to enjoy)	haber gozado (to have enjoyed)
Present Participle *(Gerundio)*	gozando (enjoying)	habiendo gozado (having enjoyed)
Past Participle *(Participio)*	gozado (enjoyed)	

II INDICATIVE MOOD, *Modo Indicativo*

Present:	(enjoy)		Present Perfect:	(have enjoyed)	
Yo gozo	Nosotros gozamos		He gozado	Hemos gozado	
Tú gozas	Vosotros gozáis		Has "	Habéis "	
Ud., él,	Ustedes,		Ha "	Han "	
ella goza	ellos gozan				

Past Imperfect:	(was enjoying, used to enjoy, enjoyed)	Past Perfect:	(had enjoyed)	
gozaba	gozábamos	Había gozado	Habíamos gozado	
gozabas	gozabais	Habías "	Habíais "	
gozaba	gozaban	Había "	Habían "	

Preterit:	(enjoyed)	Preterit Perfect:	(had enjoyed)	
gocé*	gozamos	Hube gozado	Hubimos gozado	
gozaste	gozasteis	Hubiste "	Hubisteis "	
gozó	gozaron	Hubo "	Hubieron "	

Future:	(will enjoy)	Future Perfect:	(will have enjoyed)	
gozaré	gozaremos	Habré gozado	Habremos gozado	
gozarás	gozaréis	Habrás "	Habréis "	
gozará	gozarán	Habrá "	Habrán "	

III CONDITIONAL MOOD, *Modo Potencial*

Present:	(would enjoy)	Conditional Perfect:	(would have enjoyed)	
gozaría	gozaríamos	Habría gozado	Habríamos gozado	
gozarías	gozaríais	Habrías "	Habríais "	
gozaría	gozarían	Habría "	Habrían "	

IV SUBJUNCTIVE MOOD, *Modo Subjuntivo*

Present Subj.:	(that I may enjoy)	Pres. Perf. Subj.:	(that I may have enjoyed)	
goce*	gocemos*	Haya gozado	Hayamos gozado	
goces*	gocéis*	Hayas "	Hayáis "	
goce*	gocen*	Haya "	Hayan "	

Past Imperf. Subj.:	(that I might enjoy)	Past Perf. Subj.:	(that I might have enjoyed)	
gozara	gozáramos	Hubiera gozado	Hubiéramos gozado	
gozaras	gozarais	Hubieras "	Hubierais "	
gozara	gozaran	Hubiera "	Hubieran "	
gozase	gozásemos	Hubiese gozado	Hubiésemos gozado	
gozases	gozaseis	Hubieses "	Hubieseis "	
gozase	gozasen	Hubiese "	Hubiesen "	

V IMPERATIVE MOOD, *Modo Imperativo*

Singular	Plural
	Gocemos* (nosotros) (let us enjoy)
Goza (tú) (enjoy)	Gozad (vosotros) (enjoy)
Goce* (Ud., él)	Gocen* (Uds., ellos)

Similarly conjugated: *retozar,* and all other regular -AR verbs.

---

*z changes to c before e of the endings; see Nos. 62-63, pp. 23-24.

I INFINITIVE MOOD, *Modo Infinitivo*

	Simple	Perfect
Infinitive *(Infinitivo)*	haber (to have)	haber habido (to have had)
Present Participle *(Gerundio)*	habiendo (having)	habiendo habido (having had)
Past Participle *(Participio)*	habido (had)	

II INDICATIVE MOOD, *Modo Indicativo*

Present: (have)

Yo he	Nosotros hemos
Tú has	Vosotros habéis
Ud., él,	Ustedes,
ella ha	ellos han

Present Perfect: (have had)

He habido		Hemos habido	
Has	"	Habéis	"
Ha	"	Han	"

Past Imperfect: (used to have, was having, had)

había	habíamos
habías	habíais
había	habían

Past Perfect: (had had)

Había habido		Habíamos habido	
Habías	"	Habíais	"
Había	"	Habían	"

Preterit: (had)

hube	hubimos
hubiste	hubisteis
hubo	hubieron

Preterit Perfect: (had had)

Hube habido		Hubimos habido	
Hubiste	"	Hubisteis	"
Hubo	"	Hubieron	"

Future: (will have)

habré	habremos
habrás	habréis
habrá	habrán

Future Perfect: (will have had)

Habré habido		Habremos habido	
Habrás	"	Habréis	"
Habrá	"	Habrán	"

III CONDITIONAL MOOD, *Modo Potencial*

Present: (would have)

habría	habríamos
habrías	habríais
habría	habrían

Conditional Perfect: (would have had)

Habría habido		Habríamos habido	
Habrías	"	Habríais	"
Habría	"	Habrían	"

IV SUBJUNCTIVE MOOD, *Modo Subjuntivo*

Present Subj.: (that I may have)

haya	hayamos
hayas	hayáis
haya	hayan

Pres. Perf. Subj.: (that I may have had)

Haya habido		Hayamos habido	
Hayas	"	Hayáis	"
Haya	"	Hayan	"

Past Imperf. Subj.: (that I might have)

hubiera	hubiéramos
hubieras	hubierais
hubiera	hubieran
hubiese	hubiésemos
hubieses	hubieseis
hubiese	hubiesen

Past Perf. Subj.: (that I might have had)

Hubiera habido		Hubiéramos habido	
Hubieras	"	Hubierais	"
Hubiera	"	Hubieran	"
Hubiese habido		Hubiésemos habido	
Hubieses	"	Hubieseis	"
Hubiese	"	Hubiesen	"

V IMPERATIVE MOOD, *Modo Imperativo*

Singular	Plural
	Hayamos (nosotros) (let us have)
He (tú) (have)	Habed (vosotros) (have)
Haya (Ud., él)	Hayan (Uds., ellos)

*Haber as main verb means:
  1) to have, now archaic
  2) there to be — 3rd person singular only. *Hay poco tiempo* (there is little time)
As auxiliary verb, *haber* is used:
  1) to form all the perfect tenses of all verbs, including its own
  2) as an impersonal auxiliary verb in *haber que* (infinitive) to express necessity or obligation. Ex.: *Hay que trabajar* (one has to work).

I INFINITIVE MOOD, *Modo Infinitivo*

	Simple	Perfect
Infinitive *(Infinitivo)*	hablar (to speak)	haber hablado (to have spoken)
Present Participle *(Gerundio)*	hablando (speaking)	habiendo hablado (having spoken)
Past Participle *(Participio)*	hablado (spoken)	

II INDICATIVE MOOD, *Modo Indicativo*

Present: (speak)
Yo hablo	Nosotros hablamos
Tú hablas	Vosotros habláis
Ud., él,	Ustedes,
ella habla	ellos hablan

Present Perfect: (have spoken)
He hablado	Hemos hablado
Has "	Habéis "
Ha "	Han "

Past Imperfect: (was speaking, used to speak, spoke)
hablaba	hablábamos
hablabas	hablabais
hablaba	hablaban

Past Perfect: (had spoken)
Había hablado	Habíamos hablado
Habías "	Habíais "
Había "	Habían "

Preterit: (spoke)
hablé	hablamos
hablaste	hablasteis
habló	hablaron

Preterit Perfect: (had spoken)
Hube hablado	Hubimos hablado
Hubiste "	Hubisteis "
Hubo "	Hubieron "

Future: (will speak)
hablaré	hablaremos
hablarás	hablaréis
hablará	hablarán

Future Perfect: (will have spoken)
Habré hablado	Habremos hablado
Habrás "	Habréis "
Habrá "	Habrán "

III CONDITIONAL MOOD, *Modo Potencial*

Present: (would speak)
hablaría	hablaríamos
hablarías	hablaríais
hablaría	hablarían

Conditional Perfect: (would have spoken)
Habría hablado	Habríamos hablado
Habrías "	Habríais "
Habría "	Habrían "

IV SUBJUNCTIVE MOOD, *Modo Subjuntivo*

Present Subj.: (that I may speak)
hable	hablemos
hables	habléis
hable	hablen

Pres. Perf. Subj.: (that I may have spoken)
Haya hablado	Hayamos hablado
Hayas "	Hayáis "
Haya "	Hayan "

Past Imperf. Subj.: (that I might speak)
hablara	habláramos
hablaras	hablarais
hablara	hablaran
hablase	hablásemos
hablases	hablaseis
hablase	hablasen

Past Perf. Subj.: (that I might have spoken)
Hubiera hablado	Hubiéramos hablado
Hubieras "	Hubierais "
Hubiera "	Hubieran "
Hubiese hablado	Hubiésemos hablado
Hubieses "	Hubieseis "
Hubiese "	Hubiesen "

V IMPERATIVE MOOD, *Modo Imperativo*

Singular	Plural
	Hablemos (nosotros) (let us speak)
Habla (tú) (speak)	Hablad (vosotros) (speak)
Hable (Ud., él)	Hablen (Uds., ellos)

Similarly conjugated: all other regular -AR verbs.

I INFINITIVE MOOD, *Modo Infinitivo*

	Simple	Perfect
Infinitive *(Infinitivo)*	hacer (to do)	haber hecho (to have done)
Present Participle *(Gerundio)*	haciendo (doing)	habiendo hecho (having done)
Past Participle *(Participio)*	hecho (done)	

II INDICATIVE MOOD, *Modo Indicativo*

Present: (do)

Yo hago	Nosotros hacemos
Tú haces	Vosotros hacéis
Ud., él, ella hace	Ustedes, ellos hacen

Present Perfect: (have done)

He hecho	Hemos hecho
Has "	Habéis "
Ha "	Han "

Past Imperfect: (was doing, used to do, did)

hacía	hacíamos
hacías	hacíais
hacía	hacían

Past Perfect: (had done)

Había hecho	Habíamos hecho
Habías "	Habíais "
Había "	Habían "

Preterit: (did)

hice	hicimos
hiciste	hicisteis
hizo	hicieron

Preterit Perfect: (had done)

Hube hecho	Hubimos hecho
Hubiste "	Hubisteis "
Hubo "	Hubieron "

Future: (will do)

haré	haremos
harás	haréis
hará	harán

Future Perfect: (will have done)

Habré hecho	Habremos hecho
Habrás "	Habréis "
Habrá "	Habrán "

III CONDITIONAL MOOD, *Modo Potencial*

Present: (would do)

haría	haríamos
harías	haríais
haría	harían

Conditional Perfect: (would have done)

Habría hecho	Habríamos hecho
Habrías "	Habríais "
Habría "	Habrían "

IV SUBJUNCTIVE MOOD, *Modo Subjuntivo*

Present Subj.: (that I may do)

haga	hagamos
hagas	hagáis
haga	hagan

Pres. Perf. Subj.: (that I may have done)

Haya hecho	Hayamos hecho
Hayas "	Hayáis "
Haya "	Hayan "

Past Imperf. Subj.: (that I might do)

hiciera	hiciéramos
hicieras	hicierais
hiciera	hicieran
hiciese	hiciésemos
hicieses	hicieseis
hiciese	hiciesen

Past Perf. Subj.: (that I might have done)

Hubiera hecho	Hubiéramos hecho
Hubieras "	Hubierais "
Hubiera "	Hubieran "
Hubiese hecho	Hubiésemos hecho
Hubieses "	Hubieseis "
Hubiese "	Hubiesen "

V IMPERATIVE MOOD, *Modo Imperativo*

Singular	Plural
	Hagamos (nosotros) (let us do)
Haz (tú) (do)	Haced (vosotros) (do)
Haga (Ud., él)	Hagan (Uds., ellos)

Hacer is of special irregularity. Similarly conjugated are its derivates *deshacer* and *rehacer*.

I INFINITIVE MOOD, *Modo Infinitivo*

	Simple	Perfect
Infinitive *(Infinitivo)*	herir (to wound)	haber herido (to have wounded)
Present Participle *(Gerundio)*	hiriendo (wounding)	habiendo herido (having wounded)
Past Participle *(Participio)*	herido (wounded)	

II INDICATIVE MOOD, *Modo Indicativo*

Present: (wound)
Yo hiero	Nosotros herimos
Tú hieres	Vosotros herís
Ud.; él,	Ustedes,
ella hiere	ellos hieren

Present Perfect: (have wounded)
He herido	Hemos herido
Has "	Habéis "
Ha "	Han "

Past Imperfect: (was wounding, used to wound, wounded)
hería	heríamos
herías	heríais
hería	herían

Past Perfect: (had wounded)
Había herido	Habíamos herido
Habías "	Habíais "
Había "	Habían "

Preterit: (wounded)
herí	herimos
heriste	heristeis
hirió	hirieron

Preterit Perfect: (had wounded)
Hube herido	Hubimos herido
Hubiste "	Hubisteis "
Hubo "	Hubieron "

Future: (will wound)
heriré	heriremos
herirás	heriréis
herirá	herirán

Future Perfect: (will have wounded)
Habré herido	Habremos herido
Habrás "	Habréis "
Habrá "	Habrán "

III CONDITIONAL MOOD, *Modo Potencial*

Present: (would wound)
heriría	heriríamos
herirías	heriríais
heriría	herirían

Conditional Perfect: (would have wounded)
Habría herido	Habríamos herido
Habrías "	Habríais "
Habría "	Habrían "

IV SUBJUNCTIVE MOOD, *Modo Subjuntivo*

Present Subj.: (that I may wound)
hiera	hiramos
hieras	hiráis
hiera	hieran

Pres. Perf. Subj.: (that I may have wounded)
Haya herido	Hayamos herido
Hayas "	Hayáis "
Haya "	Hayan "

Past Imperf. Subj.: (that I might wound)
hiriera	hiriéramos
hirieras	hirierais
hiriera	hirieran
hiriese	hiriésemos
hirieses	hirieseis
hiriese	hiriesen

Past Perf. Subj.: (that I might have wounded)
Hubiera herido	Hubiéramos herido
Hubieras "	Hubierais "
Hubiera "	Hubieran "
Hubiese herido	Hubiésemos herido
Hubieses "	Hubieseis "
Hubiese "	Hubiesen "

V IMPERATIVE MOOD, *Modo Imperativo*

Singular	Plural
	Hiramos (nosotros) (let us wound)
Hiere (tú) (wound)	Herid (vosotros) (wound)
Hiera (Ud., él)	Hieran (Uds., ellos)

Common irregular verbs similarly conjugated: all verbs ending in -ERIR, like *adherir, digerir, preferir*, etc., and all other root-changing (e to i, e to ie) -IR verbs; see No. 70, page 29.

I INFINITIVE MOOD, *Modo Infinitivo*

	Simple	Perfect
Infinitive *(Infinitivo)*	hervir (to boil)	haber hervido (to have boiled)
Present Participle *(Gerundio)*	hirviendo (boiling)	habiendo hervido (having boiled)
Past Participle *(Participio)*	hervido (boiled)	

II INDICATIVE MOOD, *Modo Indicativo*

Present: (boil)
		Present Perfect: (have boiled)	
Yo hiervo	Nosotros hervimos	He hervido	Hemos hervido
Tú hierves	Vosotros hervís	Has "	Habéis "
Ud., él,	Ustedes,	Ha "	Han "
ella hierve	ellos hierven		

Past Imperfect: (was boiling, used to boil, boiled)
		Past Perfect: (had boiled)	
hervía	hervíamos	Había hervido	Habíamos hervido
hervías	hervíais	Habías "	Habíais "
hervía	hervían	Había "	Habían "

Preterit: (boiled)
		Preterit Perfect: (had boiled)	
herví	hervimos	Hube hervido	Hubimos hervido
herviste	hervisteis	Hubiste "	Hubisteis "
hirvió	hirvieron	Hubo "	Hubieron "

Future: (will boil)
		Future Perfect: (will have boiled)	
herviré	herviremos	Habré hervido	Habremos hervido
hervirás	herviréis	Habrás "	Habréis "
hervirá	hervirán	Habrá "	Habrán "

III CONDITIONAL MOOD, *Modo Potencial*

Present: (would boil)
		Conditional Perfect: (would have boiled)	
herviría	herviríamos	Habría hervido	Habríamos hervido
hervirías	herviríais	Habrías "	Habríais "
herviría	hervirían	Habría "	Habrían "

IV SUBJUNCTIVE MOOD, *Modo Subjuntivo*

Present Subj.: (that I may boil)
		Pres. Perf. Subj.: (that I may have boiled)	
hierva	hirvamos	Haya hervido	Hayamos hervido
hiervas	hirváis	Hayas "	Hayáis "
hierva	hiervan	Haya "	Hayan "

Past Imperf. Subj.: (that I might boil)
		Past Perf. Subj.: (that I might have boiled)	
hirviera	hirviéramos	Hubiera hervido	Hubiéramos hervido
hirvieras	hirvierais	Hubieras "	Hubierais "
hirviera	hirvieran	Hubiera "	Hubieran "
hirviese	hirviésemos	Hubiese hervido	Hubiésemos hervido
hirvieses	hirvieseis	Hubieses "	Hubieseis "
hirviese	hirviesen	Hubiese "	Hubiesen "

V IMPERATIVE MOOD, *Modo Imperativo*

Singular	Plural
	Hirvamos (nosotros) (let us boil)
Hierve (tú) (boil)	Hervid (vosotros) (boil)
Hierva (Ud., él)	Hiervan (Uds., ellos)

Common irregular verbs similarly conjugated: *rehervir*, and all other root-changing (e to *ie*, e to *i*) -IR verbs; see No. 70, page 29.

I INFINITIVE MOOD, *Modo Infinitivo*

	Simple	Perfect
Infinitive *(Infinitivo)*	huir (to flee)	haber huído (to have fled)
Present Participle *(Gerundio)*	huyendo* (fleeing)	habiendo huído (having fled)
Past Participle *(Participio)*	huído (fled)	

II INDICATIVE MOOD, *Modo Indicativo*

Present: (flee)

		Present Perfect: (have fled)	
Yo huyo	Nosotros huimos	He huído	Hemos huído
Tú huyes	Vosotros huís	Has "	Habéis "
Ud., él,	Ustedes,	Ha "	Han "
ella huye	ellos huyen		

Past Imperfect: (was fleeing, used to flee, fled)

		Past Perfect: (had fled)	
huía	huíamos	Había huído	Habíamos huído
huías	huíais	Habías "	Habíais "
huía	huían	Había "	Habían "

Preterit: (fled)

		Preterit Perfect: (had fled)	
huí	huimos	Hube huído	Hubimos huído
huiste	huisteis	Hubiste "	Hubisteis "
huyó*	huyeron*	Hubo "	Hubieron "

Future: (will flee)

		Future Perfect: (will have fled)	
huiré	huiremos	Habré huído	Habremos huído
huirás	huiréis	Habrás "	Habréis "
huirá	huirán	Habrá "	Habrán "

III CONDITIONAL MOOD, *Modo Potencial*

Present: (would flee)

		Conditional Perfect: (would have fled)	
huiría	huiríamos	Habría huído	Habríamos huído
huirías	huiríais	Habrías "	Habríais "
huiría	huirían	Habría "	Habrían "

IV SUBJUNCTIVE MOOD, *Modo Subjuntivo*

Present Subj.: (that I may flee)

		Pres. Perf. Subj.: (that I may have fled)	
huya	huyamos	Haya huído	Hayamos huído
huyas	huyáis	Hayas "	Hayáis "
huya	huyan	Haya "	Hayan "

Past Imperf. Subj.: (that I might flee)

		Past Perf. Subj.: (that I might have fled)	
huyera*	huyéramos*	Hubiera huído	Hubiéramos huído
huyeras*	huyerais*	Hubieras "	Hubierais "
huyera*	huyeran*	Hubiera "	Hubieran "
huyese*	huyésemos*	Hubiese huído	Hubiésemos huído
huyeses*	huyeseis*	Hubieses "	Hubieseis "
huyese*	huyesen*	Hubiese "	Hubiesen "

V IMPERATIVE MOOD, *Modo Imperativo*

Singular	Plural
	Huyamos (nosotros) (let us flee)
Huye (tú) (flee)	Huid (vosotros) (flee)
Huya (Ud., él)	Huyan (Uds., ellos)

Common irregular verbs similarly conjugated: *atribuir, concluir, constituir, destituir, destruir, diluir, disminuir, instruir, rehuir, restituir, sustituir;* see No. 72, page 31.

* i of the ending changes to semiconsonant y.

I INFINITIVE MOOD, *Modo Infinitivo*

	Simple	Perfect
Infinitive *(Infinitivo)*	ignorar (to be ignorant of)	haber ignorado (to have been ignorant of)
Present Participle *(Gerundio)*	ignorando (being ignorant of)	habiendo ignorado (having been ignorant of)
Past Participle *(Participio)*	ignorado (been ignorant of)	

II INDICATIVE MOOD, *Modo Indicativo*

Present: (I am ignorant of)

Yo ignoro	Nosotros ignoramos
Tú ignoras	Vosotros ignoráis
Ud., él, ella ignora	Ustedes, ellos ignoran

Present Perfect: (I have been ignorant of)

He	ignorado	Hemos	ignorado
Has	"	Habéis	"
Ha	"	Han	"

Past Imperfect: (I used to be ignorant of)*

ignoraba	ignorábamos
ignorabas	ignorabais
ignoraba	ignoraban

Past Perfect: (I had been ignorant of)

Había	ignorado	Habíamos	ignorado
Habías	"	Habíais	"
Había	"	Habían	"

Preterit: (I was ignorant of)

ignoré	ignoramos
ignoraste	ignorasteis
ignoró	ignoraron

Preterit Perfect: (I had been ignorant of)

Hube	ignorado	Hubimos	ignorado
Hubiste	"	Hubisteis	"
Hubo	"	Hubieron	"

Future: (I will be ignorant of)

ignoraré	ignoraremos
ignorarás	ignoraréis
ignorará	ignorarán

Future Perfect: (I will have been ignorant of)

Habré	ignorado	Habremos	ignorado
Habrás	"	Habréis	"
Habrá	"	Habrán	"

III CONDITIONAL MOOD, *Modo Potencial*

Present: (I would be ignorant of)

ignoraría	ignoraríamos
ignorarías	ignoraríais
ignoraría	ignorarían

Conditional Perfect: (I would have been ignorant of)

Habría	ignorado	Habríamos	ignorado
Habrías	"	Habríais	"
Habría	"	Habrían	"

IV SUBJUNCTIVE MOOD, *Modo Subjuntivo*

Present Subj.: (that I may be ignorant of)

ignore	ignoremos
ignores	ignoréis
ignore	ignoren

Pres. Perf. Subj.: (that I may have been ignorant of)

Haya	ignorado	Hayamos	ignorado
Hayas	"	Hayáis	"
Haya	"	Hayan	"

Past Imperf. Subj.: (that I might be ignorant of)

ignorara	ignoráramos
ignoraras	ignorarais
ignorara	ignoraran

Past Perf. Subj.: (that I might have been ignorant of)

Hubiera	ignorado	Hubiéramos	ignorado
Hubieras	"	Hubierais	"
Hubiera	"	Hubieran	"

ignorase	ignorásemos
ignorases	ignoraseis
ignorase	ignorasen

Hubiese	ignorado	Hubiésemos	ignorado
Hubieses	"	Hubieseis	"
Hubiese	"	Hubiesen	"

V IMPERATIVE MOOD, *Modo Imperativo*

Singular	Plural
	Ignoremos (nosotros) (let us be ignorant of)
Ignora (tú) (be ignorant of)	Ignorad (vosotros) (be ignorant of)
Ignore (Ud., él)	Ignoren (Uds., ellos)

Similarly conjugated: all other regular -AR verbs.

---

* I was ignorant of

I   INFINITIVE MOOD, *Modo Infinitivo*

	Simple	Perfect
Infinitive *(Infinitivo)*	introducir (to introduce)	haber introducido (to have introduced)
Present Participle *(Gerundio)*	introduciendo (introducing)	habiendo introducido (having introduced)
Past Participle *(Participio)*	introducido (introduced)	

II   INDICATIVE MOOD, *Modo Indicativo*

Present: (introduce)

Yo introduzco	Nosotros introducimos	
Tú introduces	Vosotros introducís	
Ud., él,	Ustedes,	
ella introduce	ellos introducen	

Present Perfect: (have introduced)

He introducido	Hemos introducido	
Has "	Habéis "	
Ha "	Han "	

Past Imperfect: (was introducing)*

introducía	introducíamos
introducías	introducíais
introducía	introducían

Past Perfect: (had introduced)

Había introducido	Habíamos introducido
Habías "	Habíais "
Había "	Habían "

Preterit: (introduced)

introduje	introdujimos
introdujiste	introdujisteis
introdujo	introdujeron

Preterit Perfect: (had introduced)

Hube introducido	Hubimos introducido
Hubiste "	Hubisteis "
Hubo "	Hubieron "

Future: (will introduce)

introduciré	introduciremos
introducirás	introduciréis
introducirá	introducirán

Future Perfect: (will have introduced)

Habré introducido	Habremos introducido
Habrás "	Habréis "
Habrá "	Habrán "

III   CONDITIONAL MOOD, *Modo Potencial*

Present: (would introduce)

introduciría	introduciríamos
introducirías	introduciríais
introduciría	introducirían

Conditional Perfect: (would have introduced)

Habría introducido	Habríamos introducido
Habrías "	Habríais "
Habría "	Habrían "

IV   SUBJUNCTIVE MOOD, *Modo Subjuntivo*

Present Subj.: (that I may introduce)

introduzca	introduzcamos
introduzcas	introduzcáis
introduzca	introduzcan

Pres. Perf. Subj.: (that I may have introduced)

Haya introducido	Hayamos introducido
Hayas "	Hayáis "
Haya "	Hayan "

Past Imperf. Subj.: (that I might introduce)

introdujera	introdujéramos
introdujeras	introdujerais
introdujera	introdujeran
introdujese	introdujésemos
introdujeses	introdujeseis
introdujese	introdujesen

Past Perf. Subj.: (that I might have introduced)

Hubiera introducido	Hubiéramos introducido
Hubieras "	Hubierais "
Hubiera "	Hubieran "
Hubiese introducido	Hubiésemos introducido
Hubieses "	Hubieseis "
Hubiese "	Hubiesen "

V   IMPERATIVE MOOD, *Modo Imperativo*

Singular	Plural
	Introduzcamos (nosotros) (let us introduce)
Introduce (tú) (introduce)	Introducid (vosotros) (introduce)
Introduzca (Ud., él)	Introduzcan (Uds., ellos)

Common irregular verbs similarly conjugated: *conducir, lucir, producir, reproducir,* and all other irregular verbs ending in -DUCIR; see No. 74, page 33.

---

*used to introduce, introduced

I INFINITIVE MOOD, *Modo Infinitivo*

	Simple	Perfect
Infinitive *(Infinitivo)*	ir (to go)	haber ido (to have gone)
Present Participle *(Gerundio)*	yendo (going)	habiendo ido (having gone)
Past Participle *(Participio)*	ido (gone)	

II INDICATIVE MOOD, *Modo Indicativo*

Present: (go)

		Present Perfect: (have gone)		
Yo voy	Nosotros vamos	He ido	Hemos ido
Tú vas	Vosotros vais	Has "	Habéis "
Ud., él,	Ustedes,	Ha "	Han "
ella va	ellos van		

Past Imperfect: (was going, used to go, went)

		Past Perfect: (had gone)	
iba	íbamos	Había ido	Habíamos ido
ibas	ibais	Habías "	Habíais "
iba	iban	Había "	Habían "

Preterit: (went)

		Preterit Perfect: (had gone)	
fui	fuimos	Hube ido	Hubimos ido
fuiste	fuisteis	Hubiste "	Hubisteis "
fue	fueron	Hubo "	Hubieron "

Future: (will go)

		Future Perfect: (will have gone)	
iré	iremos	Habré ido	Habremos ido
irás	iréis	Habrás "	Habréis "
irá	irán	Habrá "	Habrán "

III CONDITIONAL MOOD, *Modo Potencial*

Present: (would go)

		Conditional Perfect: (would have gone)	
iría	iríamos	Habría ido	Habríamos ido
irías	iríais	Habrías "	Habríais "
iría	irían	Habría "	Habrían "

IV SUBJUNCTIVE MOOD, *Modo Subjuntivo*

Present Subj.: (that I may go)

		Pres. Perf. Subj.: (that I may have gone)	
vaya	vayamos	Haya ido	Hayamos ido
vayas	vayáis	Hayas "	Hayáis "
vaya	vayan	Haya "	Hayan "

Past Imperf. Subj.: (that I might go)

		Past Perf. Subj.: (that I might have gone)	
fuera	fuéramos	Hubiera ido	Hubiéramos ido
fueras	fuerais	Hubieras "	Hubierais "
fuera	fueran	Hubiera "	Hubieran "
fuese	fuésemos	Hubiese ido	Hubiésemos ido
fueses	fueseis	Hubieses "	Hubieseis "
fuese	fuesen	Hubiese "	Hubiesen "

V IMPERATIVE MOOD, *Modo Imperativo*

Singular	Plural
	Vayamos — vamos* (nosotros) (let us go)
Ve (tú) (go)	Id (vosotros) (go)
Vaya (Ud., él)	Vayan (Uds., ellos)

Ir is of special irregularity. Also see *irse*, page 123.

---

* The *vamos* form is more frequently used.

I INFINITIVE MOOD, *Modo Infinitivo*

	Simple	Perfect
Infinitive *(Infinitivo)*	irse (to leave)	haberse ido (to have left)
Present Participle *(Gerundio)*	yéndose (leaving)	habiéndose ido (having left)
Past Participle *(Participio)*	ido (left)	

II INDICATIVE MOOD, *Modo Indicativo*

Present: (leave)

Yo me voy	Nosotros nos vamos
Tú te vas	Vosotros os váis
Ud., él,	Ustedes,
ella se va	ellos se van

Present Perfect: (have left)

me he ido	nos hemos ido
te has "	os habéis "
se ha "	se han "

Past Imperfect: (was leaving, used to leave, left)

me iba	nos íbamos
te ibas	os ibais
se iba	se iban

Past Perfect: (had left)

me había ido	nos habíamos ido
te habías "	os habíais "
se había "	se habían "

Preterit: (left)

me fui	nos fuimos
te fuiste	os fuisteis
se fue	se fueron

Preterit Perfect: (had left)

me hube ido	nos hubimos ido
te hubiste "	os hubisteis "
se hubo "	se hubieron "

Future: (will leave)

me iré	nos iremos
te irás	os iréis
se irá	se irán

Future Perfect: (will have left)

me habré ido	nos habremos ido
te habrás "	os habréis "
se habrá "	se habrán "

III CONDITIONAL MOOD, *Modo Potencial*

Present: (would leave)

me iría	nos iríamos
te irías	os iríais
se iría	se irían

Conditional Perfect: (would have left)

me habría ido	nos habríamos ido
te habrías "	os habríais "
se habría "	se habrían "

IV SUBJUNCTIVE MOOD, *Modo Subjuntivo*

Present Subj.: (that I may leave)

me vaya	nos vayamos
te vayas	os vayáis
se vaya	se vayan

Pres. Perf. Subj.: (that I may have left)

me haya ido	nos hayamos ido
te hayas "	os hayáis "
se haya "	se hayan "

Past Imperf. Subj.: (that I might leave)

me fuera	nos fuéramos
te fueras	os fuerais
se fuera	se fueran

me fuese	nos fuésemos
te fueses	os fueseis
se fuese	se fuesen

Past Perf. Subj.: (that I might have left)

me hubiera ido	nos hubiéramos ido
te hubieras "	os hubierais "
se hubiera "	se hubieran "

me hubiese ido	nos hubiésemos ido
te hubieses "	os hubieseis "
se hubiese "	se hubiesen "

V IMPERATIVE MOOD, *Modo Imperativo*

Singular	Plural
	Vayámonos — vámonos* (nosotros) (let us leave)
Vete (tú) (leave)	Idos (vosotros - as) (leave)
Váyase (Ud., él)	Váyanse (Uds., ellos)

See *ir* page 122.

Vámonos is more frequently used, meaning *let's* go, or *let's leave*, whereas vayámonos is rather formal and rarely used.

I INFINITIVE MOOD, *Modo Infinitivo*

	Simple	Perfect
Infinitive *(Infinitivo)*	jugar (to play)	haber jugado (to have played)
Present Participle *(Gerundio)*	jugando (playing)	habiendo jugado (having played)
Past Participle *(Participio)*	jugado (played)	

II INDICATIVE MOOD, *Modo Indicativo*

Present: (play)

Yo juego	Nosotros jugamos
Tú juegas	Vosotros jugáis
Ud., él,	Ustedes,
ella juega	ellos juegan

Present Perfect: (have played)

He jugado	Hemos jugado
Has "	Habéis "
Ha "	Han "

Past Imperfect: (was playing, used to play, played)

jugaba	jugábamos
jugabas	jugabais
jugaba	jugaban

Past Perfect: (had played)

Había jugado	Habíamos jugado
Habías "	Habíais "
Había "	Habían "

Preterit: (played)

jugué*	jugamos
jugaste	jugasteis
jugó	jugaron

Preterit Perfect: (had played)

Hube jugado	Hubimos jugado
Hubiste "	Hubisteis "
Hubo "	Hubieron "

Future: (will play)

jugaré	jugaremos
jugarás	jugaréis
jugará	jugarán

Future Perfect: (will have played)

Habré jugado	Habremos jugado
Habrás "	Habréis "
Habrá "	Habrán "

III CONDITIONAL MOOD, *Modo Potencial*

Present: (would play)

jugaría	jugaríamos
jugarías	jugaríais
jugaría	jugarían

Conditional Perfect: (would have played)

Habría jugado	Habríamos jugado
Habrías "	Habríais "
Habría "	Habrían "

IV SUBJUNCTIVE MOOD, *Modo Subjuntivo*

Present Subj.: (that I may play)

juegue*	juguemos*
juegues*	juguéis*
juegue*	jueguen*

Pres. Perf. Subj.: (that I may have played)

Haya jugado	Hayamos jugado
Hayas "	Hayáis "
Haya "	Hayan "

Past Imperf. Subj.: (that I might play)

jugara	jugáramos
jugaras	jugarais
jugara	jugaran

jugase	jugásemos
jugases	jugaseis
jugase	jugasen

Past Perf. Subj.: (that I might have played)

Hubiera jugado	Hubiéramos jugado
Hubieras "	Hubierais "
Hubiera "	Hubieran "

Hubiese jugado	Hubiésemos jugado
Hubieses "	Hubieseis "
Hubiese "	Hubiesen "

V IMPERATIVE MOOD, *Modo Imperativo*

Singular	Plural
	Juguemos* (nosotros) (let us play)
Juega (tú) (play)	Jugad (vosotros) (play)
Juegue* (Ud., él)	Jueguen* (Uds., ellos)

Jugar is of special irregularity. See No. 76, page 34.

---

*u is inserted between **g** of the root and **e** of the ending to retain hard **g** sound.

I INFINITIVE MOOD, *Modo Infinitivo*

	Simple	Perfect
Infinitive *(Infinitivo)*	juzgar (to judge)	haber juzgado (to have judged)
Present Participle *(Gerundio)*	juzgando (judging)	habiendo juzgado (having judged)
Past Participle *(Participio)*	juzgado (judged)	

II INDICATIVE MOOD, *Modo Indicativo*

Present:	(judge)	Present Perfect:	(have judged)
Yo juzgo	Nosotros juzgamos	He juzgado	Hemos juzgado
Tú juzgas	Vosotros juzgáis	Has "	Habéis "
Ud., él,	Ustedes,	Ha "	Han "
ella juzga	ellos juzgan		

Past Imperfect:	(was judging, used to judge, judged)	Past Perfect:	(had judged)
juzgaba	juzgábamos	Había juzgado	Habíamos juzgado
juzgabas	juzgabais	Habías "	Habíais "
juzgaba	juzgaban	Había "	Habían "

Preterit:	(judged)	Preterit Perfect:	(had judged)
juzgué*	juzgamos	Hube juzgado	Hubimos juzgado
juzgaste	juzgasteis	Hubiste "	Hubisteis "
juzgó	juzgaron	Hubo "	Hubieron "

Future:	(will judge)	Future Perfect:	(will have judged)
juzgaré	juzgaremos	Habré juzgado	Habremos juzgado
juzgarás	juzgaréis	Habrás "	Habréis "
juzgará	juzgarán	Habrá "	Habrán "

III CONDITIONAL MOOD, *Modo Potencial*

Present:	(would judge)	Conditional Perfect:	(would have judged)
juzgaría	juzgaríamos	Habría juzgado	Habríamos juzgado
juzgarías	juzgaríais	Habrías "	Habríais "
juzgaría	juzgarían	Habría "	Habrían "

IV SUBJUNCTIVE MOOD, *Modo Subjuntivo*

Present Subj.:	(that I may judge)	Pres. Perf. Subj.:	(that I may have judged)
juzgue*	juzguemos*	Haya juzgado	Hayamos juzgado
juzgues*	juzguéis*	Hayas "	Hayáis "
juzgue*	juzguen*	Haya "	Hayan "

Past Imperf. Subj.:	(that I might judge)	Past Perf. Subj.:	(that I might have judged)
juzgara	juzgáramos	Hubiera juzgado	Hubiéramos juzgado
juzgaras	juzgarais	Hubieras "	Hubierais "
juzgara	juzgaran	Hubiera "	Hubieran "
juzgase	juzgásemos	Hubiese juzgado	Hubiésemos juzgado
juzgases	juzgaseis	Hubieses "	Hubieseis "
juzgase	juzgasen	Hubiese "	Hubiesen "

V IMPERATIVE MOOD, *Modo Imperativo*

Singular	Plural
	Juzguemos* (nosotros) (let us judge)
Juzga (tú) (judge)	Juzgad (vosotros) (judge)
Juzgue* (Ud., él)	Juzguen* (Uds., ellos)

Similarly conjugated: all other regular -AR verbs.

---

*u is inserted between g of the root and e of the ending to retain hard g sound.

I INFINITIVE MOOD, *Modo Infinitivo*

	Simple	Perfect
Infinitive *(Infinitivo)*	lavarse (to wash oneself)	haberse lavado (to have washed oneself)
Present Participle *(Gerundio)*	lavándose (washing oneself)	habiéndose lavado (having washed ourselves)
Past Participle *(Participio)*	lavado (washed)	

II INDICATIVE MOOD, *Modo Indicativo*

Present: (I wash myself)

Yo me lavo	Nosotros nos lavamos	
Tú te lavas	Vosotros os laváis	
Ud., él,	Ustedes,	
ella se lava	ellos se lavan	

Present Perfect: (I have washed myself)

me he lavado	nos hemos lavado
te has "	os habéis "
se ha "	se han "

Past Imperfect: (I was washing myself)*

me lavaba	nos lavábamos
te lavabas	os lavabais
se lavaba	se lavaban

Past Perfect: (I had washed myself)

me había lavado	nos habíamos lavado
te habías "	os habíais "
se había "	se habían "

Preterit: (I washed myself)

me lavé	nos lavamos
te lavaste	os lavasteis
se lavó	se lavaron

Preterit Perfect: (I had washed myself)

me hube lavado	nos hubimos lavado
te hubiste "	os hubisteis "
se hubo "	se hubieron "

Future: (I will wash myself)

me lavaré	nos lavaremos
te lavarás	os lavaréis
se lavará	se lavarán

Future Perfect: (I will have washed myself)

me habré lavado	nos habremos lavado
te habrás "	os habréis "
se habrá "	se habrán "

III CONDITIONAL MOOD, *Modo Potencial*

Present: (I would wash myself)

me lavaría	nos lavaríamos
te lavarías	os lavaríais
se lavaría	se lavarían

Conditional Perfect: (I would have washed myself)

me habría lavado	nos habríamos lavado
te habrías "	os habríais "
se habría "	se habrían "

IV SUBJUNCTIVE MOOD, *Modo Subjuntivo*

Present Subj.: (that I may wash myself)

me lave	nos lavemos
te laves	os lavéis
se lave	se laven

Pres. Perf. Subj.: (that I may have washed myself)

me haya lavado	nos hayamos lavado
te hayas "	os hayáis "
se haya "	se hayan "

Past Imperf. Subj.: (that I might wash myself)

me lavara	nos laváramos
te lavaras	os lavarais
se lavara	se lavaran

Past Perf. Subj.: (that I might have washed myself)

me hubiera lavado	nos hubiéramos lavado
te hubieras "	os hubierais "
se hubiera "	se hubieran "

me lavase	nos lavásemos
te lavases	os lavaseis
se lavase	se lavasen

me hubiese lavado	nos hubiésemos lavado
te hubieses "	os hubieseis "
se hubiese "	se hubiesen "

V IMPERATIVE MOOD, *Modo Imperativo*

Singular	Plural
	Lavémonos (nosotros) (let us wash ourselves)
Lávate (tú) (wash yourself)	Lavaos (vosotros) (wash yourselves)
Lávese (Ud., él)	Lávense (Uds., ellos)

Similarly conjugated: all other regular -AR verbs.

---

* I used to wash myself, washed myself

I INFINITIVE MOOD, *Modo Infinitivo*

	Simple	Perfect
Infinitive *(Infinitivo)*	leer (to read)	haber leído (to have read)
Present Participle *(Gerundio)*	leyendo*(reading)	habiendo leído (having read)
Past Participle *(Participio)*	leído (read)	

II INDICATIVE MOOD, *Modo Indicativo*

Present: (read)

Yo leo	Nosotros leemos
Tú lees	Vosotros leéis
Ud., él,	Ustedes,
ella lee	ellos leen

Present Perfect: (have read)

He leído	Hemos leído
Has "	Habéis "
Ha "	Han "

Past Imperfect: (was reading, used to read, read)

leía	leíamos
leías	leíais
leía	leían

Past Perfect: (had read)

Había leído	Habíamos leído
Habías "	Habíais "
Había "	Habían "

Preterit: (read)

leí	leímos
leíste	leísteis
leyó*	leyeron*

Preterit Perfect: (had read)

Hube leído	Hubimos leído
Hubiste "	Hubisteis "
Hubo "	Hubieron "

Future: (will read)

leeré	leeremos
leerás	leeréis
leerá	leerán

Future Perfect: (will have read)

Habré leído	Habremos leído
Habrás "	Habréis "
Habrá "	Habrán "

III CONDITIONAL MOOD, *Modo Potencial*

Present: (would read)

leería	leeríamos
leerías	leeríais
leería	leerían

Conditional Perfect: (would have read)

Habría leído	Habríamos leído
Habrías "	Habríais "
Habría "	Habrían "

IV SUBJUNCTIVE MOOD, *Modo Subjuntivo*

Present Subj.: (that I may read)

lea	leamos
leas	leáis
lea	lean

Pres. Perf. Subj.: (that I may have read)

Haya leído	Hayamos leído
Hayas "	Hayáis "
Haya "	Hayan "

Past Imperf. Subj.: (that I might read)

leyera *	leyéramos *
leyeras *	leyerais*
leyera*	leyeran*
leyese *	leyésemos*
leyeses*	leyeseis*
leyese*	leyesen*

Past Perf. Subj.: (that I might have read)

Hubiera leído	Hubiéramos leído
Hubieras "	Hubierais "
Hubiera "	Hubieran "
Hubiese leído	Hubiésemos leído
Hubieses "	Hubieseis "
Hubiese "	Hubiesen "

V IMPERATIVE MOOD, *Modo Imperativo*

Singular	Plural
	Leamos (nosotros) (let us read)
Lee (tú) (read)	Leed (vosotros) (read)
Lea (Ud., él)	Lean (Uds., ellos)

Similarly conjugated: *poseer, desposeer,* and all other regular -ER verbs.

---

* i of the ending changes to *y.*

I INFINITIVE MOOD, *Modo Infinitivo*

Simple	Perfect
Infinitive *(Infinitivo)* legalizar (to legalize)	haber legalizado (to have legalized)
Present Participle *(Gerundio)* legalizando (legalizing)	habiendo legalizado (having legalized)
Past Participle *(Participio)* legalizado (legalized)	

II INDICATIVE MOOD, *Modo Indicativo*

Present: (legalize)		Present Perfect: (have legalized)	
Yo legalizo	Nosotros legalizamos	He legalizado	Hemos legalizado
Tú legalizas	Vosotros legalizáis	Has "	Habéis "
Ud., él, ella legaliza	Ustedes, ellos legalizan	Ha "	Han "

Past Imperfect: (was legalizing, used to legalize)		Past Perfect: (had legalized)	
legalizaba	legalizábamos	Había legalizado	Habíamos legalizado
legalizabas	legalizabais	Habías "	Habíais "
legalizaba	legalizaban	Había "	Habían "

Preterit: (legalized)		Preterit Perfect: (had legalized)	
legalicé*	legalizamos	Hube legalizado	Hubimos legalizado
legalizaste	legalizasteis	Hubiste "	Hubisteis "
legalizó	legalizaron	Hubo "	Hubieron "

Future: (will legalize)		Future Perfect: (will have legalized)	
legalizaré	legalizaremos	Habré legalizado	Habremos legalizado
legalizarás	legalizaréis	Habrás "	Habréis "
legalizará	legalizarán	Habrá "	Habrán "

III CONDITIONAL MOOD, *Modo Potencial*

Present: (would legalize)		Conditional Perfect: (would have legalized)	
legalizaría	legalizaríamos	Habría legalizado	Habríamos legalizado
legalizarías	legalizaríais	Habrías "	Habríais "
legalizaría	legalizarían	Habría "	Habrían "

IV SUBJUNCTIVE MOOD, *Modo Subjuntivo*

Present Subj.: (that I may legalize)		Pres. Perf. Subj.: (that I may have legalized)	
legalice*	legalicemos*	Haya legalizado	Hayamos legalizado
legalices*	legalicéis*	Hayas "	Hayáis "
legalice*	legalicen*	Haya "	Hayan "

Past Imperf. Subj.: (that I might legalize)		Past Perf. Subj.: (that I might have legalized)	
legalizara	legalizáramos	Hubiera legalizado	Hubiéramos legalizado
legalizaras	legalizarais	Hubieras "	Hubierais "
legalizara	legalizaran	Hubiera "	Hubieran "
legalizase	legalizásemos	Hubiese legalizado	Hubiésemos legalizado
legalizases	legalizaseis	Hubieses "	Hubieseis "
legalizase	legalizasen	Hubiese "	Hubiesen "

V IMPERATIVE MOOD, *Modo Imperativo*

Singular	Plural
	Legalicemos* (nosotros) (let us legalize)
Legaliza (tú) (legalize)	Legalizad (vosotros) (legalize)
Legalice* (Ud., él)	Legalicen* (Uds., ellos)

Similarly conjugated: all other regular -AR verbs.

---

* z changes to c before e; see Nos. 62-63, pp. 24-25.

I INFINITIVE MOOD, *Modo Infinitivo*

	Simple	Perfect
Infinitive *(Infinitivo)*	levantarse (to rise)	haberse levantado (to have risen)
Present Participle *(Gerundio)*	levantándose (rising)	habiéndose levantado (having risen)
Past Participle *(Participio)*	levantado (risen)	

II INDICATIVE MOOD, *Modo Indicativo*

Present: (rise)

Yo me levanto	Nosotros nos levantamos
Tú te levantas	Vosotros os levantáis
Ud., él,	Ustedes,
ella se levanta	ellos se levantan

Present Perfect: (have risen)

me he levantado	nos hemos levantado
te has "	os habéis "
se ha "	se han "

Past Imperfect: (was rising, used to rise, rose)

me levantaba	nos levantábamos
te levantabas	os levantabais
se levantaba	se levantaban

Past Perfect: (had risen)

me había levantado	nos habíamos levantado
te habías "	os habíais "
se había "	se habían "

Preterit: (rose)

me levanté	nos levantamos
te levantaste	os levantasteis
se levantó	se levantaron

Preterit Perfect: (had risen)

me hube levantado	nos hubimos levantado
te hubiste "	os hubisteis "
se hubo "	se hubieron "

Future: (will rise)

me levantaré	nos levantaremos
te levantarás	os levantaréis
se levantará	se levantarán

Future Perfect: (will have risen)

me habré levantado	nos habremos levantado
te habrás "	os habréis "
se habrá "	se habrán "

III CONDITIONAL MOOD, *Modo Potencial*

Present: (would rise)

me levantaría	nos levantaríamos
te levantarías	os levantaríais
se levantaría	se levantarían

Conditional Perfect: (would have risen)

me habría levantado	nos habríamos levantado
te habrías "	os habríais "
se habría "	se habrían "

IV SUBJUNCTIVE MOOD, *Modo Subjuntivo*

Present Subj.: (that I may rise)

me levante	nos levantemos
te levantes	os levantéis
se levante	se levanten

Pres. Perf. Subj.: (that I may have risen)

me haya levantado	nos hayamos levantado
te hayas "	os hayáis "
se haya "	se hayan "

Past Imperf. Subj.: (that I might rise)

me levantara	nos levantáramos
te levantaras	os levantarais
se levantara	se levantaran

Past Perf. Subj.: (that I might have risen)

me hubiera levantado	nos hubiéramos levantado
te hubieras "	os hubierais "
se hubiera "	se hubieran "

me levantase	nos levantásemos
te levantases	os levantaseis
se levantase	se levantasen

me hubiese levantado	nos hubiésemos levantado
te hubieses "	os hubieseis "
se hubiese "	se hubiesen "

V IMPERATIVE MOOD, *Modo Imperativo*

Singular	Plural
	Levantémonos (nosotros) (let us rise)
Levántate (tú) (rise)	Levantaos (vosotros) (rise)
Levántese (Ud., él)	Levántense (Uds., ellos)

Similarly conjugated: all other regular -AR verbs.

I INFINITIVE MOOD, *Modo Infinitivo*

	Simple	Perfect
Infinitive *(Infinitivo)*	lucir (shine)	haber lucido (to have shined)
Present Participle *(Gerundio)*	luciendo (shining)	habiendo lucido (having shined)
Past Participle *(Participio)*	lucido (shined)	

II INDICATIVE MOOD, *Modo Indicativo*

Present: (shine)

		Present Perfect: (have shined)	
Yo luzco	Nosotros lucimos	He lucido	Hemos lucido
Tú luces	Vosotros lucís	Has "	Habéis "
Ud., él,	Ustedes,	Ha "	Han "
ella luce	ellos lucen		

Past Imperfect: (used to shine, was shining, shined)

		Past Perfect: (had shined)	
lucía	lucíamos	Había lucido	Habíamos lucido
lucías	lucíais	Habías "	Habíais "
lucía	lucían	Había "	Habían "

Preterit: (shined)

		Preterit Perfect: (had shined)	
lucí	lucimos	Hube lucido	Hubimos lucido
luciste	lucisteis	Hubiste "	Hubisteis "
lució	lucieron	Hubo "	Hubieron "

Future: (will shine)

		Future Perfect: (will have shined)	
luciré	luciremos	Habré lucido	Habremos lucido
lucirás	luciréis	Habrás "	Habréis "
lucirá	lucirán	Habrá "	Habrán "

III CONDITIONAL MOOD, *Modo Potencial*

Present: (would shine)

		Conditional Perfect: (would have shined)	
luciría	luciríamos	Habría lucido	Habríamos lucido
lucirías	luciríais	Habrías "	Habríais "
luciría	lucirían	Habría "	Habrían "

IV SUBJUNCTIVE MOOD, *Modo Subjuntivo*

Present Subj.: (that I may shine)

		Pres. Perf. Subj.: (that I may have shined)	
luzca	luzcamos	Haya lucido	Hayamos lucido
luzcas	luzcáis	Hayas "	Hayáis "
luzca	luzcan	Haya "	Hayan "

Past Imperf. Subj.: (that I might shine)

		Past Perf. Subj.: (that I might have shined)	
luciera	luciéramos	Hubiera lucido	Hubiéramos lucido
lucieras	lucierais	Hubieras "	Hubierais "
luciera	lucieran	Hubiera "	Hubieran "
luciese	luciésemos	Hubiese lucido	Hubiésemos lucido
lucieses	lucieseis	Hubieses "	Hubieseis "
luciese	luciesen	Hubiese "	Hubiesen "

V IMPERATIVE MOOD, *Modo Imperativo*

Singular	Plural
	Luzcamos (nosotros) (let us shine, display)
Luce (tú) (shine, display)	Lucid (vosotros) (shine, display)
Luzca (Ud., él)	Luzcan (Uds., ellos)

Common irregular verbs similarly conjugated: all verbs derived from *lucir*, like *deslucir, entrelucir, relucir, traslucir,* and all other verbs ending in -UCIR; see No. 74, page 33.

I INFINITIVE MOOD, *Modo Infinitivo*

	Simple	Perfect
Infinitive *(Infinitivo)*	llegar (to arrive)	haber llegado (to have arrived)
Present Participle *(Gerundio)*	llegando (arriving)	habiendo llegado (having arrived)
Past Participle *(Participio)*	llegado (arrived)	

II INDICATIVE MOOD, *Modo Indicativo*

Present: (arrive)

		Present Perfect: (have arrived)		
Yo llego	Nosotros llegamos	He llegado	Hemos llegado
Tú llegas	Vosotros llegáis	Has "	Habéis "
Ud., él,	Ustedes,	Ha "	Han "
ella llega	ellos llegan		

Past Imperfect: (was arriving, used to arrive)

		Past Perfect: (had arrived)		
llegaba	llegábamos	Había llegado	Habíamos llegado
llegabas	llegabais	Habías "	Habíais "
llegaba	llegaban	Había "	Habían "

Preterit: (arrived)

		Preterit Perfect: (had arrived)		
llegué*	llegamos	Hube llegado	Hubimos llegado
llegaste	llegasteis	Hubiste "	Hubisteis "
llegó	llegaron	Hubo "	Hubieron "

Future: (will arrive)

		Future Perfect: (will have arrived)		
llegaré	llegaremos	Habré llegado	Habremos llegado
llegarás	llegaréis	Habrás "	Habréis "
llegará	llegarán	Habrá "	Habrán "

III CONDITIONAL MOOD, *Modo Potencial*

Present: (would arrive)

		Conditional Perfect: (would have arrived)		
llegaría	llegaríamos	Habría llegado	Habríamos llegado
llegarías	llegaríais	Habrías "	Habríais "
llegaría	llegarían	Habría "	Habrían "

IV SUBJUNCTIVE MOOD, *Modo Subjuntivo*

Present Subj.: (that I may arrive)

		Pres. Perf. Subj.: (that I may have arrived)		
llegue*	lleguemos*	Haya llegado	Hayamos llegado
llegues*	lleguéis*	Hayas "	Hayáis "
llegue*	lleguen*	Haya "	Hayan "

Past Imperf. Subj.: (that I might arrive)

		Past Perf. Subj.: (that I might have arrived)		
llegara	llegáramos	Hubiera llegado	Hubiéramos llegado
llegaras	llegarais	Hubieras "	Hubierais "
llegara	llegaran	Hubiera "	Hubieran "
llegase	llegásemos	Hubiese llegado	Hubiésemos llegado
llegases	llegaseis	Hubieses "	Hubieseis "
llegase	llegasen	Hubiese "	Hubiesen "

V IMPERATIVE MOOD, *Modo Imperativo*

Singular	Plural
	Lleguemos* (nosotros) (let us arrive)
Llega (tú) (arrive)	Llegad (vosotros) (arrive)
Llegue* (Ud., él)	Lleguen* (Uds., ellos)

Similarly conjugated: all other regular -AR verbs.

---

* u is inserted between g of the root and e of the ending to retain hard g sound; see Nos. 62-63, pp. 24-25.

I INFINITIVE MOOD, *Modo Infinitivo*

Simple	Perfect
Infinitive *(Infinitivo)* llevar (to carry)	haber llevado (to have carried)
Present Participle *(Gerundio)* llevando (carrying)	habiendo llevado (having carried)
Past Participle *(Participio)* llevado (carried)	

II INDICATIVE MOOD, *Modo Indicativo*

Present: (carry)

Yo llevo	Nosotros llevamos
Tú llevas	Vosotros lleváis
Ud., él,	Ustedes,
ella lleva	ellos lleva

Present Perfect: (have carried)

He llevado	Hemos llevado
Has "	Habéis "
Ha "	Han "

Past Imperfect: (used to carry, was carrying, carried)

llevaba	llevábamos
llevabas	llevabais
llevaba	llevaban

Past Perfect: (had carried)

Había llevado	Habíamos llevado
Habías "	Habíais "
Había "	Habían "

Preterit: (carried)

llevé	llevamos
llevaste	llevasteis
llevó	llevaron

Preterit Perfect: (had carried)

Hube llevado	Hubimos llevado
Hubiste "	Hubisteis "
Hubo "	Hubieron "

Future: (will carry)

llevaré	llevaremos
llevarás	llevaréis
llevará	llevarán

Future Perfect: (will have carried)

Habré llevado	Habremos llevado
Habrás "	Habréis "
Habrá "	Habrán "

III CONDITIONAL MOOD, *Modo Potencial*

Present: (would carry)

llevaría	llevaríamos
llevarías	llevaríais
llevaría	llevarían

Conditional Perfect: (would have carried)

Habría llevado	Habríamos llevado
Habrías "	Habríais "
Habría "	Habrían "

IV SUBJUNCTIVE MOOD, *Modo Subjuntivo*

Present Subj.: (that I may carry)

lleve	llevemos
lleves	llevéis
lleve	lleven

Pres. Perf. Subj.: (that I may have carried)

Haya llevado	Hayamos llevado
Hayas "	Hayáis "
Haya "	Hayan "

Past Imperf. Subj.: (that I might carry)

llevara	lleváramos
llevaras	llevarais
llevara	llevaran
llevase	llevásemos
llevases	llevaseis
llevase	llevasen

Past Perf. Subj.: (that I might have carried)

Hubiera llevado	Hubiéramos llevado
Hubieras "	Hubierais "
Hubiera "	Hubieran "
Hubiese llevado	Hubiésemos llevado
Hubieses "	Hubieseis "
Hubiese "	Hubiesen "

V IMPERATIVE MOOD, *Modo Imperativo*

Singular	Plural
	Llevemos (nosotros) (let us carry)
Lleva (tú) (carry)	Llevad (vosotros) (carry)
Lleve (Ud., él)	Lleven (Uds., ellos)

Similarly conjugated: all other regular -AR verbs.

I   INFINITIVE MOOD, *Modo Infinitivo*

	Simple	Perfect
Infinitive *(Infinitivo)*	llover (to rain)	haber llovido (to have rained)
Present Participle *(Gerundio)*	lloviendo (raining)	habiendo llovido (having rained)
Past Participle *(Participio)*	llovido (rained)	

II   INDICATIVE MOOD, *Modo Indicativo*

Present: (it rains, it's raining)	**Present Perfect:** (it has rained)
Llueve	Ha llovido
Past Imperfect: (it was raining, used to rain, rained)	**Past Perfect:** (it had rained)
Llovía	Había llovido
Preterit: (it rained)	**Preterit Perfect:** (it had rained)
Llovió	Hubo llovido
Future: (it will rain)	**Future Perfect:** (it will have rained)
Lloverá	Habrá llovido

III   CONDITIONAL MOOD, *Modo Potencial*

Present: (it would rain)	**Conditional Perfect:** (it would have rained)
Llovería	Habría llovido

IV   SUBJUNCTIVE MOOD, *Modo Subjuntivo*

Present Subj.: (that it may rain)	**Pres. Perf. Subj.:** (that it may have rained)
(que) Llueva	Haya llovido
Past Imperf. Subj.: (that it might rain)	**Past Perf. Subj.:** (that it might have rained)
Lloviera	Hubiera llovido
Lloviese	Hubiese llovido

V   IMPERATIVE MOOD, *Modo Imperativo*

Singular	Plural
(que) Llueva (let it rain)	

Llover is an impersonal verb conjugated only in 3rd person singular form. See Impersonal Verbs, No. 10, page 3.

I INFINITIVE MOOD, *Modo Infinitivo*

	Simple	Perfect
Infinitive *(Infinitivo)*	mentir (to lie)	haber mentido (to have lied)
Present Participle *(Gerundio)*	mintiendo (lying)	habiendo mentido (having lied)
Past Participle *(Participio)*	mentido (lied)	

II INDICATIVE MOOD, *Modo Indicativo*

Present: (lie)

Yo miento	Nosotros mentimos
Tú mientes	Vosotros mentís
Ud., él,	Ustedes,
ella miente	ellos mienten

Present Perfect: (have lied)

He mentido	Hemos mentido
Has "	Habéis "
Ha "	Han "

Past Imperfect: (was lying, used to lie, lied)

mentía	mentíamos
mentías	mentíais
mentía	mentían

Past Perfect: (had lied)

Había mentido	Habíamos mentido
Habías "	Habíais "
Había "	Habían "

Preterit: (lied)

mentí	mentimos
mentiste	mentisteis
mintió	mintieron

Preterit Perfect: (had lied)

Hube mentido	Hubimos mentido
Hubiste "	Hubisteis "
Hubo "	Hubieron "

Future: (will lie)

mentiré	mentiremos
mentirás	mentiréis
mentirá	mentirán

Future Perfect: (will have lied)

Habré mentido	Habremos mentido
Habrás "	Habréis "
Habrá "	Habrán "

III CONDITIONAL MOOD, *Modo Potencial*

Present: (would lie)

mentiría	mentiríamos
mentirías	mentiríais
mentiría	mentirían

Conditional Perfect: (would have lied)

Habría mentido	Habríamos mentido
Habrías "	Habríais "
Habría "	Habrían "

IV SUBJUNCTIVE MOOD, *Modo Subjuntivo*

Present Subj.: (that I may lie)

mienta	mintamos
mientas	mintáis
mienta	mientan

Pres. Perf. Subj.: (that I may have lied)

Haya mentido	Hayamos mentido
Hayas "	Hayáis "
Haya "	Hayan "

Past Imperf. Subj.: (that I might lie)

mintiera	mintiéramos
mintieras	mintierais
mintiera	mintieran
mintiese	mintiésemos
mintieses	mintieseis
mintiese	mintiesen

Past Perf. Subj.: (that I might have lied)

Hubiera mentido	Hubiéramos mentido
Hubieras "	Hubierais "
Hubiera "	Hubieran "
Hubiese mentido	Hubiésemos mentido
Hubieses "	Hubieseis "
Hubiese "	Hubiesen "

V IMPERATIVE MOOD, *Modo Imperativo*

Singular	Plural
	Mintamos (nosotros) (let us lie)
Miente (tú) (lie)	Mentid (vosotros) (lie)
Mienta (Ud., él)	Mientan (Uds., ellos)

Common irregular verbs similarly conjugated: *arrepentirse, consentir, desmentir, presentir, sentir,* and all root-changing (*e* to *i, e* to *ie*) -IR verbs; see No. 70, page 29.

I INFINITIVE MOOD, *Modo Infinitivo*

	Simple	Perfect
Infinitive *(Infinitivo)*	merecer (to deserve)	haber merecido (to have deserved)
Present Participle *(Gerundio)*	mereciendo (deserving)	habiendo merecido (having deserved)
Past Participle *(Participio)*	merecido (deserved)	

II INDICATIVE MOOD, *Modo Indicativo*

Present: (deserve)

Yo merezco	Nosotros merecemos
Tú mereces	Vosotros merecéis
Ud., él, ella merece	Ustedes, ellos merecen

Present Perfect: (have deserved)

He merecido	Hemos merecido
Has "	Habéis "
Ha "	Han "

Past Imperfect: (used to deserve, was deserving, deserved)

merecía	merecíamos
merecías	merecíais
merecía	merecían

Past Perfect: (had deserved)

Había merecido	Habíamos merecido
Habías "	Habíais "
Había "	Habían "

Preterit: (deserved)

merecí	merecimos
mereciste	merecisteis
mereció	merecieron

Preterit Perfect: (had deserved)

Hube merecido	Hubimos merecido
Hubiste "	Hubisteis "
Hubo "	Hubieron "

Future: (will deserve)

mereceré	mereceremos
merecerás	mereceréis
merecerá	merecerán

Future Perfect: (will have deserved)

Habré merecido	Habremos merecido
Habrás "	Habréis "
Habrá "	Habrán "

III CONDITIONAL MOOD, *Modo Potencial*

Present: (would deserve)

merecería	mereceríamos
merecerías	mereceríais
merecería	merecerían

Conditional Perfect: (would have deserved)

Habría merecido	Habríamos merecido
Habrías "	Habríais "
Habría "	Habrían "

IV SUBJUNCTIVE MOOD, *Modo Subjuntivo*

Present Subj.: (that I may deserve)

merezca	merezcamos
merezcas	merezcáis
merezca	merezcan

Pres. Perf. Subj.: (that I may have deserved)

Haya merecido	Hayamos merecido
Hayas "	Hayáis "
Haya "	Hayan "

Past Imperf. Subj.: (that I might deserve)

mereciera	mereciéramos
merecieras	merecierais
mereciera	merecieran
mereciese	mereciésemos
merecieses	merecieseis
mereciese	mereciesen

Past Perf. Subj.: (that I might have deserved)

Hubiera merecido	Hubiéramos merecido
Hubieras "	Hubierais "
Hubiera "	Hubieran "
Hubiese merecido	Hubiésemos merecido
Hubieses "	Hubieseis "
Hubiese "	Hubiesen "

V IMPERATIVE MOOD, *Modo Imperativo*

Singular	Plural
	Merezcamos (nosotros) (let us deserve)
Merece (tú) (deserve)	Mereced (vosotros) (deserve)
Merezca (Ud., él)	Merezcan (Uds., ellos)

Common irregular verbs similarly conjugated: all verbs ending in -ECER,* like *abastecer,* *aparecer, apetecer,* etc.; see No. 73, page 32.

---

*Mecer and its derivative *remecer* are the only <u>regular</u> verbs ending in -ECER.

I INFINITIVE MOOD, *Modo Infinitivo*

	Simple	Perfect
Infinitive *(Infinitivo)*	mojar (to wet)	haber mojado (to have wetted)
Present Participle *(Gerundio)*	mojando (wetting)	habiendo mojado (having wetted)
Past Participle *(Participio)*	mojado (wetted)	

II INDICATIVE MOOD, *Modo Indicativo*

Present: (wet)		Present Perfect: (have wetted)	
Yo mojo	Nosotros mojamos	He mojado	Hemos mojado
Tú mojas	Vosotros mojáis	Has "	Habéis "
Ud., él,	Ustedes,	Ha "	Han "
ella moja	ellos mojan		

Past Imperfect: (was wetting, used to wet)		Past Perfect: (had wetted)	
mojaba	mojábamos	Había mojado	Habíamos mojado
mojabas	mojabais	Habías "	Habíais "
mojaba	mojaban	Había "	Habían "

Preterit: (wetted)		Preterit Perfect: (had wetted)	
mojé	mojamos	Hube mojado	Hubimos mojado
mojaste	mojasteis	Hubiste "	Hubisteis "
mojó	mojaron	Hubo "	Hubieron "

Future: (will wet)		Future Perfect: (will have wetted)	
mojaré	mojaremos	Habré mojado	Habremos mojado
mojarás	mojaréis	Habrás "	Habréis "
mojará	mojarán	Habrá "	Habrán "

III CONDITIONAL MOOD, *Modo Potencial*

Present: (would wet)		Conditional Perfect: (would have wetted)	
mojaría	mojaríamos	Habría mojado	Habríamos mojado
mojarías	mojaríais	Habrías "	Habríais "
mojaría	mojarían	Habría "	Habrían "

IV SUBJUNCTIVE MOOD, *Modo Subjuntivo*

Present Subj.: (that I may wet)		Pres. Perf. Subj.: (that I may have wetted)	
moje	mojemos	Haya mojado	Hayamos mojado
mojes	mojéis	Hayas "	Hayáis "
moje	mojen	Haya "	Hayan "

Past Imperf. Subj.: (that I might wet)		Past Perf. Subj.: (that I might have wetted)	
mojara	mojáramos	Hubiera mojado	Hubiéramos mojado
mojaras	mojarais	Hubieras "	Hubierais "
mojara	mojaran	Hubiera "	Hubieran "
mojase	mojásemos	Hubiese mojado	Hubiésemos mojado
mojases	mojaseis	Hubieses "	Hubieseis "
mojase	mojasen	Hubiese "	Hubiesen "

V IMPERATIVE MOOD, *Modo Imperativo*

Singular	Plural
	Mojemos (nosotros) (let us wet)
Moja (tú) (wet)	Mojad (vosotros) (wet)
Moje (Ud., él)	Mojen (Uds., ellos)

Similarly conjugated: all other regular -AR verbs.

I INFINITIVE MOOD, *Modo Infinitivo*

	Simple	Perfect
Infinitive *(Infinitivo)*	morder (to bite)	haber mordido (to have bitten)
Present Participle *(Gerundio)*	mordiendo (biting)	habiendo mordido (having bitten)
Past Participle *(Participio)*	mordido (bitten)	

II INDICATIVE MOOD, *Modo Indicativo*

Present: (bite)		Present Perfect: (have bitten)		
Yo muerdo	Nosotros mordemos	He mordido	Hemos mordido	
Tú muerdes	Vosotros mordéis	Has "	Habéis "	
Ud., él,	Ustedes,	Ha "	Han "	
ella muerde	ellos muerden			

Past Imperfect: (was biting, used to bite, bit)		Past Perfect: (had bitten)	
mordía	mordíamos	Había mordido	Habíamos mordido
mordías	mordíais	Habías "	Habíais "
mordía	mordían	Había "	Habían "

Preterit: (bit)		Preterit Perfect: (had bitten)	
mordí	mordimos	Hube mordido	Hubimos mordido
mordiste	mordisteis	Hubiste "	Hubisteis "
mordió	mordieron	Hubo "	Hubieron "

Future: (will bite)		Future Perfect: (will have bitten)	
morderé	morderemos	Habré mordido	Habremos mordido
morderás	morderéis	Habrás "	Habréis "
morderá	morderán	Habrá "	Habrán "

III CONDITIONAL MOOD, *Modo Potencial*

Present: (would bite)		Conditional Perfect: (would have bitten)	
mordería	morderíamos	Habría mordido	Habríamos mordido
morderías	morderíais	Habrías "	Habríais "
mordería	morderían	Habría "	Habrían "

IV SUBJUNCTIVE MOOD, *Modo Subjuntivo*

Present Subj.: (that I may bite)		Pres. Perf. Subj.: (that I may have bitten)	
muerda	mordamos	Haya mordido	Hayamos mordido
muerdas	mordáis	Hayas "	Hayáis "
muerda	muerdan	Haya "	Hayan "

Past Imperf. Subj.: (that I might bite)		Past Perf. Subj.: (that I might have bitten)	
mordiera	mordiéramos	Hubiera mordido	Hubiéramos mordido
mordieras	mordierais	Hubieras "	Hubierais "
mordiera	mordieran	Hubiera "	Hubieran "
mordiese	mordiésemos	Hubiese mordido	Hubiésemos mordido
mordieses	mordieseis	Hubieses "	Hubieseis "
mordiese	mordiesen	Hubiese "	Hubiesen "

V IMPERATIVE MOOD, *Modo Imperativo*

Singular	Plural
	Mordamos (nosotros) (let us bite)
Muerde (tú) (bite)	Morded (vosotros) (bite)
Muerda (Ud., él)	Muerdan (Uds., ellos)

Common irregular verbs similarly conjugated: *remorder,* and all other root-changing (o to ue) -ER verbs; see No. 67, page 27.

I   INFINITIVE MOOD, *Modo Infinitivo*

	Simple	Perfect
Infinitive *(Infinitivo)*	morir (to die)	haber muerto (to have died)
Present Participle *(Gerundio)*	muriendo (dying)	habiendo muerto (having died)
Past Participle *(Participio)*	muerto (died)	

II   INDICATIVE MOOD, *Modo Indicativo*

Present: (die)

Yo muero	Nosotros morimos
Tú mueres	Vosotros morís
Ud., él,	Ustedes,
ella muere	ellos mueren

Present Perfect: (have died)

He	muerto	Hemos	muerto
Has	"	Habéis	"
Ha	"	Han	"

Past Imperfect: (was dying, used to die, died)

moría	moríamos
morías	moríais
moría	morían

Past Perfect: (had died)

Había	muerto	Habíamos	muerto
Habías	"	Habíais	"
Había	"	Habían	"

Preterit: (died)

morí	morimos
moriste	moristeis
murió	murieron

Preterit Perfect: (had died)

Hube	muerto	Hubimos	muerto
Hubiste	"	Hubisteis	"
Hubo	"	Hubieron	"

Future: (will die)

moriré	moriremos
morirás	moriréis
morirá	morirán

Future Perfect: (will have died)

Habré	muerto	Habremos	muerto
Habrás	"	Habréis	"
Habrá	"	Habrán	"

III   CONDITIONAL MOOD, *Modo Potencial*

Present: (would die)

moriría	moriríamos
morirías	moriríais
moriría	morirían

Conditional Perfect: (would have died)

Habría	muerto	Habríamos	muerto
Habrías	"	Habríais	"
Habría	"	Habrían	"

IV   SUBJUNCTIVE MOOD, *Modo Subjuntivo*

Present Subj.:   (that I may die)

muera	muramos
mueras	muráis
muera	mueran

Pres. Perf. Subj.:   (that I may have died)

Haya	muerto	Hayamos	muerto
Hayas	"	Hayáis	"
Haya	"	Hayan	"

Past Imperf. Subj.:   (that I might die)

muriera	muriéramos
murieras	murierais
muriera	murieran
muriese	muriésemos
murieses	murieseis
muriese	muriesen

Past Perf. Subj.:   (that I might have died)

Hubiera	muerto	Hubiéramos	muerto
Hubieras	"	Hubierais	"
Hubiera	"	Hubieran	"
Hubiese	muerto	Hubiésemos	muerto
Hubieses	"	Hubieseis	"
Hubiese	"	Hubiesen	"

V   IMPERATIVE MOOD, *Modo Imperativo*

Singular	Plural
	Muramos (nosotros) (let us die)
Muere (tú) (die)	Morid (vosotros) (die)
Muera (Ud., él)	Mueran (Uds., ellos)

Except for irregular past participle (*muerto*), morir is conjugated like root-changing *dormir* (o to *ue*, o to *u*); see No. 71, page 30.

I INFINITIVE MOOD, *Modo Infinitivo*

	Simple	Perfect
Infinitive *(Infinitivo)*	mostrar (to show)	haber mostrado (to have shown)
Present Participle *(Gerundio)*	mostrando (showing)	habiendo mostrado (having shown)
Past Participle *(Participio)*	mostrado (shown)	

II INDICATIVE MOOD, *Modo Indicativo*

Present: (show)

Yo muestro	Nosotros mostramos
Tú muestras	Vosotros mostráis
Ud., él,	Ustedes,
ella muestra	ellos muestran

Present Perfect: (have shown)

He	mostrado	Hemos mostrado
Has	"	Habéis "
Ha	"	Han "

Past Imperfect: (was showing, used to show, showed)

mostraba	mostrábamos
mostrabas	mostrabais
mostraba	mostraban

Past Perfect: (had shown)

Había	mostrado	Habíamos mostrado
Habías	"	Habíais "
Había	"	Habían "

Preterit: (showed)

mostré	mostramos
mostraste	mostrasteis
mostró	mostraron

Preterit Perfect: (had shown)

Hube	mostrado	Hubimos mostrado
Hubiste	"	Hubisteis "
Hubo	"	Hubieron "

Future: (will show)

mostraré	mostraremos
mostrarás	mostraréis
mostrará	mostrarán

Future Perfect: (will have shown)

Habré	mostrado	Habremos mostrado
Habrás	"	Habréis "
Habrá	"	Habrán "

III CONDITIONAL MOOD, *Modo Potencial*

Present: (would show)

mostraría	mostraríamos
mostrarías	mostraríais
mostraría	mostrarían

Conditional Perfect: (would have shown)

Habría	mostrado	Habríamos mostrado
Habrías	"	Habríais "
Habría	"	Habrían "

IV SUBJUNCTIVE MOOD, *Modo Subjuntivo*

Present Subj.: (that I may show)

muestre	mostremos
muestres	mostréis
muestre	muestren

Pres. Perf. Subj.: (that I may have shown)

Haya	mostrado	Hayamos mostrado
Hayas	"	Hayáis "
Haya	"	Hayan "

Past Imperf. Subj.: (that I might show)

mostrara	mostráramos
mostraras	mostrarais
mostrara	mostraran
mostrase	mostrásemos
mostrases	mostraseis
mostrase	mostrasen

Past Perf. Subj.: (that I might have shown)

Hubiera	mostrado	Hubiéramos mostrado
Hubieras	"	Hubierais "
Hubiera	"	Hubieran "
Hubiese	mostrado	Hubiésemos mostrado
Hubieses	"	Hubieseis "
Hubiese	"	Hubiesen "

V IMPERATIVE MOOD, *Modo Imperativo*

Singular	Plural
	Mostremos (nosotros) (let us show)
Muestra (tú) (show)	Mostrad (vosotros) (show)
Muestre (Ud., él)	Muestren (Uds., ellos)

Common irregular verbs similarly conjugated: *demostrar,* and all other root-changing (**o** to **ue**) -AR verbs; see No. 67, page 27.

I INFINITIVE MOOD, *Modo Infinitivo*

	Simple	Perfect
Infinitive *(Infinitivo)*	mover (to move)	haber movido (to have moved)
Present Participle *(Gerundio)*	moviendo (moving)	habiendo movido (having moved)
Past Participle *(Participio)*	movido (moved)	

II INDICATIVE MOOD, *Modo Indicativo*

Present: (move)

Yo muevo	Nosotros movemos
Tú mueves	Vosotros movéis
Ud., él,	Ustedes,
ella mueve	ellos mueven

Present Perfect: (have moved)

He movido	Hemos movido
Has "	Habéis "
Ha "	Han "

Past Imperfect: (was moving, used to move, moved)

movía	movíamos
movías	movíais
movía	movían

Past Perfect: (had moved)

Había movido	Habíamos movido
Habías "	Habíais "
Había "	Habían "

Preterit: (moved)

moví	movimos
moviste	movisteis
movió	movieron

Preterit Perfect: (had moved)

Hube movido	Hubimos movido
Hubiste "	Hubisteis "
Hubo "	Hubieron "

Future: (will move)

moveré	moveremos
moverás	moveréis
moverá	moverán

Future Perfect: (will have moved)

Habré movido	Habremos movido
Habrás "	Habréis "
Habrá "	Habrán "

III CONDITIONAL MOOD, *Modo Potencial*

Present: (would move)

movería	moveríamos
moverías	moveríais
movería	moverían

Conditional Perfect: (would have moved)

Habría movido	Habríamos movido
Habrías "	Habríais "
Habría "	Habrían "

IV SUBJUNCTIVE MOOD, *Modo Subjuntivo*

Present Subj.: (that I may move)

mueva	movamos
muevas	mováis
mueva	muevan

Pres. Perf. Subj.: (that I may have moved)

Haya movido	Hayamos movido
Hayas "	Hayáis "
Haya "	Hayan "

Past Imperf. Subj.: (that I might move)

moviera	moviéramos
movieras	movierais
moviera	movieran
moviese	moviésemos
movieses	movieseis
moviese	moviesen

Past Perf. Subj.: (that I might have moved)

Hubiera movido	Hubiéramos movido
Hubieras "	Hubierais "
Hubiera "	Hubieran "
Hubiese movido	Hubiésemos movido
Hubieses "	Hubieseis "
Hubiese "	Hubiesen "

V IMPERATIVE MOOD, *Modo Imperativo*

Singular	Plural
	Movamos (nosotros) (let us move)
Mueve (tú) (move)	Moved (vosotros) (move)
Mueva (Ud., él)	Muevan (Uds., ellos)

Common irregular verbs similarly conjugated: *conmover, promover, remover,* and all other root-changing (**o** to **ue**) -ER verbs; see No. 67, page 27.

I INFINITIVE MOOD, *Modo Infinitivo*

	Simple	Perfect
Infinitive *(Infinitivo)*	nacer (to be born)	haber nacido (to have been born)
Present Participle *(Gerundio)*	naciendo (being born)	habiendo nacido (having been born)
Past Participle *(Participio)*	nacido (born)	

II INDICATIVE MOOD, *Modo Indicativo*

Present: (born)		Present Perfect: (have been born)	
Yo nazco	Nosotros nacemos	He nacido	Hemos nacido
Tú naces	Vosotros nacéis	Has "	Habéis "
Ud., él, ella nace	Ustedes, ellos nacen	Ha "	Han "

Past Imperfect: (was being born, was born)		Past Perfect: (had been born)	
nacía	nacíamos	Había nacido	Habíamos nacido
nacías	nacíais	Habías "	Habíais "
nacía	nacían	Había "	Habían "

Preterit: (was born)		Preterit Perfect: (had been born)	
nací	nacimos	Hube nacido	Hubimos nacido
naciste	nacisteis	Hubiste "	Hubisteis "
nació	nacieron	Hubo "	Hubieron "

Future: (will be born)		Future Perfect: (will have been born)	
naceré	naceremos	Habré nacido	Habremos nacido
nacerás	naceréis	Habrás "	Habréis "
nacerá	nacerán	Habrá "	Habrán "

III CONDITIONAL MOOD, *Modo Potencial*

Present: (would be born)		Conditional Perfect: (would have been born)	
nacería	naceríamos	Habría nacido	Habríamos nacido
nacerías	naceríais	Habrías "	Habríais "
nacería	nacerían	Habría "	Habrían "

IV SUBJUNCTIVE MOOD, *Modo Subjuntivo*

Present Subj.: (that I may be born)		Pres. Perf. Subj.: (that I may have been born)	
nazca	nazcamos	Haya nacido	Hayamos nacido
nazcas	nazcáis	Hayas "	Hayáis "
nazca	nazcan	Haya "	Hayan "

Past Imperf. Subj.: (that I might be born)		Past Perf. Subj.: (that I might have been born)	
naciera	naciéramos	Hubiera nacido	Hubiéramos nacido
nacieras	nacierais	Hubieras "	Hubierais "
naciera	nacieran	Hubiera "	Hubieran "
naciese	naciésemos	Hubiese nacido	Hubiésemos nacido
nacieses	nacieseis	Hubieses "	Hubieseis "
naciese	naciesen	Hubiese "	Hubiesen "

V IMPERATIVE MOOD, *Modo Imperativo*

Singular	Plural
	Nazcamos (nosotros) (let us be born)
Nace (tú) (be born)	Naced (vosotros) (be born)
Nazca (Ud., él)	Nazcan (Uds., ellos)

Common irregular verbs similarly conjugated: *renacer,* and all other verbs ending in -ACER (except *hacer, placer, pacer*); see No. 73, page 32.

I INFINITIVE MOOD, *Modo Infinitivo*

	Simple	Perfect
Infinitive (*Infinitivo*)	necesitar (to need)	haber necesitado (to have needed)
Present Participle (*Gerundio*)	necesitando (needing)	habiendo necesitado (having needed)
Past Participle (*Participio*)	necesitado (needed)	

II INDICATIVE MOOD, *Modo Indicativo*

Present: (need)		**Present Perfect:** (have needed)	
Yo necesito	Nosotros necesitamos	He necesitado	Hemos necesitado
Tú necesitas	Vosotros necesitáis	Has "	Habéis "
Ud., él,	Ustedes,	Ha "	Han "
ella necesita	ellos necesitan		

Past Imperfect: (used to need, was needing, needed)		**Past Perfect:** (had needed)	
necesitaba	necesitábamos	Había necesitado	Habíamos necesitado
necesitabas	necesitabais	Habías "	Habíais "
necesitaba	necesitaban	Había "	Habían "

Preterit: (needed)		**Preterit Perfect:** (had needed)	
necesité	necesitamos	Hube necesitado	Hubimos necesitado
necesitaste	necesitasteis	Hubiste "	Hubisteis "
necesitó	necesitaron	Hubo "	Hubieron "

Future: (will need)		**Future Perfect:** (will have needed)	
necesitaré	necesitaremos	Habré necesitado	Habremos necesitado
necesitarás	necesitaréis	Habrás "	Habréis "
necesitará	necesitarán	Habrá "	Habrán "

III CONDITIONAL MOOD, *Modo Potencial*

Present: (would need)		**Conditional Perfect:** (would have needed)	
necesitaría	necesitaríamos	Habría necesitado	Habríamos necesitado
necesitarías	necesitaríais	Habrías "	Habríais "
necesitaría	necesitarían	Habría "	Habrían "

IV SUBJUNCTIVE MOOD, *Modo Subjuntivo*

Present Subj.: (that I may need)		**Pres. Perf. Subj.:** (that I may have needed)	
necesite	necesitemos	Haya necesitado	Hayamos necesitado
necesites	necesitéis	Hayas "	Hayáis "
necesite	necesiten	Haya "	Hayan "

Past Imperf. Subj.: (that I might need)		**Past Perf. Subj.:** (that I might have needed)	
necesitara	necesitáramos	Hubiera necesitado	Hubiéramos necesitado
necesitaras	necesitarais	Hubieras "	Hubierais "
necesitara	necesitaran	Hubiera "	Hubieran "
necesitase	necesitásemos	Hubiese necesitado	Hubiésemos necesitado
necesitases	necesitaseis	Hubieses "	Hubieseis "
necesitase	necesitasen	Hubiese "	Hubiesen "

V IMPERATIVE MOOD, *Modo Imperativo*

Singular	Plural
	Necesitemos (nosotros) (let us need)
Necesita (tú) (need)	Necesitad (vosotros) (need)
Necesite (Ud., él)	Necesiten (Uds., ellos)

Similarly conjugated: all other regular -AR verbs.

I INFINITIVE MOOD, *Modo Infinitivo*

	Simple	Perfect
Infinitive *(Infinitivo)*	negar (to deny)	haber negado (to have denied)
Present Participle *(Gerundio)*	negando (denying)	habiendo negado (having denied)
Past Participle *(Participio)*	negado (denied)	

II INDICATIVE MOOD, *Modo Indicativo*

Present: (deny)

Yo niego	Nosotros negamos
Tú niegas	Vosotros negáis
Ud., él,	Ustedes,
ella niega	ellos niegan

Present Perfect: (have denied)

He negado	Hemos negado
Has "	Habéis "
Ha "	Han "

Past Imperfect: (was denying, used to deny, denied)

negaba	negábamos
negabas	negabais
negaba	negaban

Past Perfect: (had denied)

Había negado	Habíamos negado
Habías "	Habíais "
Había "	Habían "

Preterit: (denied)

negué*	negamos
negaste	negasteis
negó	negaron

Preterit Perfect: (had denied)

Hube negado	Hubimos negado
Hubiste "	Hubisteis "
Hubo "	Hubieron "

Future: (will deny)

negaré	negaremos
negarás	negaréis
negará	negarán

Future Perfect: (will have denied)

Habré negado	Habremos negado
Habrás "	Habréis "
Habrá "	Habrán "

III CONDITIONAL MOOD, *Modo Potencial*

Present: (would deny)

negaría	negaríamos
negarías	negaríais
negaría	negarían

Conditional Perfect: (would have denied)

Habría negado	Habríamos negado
Habrías "	Habríais "
Habría "	Habrían "

IV SUBJUNCTIVE MOOD, *Modo Subjuntivo*

Present Subj.: (that I may deny)

niegue*	neguemos*
niegues*	neguéis*
niegue*	nieguen*

Pres. Perf. Subj.: (that I may have denied)

Haya negado	Hayamos negado
Hayas "	Hayáis "
Haya "	Hayan "

Past Imperf. Subj.: (that I might deny)

negara	negáramos
negaras	negarais
negara	negaran

Past Perf. Subj.: (that I might have denied)

Hubiera negado	Hubiéramos negado
Hubieras "	Hubierais "
Hubiera "	Hubieran "

negase	negásemos
negases	negaseis
negase	negasen

Hubiese negado	Hubiésemos negado
Hubieses "	Hubieseis "
Hubiese "	Hubiesen "

V IMPERATIVE MOOD, *Modo Imperativo*

Singular	Plural
	Neguemos* (nosotros) (let us deny)
Niega (tú) (deny)	Negad (vosotros) (deny)
Niegue* (Ud., él)	Nieguen* (Uds., ellos)

Common irregular verbs similarly conjugated: *desnegar, renegar,* also *plegar, desplegar, fregar, refregar,* and all other root-changing (**e** to **ie**) -AR verbs; see No. 66, page 26.

---

* **u** is inserted between **g** of the root and **e** of the ending to retain hard **g** sound.

I INFINITIVE MOOD, *Modo Infinitivo*

	Simple	Perfect
Infinitive *(Infinitivo)*	oir (to hear)	haber oído (to have heard)
Present Participle *(Gerundio)*	oyendo* (hearing)	habiendo oído (having heard)
Past Participle *(Participio)*	oído (heard)	

II INDICATIVE MOOD, *Modo Indicativo*

Present:	(hear)		Present Perfect:	(have heard)	
Yo oigo	Nosotros oímos		He oído	Hemos oído	
Tú oyes*	Vosotros oís		Has "	Habéis "	
Ud., él,	Ustedes,		Ha "	Han "	
ella oye*	ellos oyen*				

Past Imperfect:	(was hearing, used to hear, heard)		Past Perfect:	(had heard)	
oía	oíamos		Había oído	Habíamos oído	
oías	oíais		Habías "	Habíais "	
oía	oían		Había "	Habían "	

Preterit:	(heard)		Preterit Perfect:	(had heard)	
oí	oímos		Hube oído	Hubimos oído	
oíste	oísteis		Hubiste "	Hubisteis "	
oyó*	oyeron*		Hubo "	Hubieron "	

Future:	(will hear)		Future Perfect:	(will have heard)	
oiré	oiremos		Habré oído	Habremos oído	
oirás	oiréis		Habrás "	Habréis "	
oirá	oirán		Habrá "	Habrán "	

III CONDITIONAL MOOD, *Modo Potencial*

Present:	(would hear)		Conditional Perfect:	(would have heard)	
oiría	oiríamos		Habría oído	Habríamos oído	
oirías	oiríais		Habrías "	Habríais "	
oiría	oirían		Habría "	Habrían "	

IV SUBJUNCTIVE MOOD, *Modo Subjuntivo*

Present Subj.:	(that I may hear)		Pres. Perf. Subj.:	(that I may have heard)	
oiga	oigamos		Haya oído	Hayamos oído	
oigas	oigáis		Hayas "	Hayáis "	
oiga	oigan		Haya "	Hayan "	

Past Imperf. Subj.:	(that I might hear)		Past Perf. Subj.:	(that I might have heard)	
oyera*	oyéramos*		Hubiera oído	Hubiéramos oído	
oyeras*	oyerais*		Hubieras "	Hubierais "	
oyera*	oyeran*		Hubiera "	Hubieran "	
oyese*	oyésemos*		Hubiese oído	Hubiésemos oído	
oyeses*	oyeseis*		Hubieses "	Hubieseis "	
oyese*	oyesen*		Hubiese "	Hubiesen "	

V IMPERATIVE MOOD, *Modo Imperativo*

Singular	Plural
	Oigamos (nosotros) (let us hear)
Oye* (tú) (hear)	Oíd (vosotros) (listen, hear)
Oiga (Ud., él)	Oigan (Uds., ellos) (listen, let them hear)

Oir is of special irregularity. Similarly conjugated are its derivates *desoir, entreoir*.

---

*i changes to semiconsonant y between o of the root and o or e of the ending.

I INFINITIVE MOOD, *Modo Infinitivo*

	Simple	Perfect
Infinitive *(Infinitivo)*	oler (to smell)	haber olido (to have smelled)
Present Participle *(Gerundio)*	oliendo (smelling)	habiendo olido (having smelled)
Past Participle *(Participio)*	olido (smelled)	

II INDICATIVE MOOD, *Modo Indicativo*

Present: (smell)
Yo huelo* — Nosotros olemos
Tú hueles* — Vosotros oléis
Ud., él, — Ustedes,
ella huele* — ellos huelen*

Present Perfect: (have smelled)
He olido — Hemos olido
Has " — Habéis "
Ha " — Han "

Past Imperfect: (was smelling, used to smell, smelled)
olía — olíamos
olías — olíais
olía — olían

Past Perfect: (had smelled)
Había olido — Habíamos olido
Habías " — Habíais "
Había " — Habían "

Preterit: (smelled)
olí — olimos
oliste — olisteis
olió — olieron

Preterit Perfect: (had smelled)
Hube olido — Hubimos olido
Hubiste " — Hubisteis "
Hubo " — Hubieron "

Future: (will smell)
oleré — oleremos
olerás — oleréis
olerá — olerán

Future Perfect: (will have smelled)
Habré olido — Habremos olido
Habrás " — Habréis "
Habrá " — Habrán "

III CONDITIONAL MOOD, *Modo Potencial*

Present: (would smell)
olería — oleríamos
olerías — oleríais
olería — olerían

Conditional Perfect: (would have smelled)
Habría olido — Habríamos olido
Habrías " — Habríais "
Habría " — Habrían "

IV SUBJUNCTIVE MOOD, *Modo Subjuntivo*

Present Subj.: (that I may smell)
huela* — olamos
huelas* — oláis
huela* — huelan*

Pres. Perf. Subj.: (that I may have smelled)
Haya olido — Hayamos olido
Hayas " — Hayáis "
Haya " — Hayan "

Past Imperf. Subj.: (that I might smell)
oliera — oliéramos
olieras — olierais
oliera — olieran

oliese — oliésemos
olieses — olieseis
oliese — oliesen

Past Perf. Subj.: (that I might have smelled)
Hubiera olido — Hubiéramos olido
Hubieras " — Hubierais "
Hubiera " — Hubieran "

Hubiese olido — Hubiésemos olido
Hubieses " — Hubieseis "
Hubiese " — Hubiesen "

V IMPERATIVE MOOD, *Modo Imperativo*

Singular	Plural
	Olamos (nosotros) (let us smell)
Huele* (tú) (smell)	Oled (vosotros) (smell)
Huela* (Ud., él)	Huelan* (Uds., ellos)

Common irregular verbs similarly conjugated: *doler, condoler, moler,* and all other root-changing (o to ue) -ER verbs; see No. 67, page 27.

*h (silent) must always precede initial *ue.*

I INFINITIVE MOOD, *Modo Infinitivo*

	Simple	Perfect
Infinitive *(Infinitivo)*	pagar (to pay)	haber pagado (to have paid)
Present Participle *(Gerundio)*	pagando (paying)	habiendo pagado (having paid)
Past Participle *(Participio)*	pagado (paid)	

II INDICATIVE MOOD, *Modo Indicativo*

Present: (pay)

Yo pago	Nosotros pagamos
Tú pagas	Vosotros pagáis
Ud., él,	Ustedes,
ella paga	ellos pagan

Present Perfect: (have paid)

He pagado	Hemos pagado
Has "	Habéis "
Ha "	Han "

Past Imperfect: (was paying, used to pay, paid)

pagaba	pagábamos
pagabas	pagabais
pagaba	pagaban

Past Perfect: (had paid)

Había pagado	Habíamos pagado
Habías "	Habíais "
Había "	Habían "

Preterit: (paid)

pagué*	pagamos
pagaste	pagasteis
pagó	pagaron

Preterit Perfect: (had paid)

Hube pagado	Hubimos pagado
Hubiste "	Hubisteis "
Hubo "	Hubieron "

Future: (will pay)

pagaré	pagaremos
pagarás	pagaréis
pagará	pagarán

Future Perfect: (will have paid)

Habré pagado	Habremos pagado
Habrás "	Habréis "
Habrá "	Habrán "

III CONDITIONAL MOOD, *Modo Potencial*

Present: (would pay)

pagaría	pagaríamos
pagarías	pagaríais
pagaría	pagarían

Conditional Perfect: (would have paid)

Habría pagado	Habríamos pagado
Habrías "	Habríais "
Habría "	Habrían "

IV SUBJUNCTIVE MOOD, *Modo Subjuntivo*

Present Subj.: (that I may pay)

pague*	paguemos*
pagues*	paguéis*
pague*	paguen*

Pres. Perf. Subj.: (that I may have paid)

Haya pagado	Hayamos pagado
Hayas "	Hayáis "
Haya "	Hayan "

Past Imperf. Subj.: (that I might pay)

pagara	pagáramos
pagaras	pagarais
pagara	pagaran
pagase	pagásemos
pagases	pagaseis
pagase	pagasen

Past Perf. Subj.: (that I might have paid)

Hubiera pagado	Hubiéramos pagado
Hubieras "	Hubierais "
Hubiera "	Hubieran "
Hubiese pagado	Hubiésemos pagado
Hubieses "	Hubieseis "
Hubiese "	Hubiesen "

V IMPERATIVE MOOD, *Modo Imperativo*

Singular	Plural
	Paguemos* (nosotros) (let us pay)
Paga (tú) (pay)	Pagad (vosotros) (pay)
Pague* (Ud., él)	Paguen* (Uds., ellos)

Similarly conjugated: all other regular -AR verbs.

---

*u is inserted between g of the root and e of the ending to retain hard g sound; see Nos. 62-63, pp. 24-25.

I INFINITIVE MOOD, *Modo Infinitivo*

	Simple	Perfect
Infinitive *(Infinitivo)*	pedir (to ask for)	haber pedido (to have asked for)
Present Participle *(Gerundio)*	pidiendo (asking for)	habiendo pedido (having asked for)
Past Participle *(Participio)*	pedido (asked for)	

II INDICATIVE MOOD, *Modo Indicativo*

Present: (ask for)		Present Perfect: (have asked for)	
Yo pido	Nosotros pedimos	He pedido	Hemos pedido
Tú pides	Vosotros pedís	Has "	Habéis "
Ud., él,	Ustedes,	Ha "	Han "
ella pide	ellos piden		

Past Imperfect: (was asking, used to ask, asked for)		Past Perfect: (had asked for)	
pedía	pedíamos	Había pedido	Habíamos pedido
pedías	pedíais	Habías "	Habíais "
pedía	pedían	Había "	Habían "

Preterit: (asked for)		Preterit Perfect: (had asked for)	
pedí	pedimos	Hube pedido	Hubimos pedido
pediste	pedisteis	Hubiste "	Hubisteis "
pidió	pidieron	Hubo "	Hubieron "

Future: (will ask for)		Future Perfect: (will have asked for)	
pediré	pediremos	Habré pedido	Habremos pedido
pedirás	pediréis	Habrás "	Habréis "
pedirá	pedirán	Habrá "	Habrán "

III CONDITIONAL MOOD, *Modo Potencial*

Present: (would ask for)		Conditional Perfect: (would have asked for)	
pediría	pediríamos	Habría pedido	Habríamos pedido
pedirías	pediríais	Habrías "	Habríais "
pediría	pedirían	Habría "	Habrían "

IV SUBJUNCTIVE MOOD, *Modo Subjuntivo*

Present Subj.: (that I may ask for)		Pres. Perf. Subj.: (that I may have asked for)	
pida	pidamos	Haya pedido	Hayamos pedido
pidas	pidáis	Hayas "	Hayáis "
pida	pidan	Haya "	Hayan "

Past Imperf. Subj.: (that I might ask for)		Past Perf. Subj.: (that I might have asked for)	
pidiera	pidiéramos	Hubiera pedido	Hubiéramos pedido
pidieras	pidierais	Hubieras "	Hubierais "
pidiera	pidieran	Hubiera "	Hubieran "
pidiese	pidiésemos	Hubiese pedido	Hubiésemos pedido
pidieses	pidieseis	Hubieses "	Hubieseis "
pidiese	pidiesen	Hubiese "	Hubiesen "

V IMPERATIVE MOOD, *Modo Imperativo*

Singular	Plural
	Pidamos (nosotros) (let us ask for)
Pide (tú) (ask for)	Pedid (vosotros) (ask for)
Pida (Ud., él)	Pidan (Uds., ellos)

Common irregular verbs similarly conjugated: *despedir, expedir, impedir,* and all other root-changing (e to i) -IR verbs; see No. 68, page 28.

I INFINITIVE MOOD, *Modo Infinitivo*

	Simple	Perfect
Infinitive *(Infinitivo)*	pensar (to think)	haber pensado (to have thought)
Present Participle *(Gerundio)*	pensando (thinking)	habiendo pensado (having thought)
Past Participle *(Participio)*	pensado (thought)	

II INDICATIVE MOOD, *Modo Indicativo*

Present: (think)

Yo pienso	Nosotros pensamos
Tú piensas	Vosotros pensáis
Ud., él,	Ustedes,
ella piensa	ellos piensan

Present Perfect: (have thought)

He pensado	Hemos pensado
Has "	Habéis "
Ha "	Han "

Past Imperfect: (used to think, was thinking, thought)

pensaba	pensábamos
pensabas	pensabais
pensaba	pensaban

Past Perfect: (had thought)

Había pensado	Habíamos pensado
Habías "	Habíais "
Había "	Habían "

Preterit: (thought)

pensé	pensamos
pensaste	pensasteis
pensó	pensaron

Preterit Perfect: (had thought)

Hube pensado	Hubimos pensado
Hubiste "	Hubisteis "
Hubo "	Hubieron "

Future: (will think)

pensaré	pensaremos
pensarás	pensaréis
pensará	pensarán

Future Perfect: (will have thought)

Habré pensado	Habremos pensado
Habrás "	Habréis "
Habrá "	Habrán "

III CONDITIONAL MOOD, *Modo Potencial*

Present: (would think)

pensaría	pensaríamos
pensarías	pensaríais
pensaría	pensarían

Conditional Perfect: (would have thought)

Habría pensado	Habríamos pensado
Habrías "	Habríais "
Habría "	Habrían "

IV SUBJUNCTIVE MOOD, *Modo Subjuntivo*

Present Subj.: (that I may think)

piense	pensemos
pienses	penséis
piense	piensen

Pres. Perf. Subj.: (that I may have thought)

Haya pensado	Hayamos pensado
Hayas "	Hayáis "
Haya "	Hayan "

Past Imperf. Subj.: (that I might think)

pensara	pensáramos
pensaras	pensarais
pensara	pensaran

pensase	pensásemos
pensases	pensaseis
pensase	pensasen

Past Perf. Subj.: (that I might have thought)

Hubiera pensado	Hubiéramos pensado
Hubieras "	Hubierais "
Hubiera "	Hubieran "

Hubiese pensado	Hubiésemos pensado
Hubieses "	Hubieseis "
Hubiese "	Hubiesen "

V IMPERATIVE MOOD, *Modo Imperativo*

Singular	Plural
	Pensemos (nosotros) (let us think)
Piensa (tú) (think)	Pensad (vosotros) (think)
Piense (Ud., él)	Piensen (Uds., ellos)

Common irregular verbs similarly conjugated: all other root-changing (e to ie) -AR verbs;
see No. 66, page 26.

I INFINITIVE MOOD, *Modo Infinitivo*

	Simple	Perfect
Infinitive *(Infinitivo)*	perder (to lose)	haber perdido (to have lost)
Present Participle *(Gerundio)*	perdiendo (losing)	habiendo perdido (having lost)
Past Participle *(Participio)*	perdido (lost)	

II INDICATIVE MOOD, *Modo Indicativo*

Present: (lose)		Present Perfect: (have lost)	
Yo pierdo	Nosotros perdemos	He perdido	Hemos perdido
Tú pierdes	Vosotros perdéis	Has "	Habéis "
Ud., él,	Ustedes,	Ha "	Han "
ella pierde	ellos pierden		

Past Imperfect: (was losing, used to lose, lost)		Past Perfect: (had lost)	
perdía	perdíamos	Había perdido	Habíamos perdido
perdías	perdíais	Habías "	Habíais "
perdía	perdían	Había "	Habían "

Preterit: (lost)		Preterit Perfect: (had lost)	
perdí	perdimos	Hube perdido	Hubimos perdido
perdiste	perdisteis	Hubiste "	Hubisteis "
perdió	perdieron	Hubo "	Hubieron "

Future: (will lose)		Future Perfect: (will have lost)	
perderé	perderemos	Habré perdido	Habremos perdido
perderás	perderéis	Habrás "	Habréis "
perderá	perderán	Habrá "	Habrán "

III CONDITIONAL MOOD, *Modo Potencial*

Present: (would lose)		Conditional Perfect: (would have lost)	
perdería	perderíamos	Habría perdido	Habríamos perdido
perderías	perderíais	Habrías "	Habríais "
perdería	perderían	Habría "	Habrían "

IV SUBJUNCTIVE MOOD, *Modo Subjuntivo*

Present Subj.: (that I may lose)		Pres. Perf. Subj.: (that I may have lost)	
pierda	perdamos	Haya perdido	Hayamos perdido
pierdas	perdáis	Hayas "	Hayáis "
pierda	pierdan	Haya "	Hayan "

Past Imperf. Subj.: (that I might lose)		Past Perf. Subj.: (that I might have lost)	
perdiera	perdiéramos	Hubiera perdido	Hubiéramos perdido
perdieras	perdierais	Hubieras "	Hubierais "
perdiera	perdieran	Hubiera "	Hubieran "
perdiese	perdiésemos	Hubiese perdido	Hubiésemos perdido
perdieses	perdieseis	Hubieses "	Hubieseis "
perdiese	perdiesen	Hubiese "	Hubiesen "

V IMPERATIVE MOOD, *Modo Imperativo*

Singular	Plural
	Perdamos (nosotros) (let us lose)
Pierde (tú) (lose)	Perded (vosotros) (lose)
Pierda (Ud., él)	Pierdan (Uds., ellos)

Common irregular verbs similarly conjugated: all other root-changing (e to *ie*) -ER verbs; see No. 66, page 26.

I   INFINITIVE MOOD, *Modo Infinitivo*

	Simple	Perfect
Infinitive *(Infinitivo)*	poder (to be able to)	haber podido (to have been able to)
Present Participle *(Gerundio)*	pudiendo (being able to)	habiendo podido (having been able to)
Past Participle *(Participio)*	podido (been able to)	

II   INDICATIVE MOOD, *Modo Indicativo*

Present: (I am able to, can)

Yo puedo	Nosotros podemos
Tú puedes	Vosotros podéis
Ud., él,	Ustedes,
ella puede	ellos pueden

Present Perfect: (I have been able to)

He	podido	Hemos	podido
Has	''	Habéis	''
Ha	''	Han	''

Past Imperfect: (I was able to, used to be able to)

podía	podíamos
podías	podíais
podía	podían

Past Perfect: (I had been able to)

Había	podido	Habíamos	podido
Habías	''	Habíais	''
Había	''	Habían	''

Preterit: (I was able to)

pude	pudimos
pudiste	pudisteis
pudo	pudieron

Preterit Perfect: (I had been able to)

Hube	podido	Hubimos	podido
Hubiste	''	Hubisteis	''
Hubo	''	Hubieron	''

Future: (I will be able to)

podré	podremos
podrás	podréis
podrá	podrán

Future Perfect: (I will have been able to)

Habré	podido	Habremos	podido
Habrás	''	Habréis	''
Habrá	''	Habrán	''

III   CONDITIONAL MOOD, *Modo Potencial*

Present: (I would be able to)

podría	podríamos
podrías	podríais
podría	podrían

Conditional Perfect: (I would have been able to)

Habría	podido	Habríamos	podido
Habrías	''	Habríais	''
Habría	''	Habrían	''

IV   SUBJUNCTIVE MOOD, *Modo Subjuntivo*

Present Subj.:   (that I may be able to)

pueda	podamos
puedas	podáis
pueda	puedan

Pres. Perf. Subj.: (that I may have been able to)

Haya	podido	Hayamos	podido
Hayas	''	Hayáis	''
Haya	''	Hayan	''

Past Imperf. Subj.: (that I might be able to)

pudiera	pudiéramos
pudieras	pudierais
pudiera	pudieran
pudiese	pudiésemos
pudieses	pudieseis
pudiese	pudiesen

Past Perf. Subj.: (that I might have been able to)

Hubiera	podido	Hubiéramos	podido
Hubieras	''	Hubierais	''
Hubiera	''	Hubieran	''
Hubiese	podido	Hubiésemos	podido
Hubieses	''	Hubieseis	''
Hubiese	''	Hubiesen	''

V   IMPERATIVE MOOD, *Modo Imperativo*

Singular	Plural
	Podamos (nosotros) (let us be able to)
Puede (tú) (be able to)	Poded (vosotros) (be able to)
Pueda (Ud., él)	Puedan (Uds., ellos)

Poder is of special irregularity; see No. 64, page 25.

I INFINITIVE MOOD, *Modo Infinitivo*

	Simple	Perfect
Infinitive *(Infinitivo)*	poner (to put)	haber puesto (to have put)
Present Participle *(Gerundio)*	poniendo (putting)	habiendo puesto (having put)
Past Participle *(Participio)*	puesto (put)	

II INDICATIVE MOOD, *Modo Indicativo*

Present: (put)

Yo pongo	Nosotros ponemos
Tú pones	Vosotros ponéis
Ud., él,	Ustedes,
ella pone	ellos ponen

Present Perfect: (have put)

He	puesto	Hemos	puesto
Has	"	Habéis	"
Ha	"	Han:	"

Past Imperfect: (was putting, used to put, put)

ponía	poníamos
ponías	poníais
ponía	ponían

Past Perfect: (had put)

Había	puesto	Habíamos	puesto
Habías	"	Habíais	"
Había	"	Habían	"

Preterit: (put)

puse	pusimos
pusiste	pusisteis
puso	pusieron

Preterit Perfect: (had put)

Hube	puesto	Hubimos	puesto
Hubiste	"	Hubisteis	"
Hubo	"	Hubieron	"

Future: (will put)

pondré	pondremos
pondrás	pondréis
pondrá	pondrán

Future Perfect: (will have put)

Habré	puesto	Habremos	puesto
Habrás	"	Habréis	"
Habrá	"	Habrán	"

III CONDITIONAL MOOD, *Modo Potencial*

Present: (would put)

pondría	pondríamos
pondrías	pondríais
pondría	pondrían

Conditional Perfect: (would have put)

Habría	puesto	Habríamos	puesto
Habrías	"	Habríais	"
Habría	"	Habrían	"

IV SUBJUNCTIVE MOOD, *Modo Subjuntivo*

Present Subj.: (that I may put)

ponga	pongamos
pongas	pongáis
ponga	pongan

Pres. Perf. Subj.: (that I may have put)

Haya	puesto	Hayamos	puesto
Hayas	"	Hayáis	"
Haya	"	Hayan	"

Past Imperf. Subj.: (that I might put)

pusiera	pusiéramos
pusieras	pusierais
pusiera	pusieran
pusiese	pusiésemos
pusieses	pusieseis
pusiese	pusiesen

Past Perf. Subj.: (that I might have put)

Hubiera	puesto	Hubiéramos	puesto
Hubieras	"	Hubierais	"
Hubiera	"	Hubieran	"
Hubiese	puesto	Hubiésemos	puesto
Hubieses	"	Hubieseis	"
Hubiese	"	Hubiesen	"

V IMPERATIVE MOOD, *Modo Imperativo*

Singular	Plural
	Pongamos (nosotros) (let us put)
Pon (tú) (put)	Poned (vosotros) (put)
Ponga (Ud., él)	Pongan (Uds., ellos)

Poner is of special irregularity. Similarly conjugated are *anteponer, deponer, descomponer, disponer, reponer.*

I   INFINITIVE MOOD, *Modo Infinitivo*

	Simple	Perfect
Infinitive *(Infinitivo)*	preferir (to prefer)	haber preferido (to have preferred)
Present Participle *(Gerundio)*	prefiriendo (preferring)	habiendo preferido (having preferred)
Past Participle *(Participio)*	preferido (preferred)	

II   INDICATIVE MOOD, *Modo Indicativo*

Present:	(prefer)	Present Perfect:	(have preferred)
Yo prefiero	Nosotros preferimos	He preferido	Hemos preferido
Tú prefieres	Vosotros preferís	Has "	Habéis "
Ud., él,	Ustedes,	Ha "	Han "
ella prefiere	ellos prefieren		

Past Imperfect:	(used to prefer, was preferring, preferred)	Past Perfect:	(had preferred)
prefería	preferíamos	Había preferido	Habíamos preferido
preferías	preferíais	Habías "	Habíais "
prefería	preferían	Había "	Habían "

Preterit:	(preferred)	Preterit Perfect:	(had preferred)
preferí	preferimos	Hube preferido	Hubimos preferido
preferiste	preferisteis	Hubiste "	Hubisteis "
prefirió	prefirieron	Hubo "	Hubieron "

Future:	(will prefer)	Future Perfect:	(will have preferred)
preferiré	preferiremos	Habré preferido	Habremos preferido
preferirás	preferiréis	Habrás "	Habréis "
preferirá	preferirán	Habrá "	Habrán "

III   CONDITIONAL MOOD, *Modo Potencial*

Present:	(would prefer)	Conditional Perfect:	(would have preferred)
preferiría	preferiríamos	Habría preferido	Habríamos preferido
preferirías	preferiríais	Habrías "	Habríais "
preferiría	preferirían	Habría "	Habrían "

IV   SUBJUNCTIVE MOOD, *Modo Subjuntivo*

Present Subj.:	(that I may prefer)	Pres. Perf. Subj.:	(that I may have preferred)
prefiera	prefiramos	Haya preferido	Hayamos preferido
prefieras	prefierais	Hayas "	Hayáis "
prefiera	prefieran	Haya "	Hayan "

Past Imperf. Subj.:	(that I might prefer)	Past Perf. Subj.:	(that I might have preferred)
prefiriera	prefiriéramos	Hubiera preferido	Hubiéramos preferido
prefirieras	prefirierais	Hubieras "	Hubierais "
prefiriera	prefirieran	Hubiera "	Hubieran "
prefiriese	prefiriésemos	Hubiese preferido	Hubiésemos preferido
prefirieses	prefirieseis	Hubieses "	Hubieseis "
prefiriese	prefiriesen	Hubiese "	Hubiesen "

V   IMPERATIVE MOOD, *Modo Imperativo*

Singular	Plural
	Prefiramos (nosotros) (let us prefer)
Prefiere (tú) (prefer)	Preferid (vosotros) (prefer)
Prefiera (Ud., él)	Prefieran (Uds., ellos)

Common irregular verbs similarly conjugated: all verbs ending in -ERIR, like *adherir, diferir, sugerir*, etc., and all other root-changing (e to ie, e to i) -IR verbs; see No. 70, page 29.

to prove, test, try, try on, taste

I INFINITIVE MOOD, *Modo Infinitivo*

	Simple	Perfect
Infinitive *(Infinitivo)*	probar (to prove)	haber probado (to have proved)
Present Participle *(Gerundio)*	probando (proving)	habiendo probado (having proved)
Past Participle *(Participio)*	probado (proved)	

II INDICATIVE MOOD, *Modo Indicativo*

Present: (prove)

Yo pruebo	Nosotros probamos
Tú pruebas	Vosotros probáis
Ud., él,	Ustedes,
ella prueba	ellos prueban

Present Perfect: (have proved)

He probado	Hemos probado
Has "	Habéis "
Ha "	Han "

Past Imperfect: (was proving, used to prove, proved)

probaba	probábamos
probabas	probabais
probaba	probaban

Past Perfect: (had proved)

Había probado	Habíamos probado
Habías "	Habíais "
Había "	Habían "

Preterit: (proved)

probé	probamos
probaste	probasteis
probó	probaron

Preterit Perfect: (had proved)

Hube probado	Hubimos probado
Hubiste "	Hubisteis "
Hubo "	Hubieron "

Future: (will prove)

probaré	probaremos
probarás	probaréis
probará	probarán

Future Perfect: (will have proved)

Habré probado	Habremos probado
Habrás "	Habréis "
Habrá "	Habrán "

III CONDITIONAL MOOD, *Modo Potencial*

Present: (would prove)

probaría	probaríamos
probarías	probaríais
probaría	probarían

Conditional Perfect: (would have proved)

Habría probado	Habríamos probado
Habrías "	Habríais "
Habría "	Habrían "

IV SUBJUNCTIVE MOOD, *Modo Subjuntivo*

Present Subj.: (that I may prove)

pruebe	probemos
pruebes	probéis
pruebe	prueben

Pres. Perf. Subj.: (that I may have proved)

Haya probado	Hayamos probado
Hayas "	Hayáis "
Haya "	Hayan "

Past Imperf. Subj.: (that I might prove)

probara	probáramos
probaras	probarais
probara	probara
probase	probásemos
probases	probaseis
probase	probasen

Past Perf. Subj.: (that I might have proved)

Hubiera probado	Hubiéramos probado
Hubieras "	Hubierais "
Hubiera "	Hubieran "
Hubiese probado	Hubiésemos probado
Hubieses "	Hubieseis "
Hubiese "	Hubiesen "

V IMPERATIVE MOOD, *Modo Imperativo*

Singular	Plural
	Probemos (nosotros) (let us prove)
Prueba (tú) (prove)	Probad (vosotros) (prove)
Pruebe (Ud., él)	Prueben (Uds., ellos)

Common irregular verbs similarly conjugated: *aprobar, comprobar, desaprobar, reprobar,* and all other root-changing (o to ue) -AR verbs; see No. 67, page 27.

I INFINITIVE MOOD, *Modo Infinitivo*

	Simple	Perfect
Infinitive *(Infinitivo)*	proteger (to protect)	haber protegido (to have protected)
Present Participle *(Gerundio)*	protegiendo (protecting)	habiendo protegido (having protected)
Past Participle *(Participio)*	protegido (protected)	

II INDICATIVE MOOD, *Modo Indicativo*

Present: (protect)

Yo protejo*	Nosotros protegemos
Tú proteges	Vosotros protegéis
Ud., él, ella protege	Ustedes, ellos protegen

Present Perfect: (have protected)

He	protegido	Hemos	protegido
Has	"	Habéis	"
Ha	"	Han	"

Past Imperfect: (used to protect, was protecting, protected)

protegía	protegíamos
protegías	protegíais
protegía	protegían

Past Perfect: (had protected)

Había	protegido	Habíamos	protegido
Habías	"	Habíais	"
Había	"	Habían	"

Preterit: (protected)

protegí	protegimos
protegiste	protegisteis
protegió	protegieron

Preterit Perfect: (had protected)

Hube	protegido	Hubimos	protegido
Hubiste		Hubisteis	
Hubo		Hubieron	

Future: (will protect)

protegeré	protegeremos
protegerás	protegeréis
protegerá	protegerán

Future Perfect: (will have protected)

Habré	protegido	Habremos	protegido
Habrás	"	Habréis	"
Habrá	"	Habrán	"

III CONDITIONAL MOOD, *Modo Potencial*

Present: (would protect)

protegería	protegeríamos
protegerías	protegeríais
protegería	protegerían

Conditional Perfect: (would have protected)

Habría	protegido	Habríamos	protegido
Habrías	"	Habríais	"
Habría	"	Habrían	"

IV SUBJUNCTIVE MOOD, *Modo Subjuntivo*

Present Subj.: (that I may protect)

proteja*	protejamos*
protejas*	protejáis*
proteja*	proteja*

Pres. Perf. Subj.: (that I may have protected)

Haya	protegido	Hayamos	protegido
Hayas	"	Hayáis	"
Haya	"	Hayan	"

Past Imperf. Subj.: (that I might protect)

protegiera	protegiéramos
protegieras	protegierais
protegiera	protegieran

Past Perf. Subj.: (that I might have protected)

Hubiera	protegido	Hubiéramos	protegido
Hubieras	"	Hubierais	"
Hubiera	"	Hubieran	"

protegiese	protegiésemos
protegieses	protegieseis
protegiese	protegiesen

Hubiese	protegido	Hubiésemos	protegido
Hubieses		Hubieseis	
Hubiese		Hubiesen	

V IMPERATIVE MOOD, *Modo Imperativo*

Singular	Plural
	Protejamos* (nosotros) (let us protect)
Protege (tú) (protect)	Proteged (vosotros) (protect)
Proteja* (Ud., él)	Protejan* (Uds., ellos)

Similarly conjugated: all other regular -ER verbs.

---

*g changes to j before a and o to retain soft g sound.

I   INFINITIVE MOOD, *Modo Infinitivo*

	Simple	Perfect
Infinitive *(Infinitivo)*	quebrar (to break)	haber quebrado (to have broken)
Present Participle *(Gerundio)*	quebrando (breaking)	habiendo quebrado (having broken)
Past Participle *(Participio)*	quebrado (broken)	

II   INDICATIVE MOOD, *Modo Indicativo*

Present: (break)

Yo quiebro	Nosotros quebramos
Tú quiebras	Vosotros quebráis
Ud., él,	Ustedes,
ella quiebra	ellos quiebran

Present Perfect: (have broken)

He quebrado	Hemos quebrado
Has "	Habéis "
Ha "	Han "

Past Imperfect: (was breaking, used to break, broke)

quebraba	quebrábamos
quebrabas	quebrabais
quebraba	quebraban

Past Perfect: (had broken)

Había quebrado	Habíamos quebrado
Habías "	Habíais "
Había "	Habían "

Preterit: (broke)

quebré	quebramos
quebraste	quebrasteis
quebró	quebraron

Preterit Perfect: (had broken)

Hube quebrado	Hubimos quebrado
Hubiste "	Hubisteis "
Hubo "	Hubieron "

Future: (will break)

quebraré	quebraremos
quebrarás	quebraréis
quebrará	quebrarán

Future Perfect: (will have broken)

Habré quebrado	Habremos quebrado
Habrás "	Habréis "
Habrá "	Habrán "

III   CONDITIONAL MOOD, *Modo Potencial*

Present: (would break)

quebraría	quebraríamos
quebrarías	quebraríais
quebraría	quebrarían

Conditional Perfect: (would have broken)

Habría quebrado	Habríamos quebrado
Habrías "	Habríais "
Habría "	Habrían "

IV   SUBJUNCTIVE MOOD, *Modo Subjuntivo*

Present Subj.:   (that I may break)

quiebre	quebremos
quiebres	quebréis
quiebre	quiebren

Pres. Perf. Subj.:   (that I may have broken)

Haya quebrado	Hayamos quebrado
Hayas "	Hayáis "
Haya "	Hayan "

Past Imperf. Subj.:   (that I might break)

quebrara	quebráramos
quebraras	quebrarais
quebrara	quebraran

quebrase	quebrásemos
quebrases	quebraseis
quebrase	quebrasen

Past Perf. Subj.:   (that I might have broken)

Hubiera quebrado	Hubiéramos quebrado
Hubieras "	Hubierais "
Hubiera "	Hubieran "

Hubiese quebrado	Hubiésemos quebrado
Hubieses "	Hubieseis "
Hubiese "	Hubiesen "

V   IMPERATIVE MOOD, *Modo Imperativo*

Singular	Plural
	Quebremos (nosotros) (let us break)
Quiebra (tú) (break)	Quebrad (vosotros) (break)
Quiebre (Ud., él)	Quiebren (Uds., ellos)

Common irregular verbs similarly conjugated: all other root-changing (e to *ie*) -AR verbs; see No. 66, page 27.

I INFINITIVE MOOD, *Modo Infinitivo*

	Simple	Perfect
Infinitive *(Infinitivo)*	quejarse (to complain)	haberse quejado (to have complained)
Present Participle *(Gerundio)*	quejándose (complaining)	habiéndose quejado (having complained)
Past Participle *(Participio)*	quejado (complained)	

II INDICATIVE MOOD, *Modo Indicativo*

Present: (complain)

Yo me quejo	Nosotros nos quejamos
Tú te quejas	Vosotros os quejáis
Ud., él,	Ustedes,
ella se queja	ellos se quejan

Present Perfect: (have complained)

me he quejado	nos hemos quejado
te has "	os habéis "
se ha "	se han "

Past Imperfect: (was complaining)*

me quejaba	nos quejábamos
te quejabas	os quejabais
se quejaba	se quejaban

Past Perfect: (had complained)

me había quejado	nos habíamos quejado
te habías "	os habíais "
se había "	se habían "

Preterit: (complained)

me quejé	nos quejamos
te quejaste	os quejasteis
se quejó	se quejaron

Preterit Perfect: (had complained)

me hube quejado	nos hubimos quejado
te hubiste "	os hubisteis "
se hubo "	se hubieron "

Future: (will complain)

me quejaré	nos quejaremos
te quejarás	os quejaréis
se quejará	se quejarán

Future Perfect: (will have complained)

me habré quejado	nos habremos quejado
te habrás "	os habréis "
se habrá "	se habrán "

III CONDITIONAL MOOD, *Modo Potencial*

Present: (would complain)

me quejaría	nos quejaríamos
te quejarías	os quejaríais
se quejaría	se quejarían

Conditional Perfect: (would have complained)

me habría quejado	nos habríamos quejado
te habrías "	os habríais "
se habría "	se habrían "

IV SUBJUNCTIVE MOOD, *Modo Subjuntivo*

Present Subj.: (that I may complain)

me queje	nos quejemos
te quejes	os quejéis
se queje	se quejen

Pres. Perf. Subj.: (that I may have complained)

me haya quejado	nos hayamos quejado
te hayas "	os hayáis "
se haya "	se hayan "

Past Imperf. Subj.: (that I might complain)

me quejara	nos quejáramos
te quejaras	os quejarais
se quejara	se quejaran

Past Perf. Subj.: (that I might have complained)

me hubiera quejado	nos hubiéramos quejado
te hubieras "	os hubierais "
se hubiera "	se hubieran "

me quejase	nos quejásemos
te quejases	os quejaseis
se quejase	se quejasen

me hubiese quejado	nos hubiésemos quejado
te hubieses "	os hubieseis "
se hubiese "	se hubiesen "

V IMPERATIVE MOOD, *Modo Imperativo*

Singular	Plural
	Quejémonos (nosotros) (let us complain)
Quéjate (tú) (complain)	Quejaos (vosotros) (complain)
Quéjese (Ud., él)	Quéjense (Uds., ellos)

Similarly conjugated: all other regular -AR verbs.

---

* used to complain, complained

QUERER
to want, wish, love

I INFINITIVE MOOD, *Modo Infinitivo*

	Simple	Perfect
Infinitive *(Infinitivo)*	querer (to want)	haber querido (to have wanted)
Present Participle *(Gerundio)*	queriendo (wanting)	habiendo querido (having wanted)
Past Participle *(Participio)*	querido (wanted)	

II INDICATIVE MOOD, *Modo Indicativo*

Present: (want)

Yo quiero	Nosotros queremos
Tú quieres	Vosotros queréis
Ud., él, ella quiere	Ustedes, ellos quieren

Present Perfect: (have wanted)

He querido	Hemos querido
Has "	Habéis "
Ha "	Han "

Past Imperfect: (used to want, was wanting, wanted)

quería	queríamos
querías	queríais
quería	querían

Past Perfect: (had wanted)

Había querido	Habíamos querido
Habías "	Habíais "
Había "	Habían "

Preterit: (wanted)

quise	quisimos
quisiste	quisisteis
quiso	quisieron

Preterit Perfect: (had wanted)

Hube querido	Hubimos querido
Hubiste "	Hubisteis "
Hubo "	Hubieron "

Future: (will want)

querré	querremos
querrás	querréis
querrá	querrán

Future Perfect: (will have wanted)

Habré querido	Habremos querido
Habrás "	Habréis "
Habrá "	Habrán "

III CONDITIONAL MOOD, *Modo Potencial*

Present: (would want)

querría	querríamos
querrías	querríais
querría	querrían

Conditional Perfect: (would have wanted)

Habría querido	Habríamos querido
Habrías "	Habríais "
Habría "	Habrían "

IV SUBJUNCTIVE MOOD, *Modo Subjuntivo*

Present Subj.: (that I may want)

quiera	queramos
quieras	queráis
quiera	quieran

Pres. Perf. Subj.: (that I may have wanted)

Haya querido	Hayamos querido
Hayas "	Hayáis "
Haya "	Hayan "

Past Imperf. Subj.: (that I might want)

quisiera	quisiéramos
quisieras	quisierais
quisiera	quisieran
quisiese	quisiésemos
quisieses	quisieseis
quisiese	quisiesen

Past Perf. Subj.: (that I might have wanted)

Hubiera querido	Hubiéramos querido
Hubieras "	Hubierais "
Hubiera "	Hubieran "
Hubiese querido	Hubiésemos querido
Hubieses "	Hubieseis "
Hubiese "	Hubiesen "

V IMPERATIVE MOOD, *Modo Imperativo*

Singular	Plural
	Queramos (nosotros) (let us want)
Quiere (tú) (want)	Quered (vosotros) (want)
Quiera (Ud., él)	Quieran (Uds., ellos)

Querer is of special irregularity. See No. 64, page 25.

I INFINITIVE MOOD, *Modo Infinitivo*

	Simple	Perfect
Infinitive *(Infinitivo)*	recibir (to receive)	haber recibido (to have received)
Present Participle *(Gerundio)*	recibiendo (receiving)	habiendo recibido (having received)
Past Participle *(Participio)*	recibido (received)	

II INDICATIVE MOOD, *Modo Indicativo*

Present: (receive)

Yo recibo	Nosotros recibimos
Tú recibes	Vosotros recibís
Ud., él, ella recibe	Ustedes, ellos reciben

Present Perfect: (have received)

He recibido	Hemos recibido
Has "	Habéis "
Ha "	Han "

Past Imperfect: (was receiving, used to receive)

recibía	recibíamos
recibías	recibíais
recibía	recibían

Past Perfect: (had received)

Había recibido	Habíamos recibido
Habías "	Habíais "
Había "	Habían "

Preterit: (received)

recibí	recibimos
recibiste	recibisteis
recibió	recibieron

Preterit Perfect: (had received)

Hube recibido	Hubimos recibido
Hubiste "	Hubisteis "
Hubo "	Hubieron "

Future: (will receive)

recibiré	recibiremos
recibirás	recibiréis
recibirá	recibirán

Future Perfect: (will have received)

Habré recibido	Habremos recibido
Habrás "	Habréis "
Habrá "	Habrán "

III CONDITIONAL MOOD, *Modo Potencial*

Present: (would receive)

recibiría	recibiríamos
recibirías	recibiríais
recibiría	recibirían

Conditional Perfect: (would have received)

Habría recibido	Habríamos recibido
Habrías "	Habríais "
Habría "	Habrían "

IV SUBJUNCTIVE MOOD, *Modo Subjuntivo*

Present Subj.: (that I may receive)

reciba	recibamos
recibas	recibáis
reciba	reciban

Pres. Perf. Subj.: (that I may have received)

Haya recibido	Hayamos recibido
Hayas "	Hayáis "
Haya "	Hayan "

Past Imperf. Subj.: (that I might receive)

recibiera	recibiéramos
recibieras	recibierais
recibiera	recibieran

Past Perf. Subj.: (that I might have received)

Hubiera recibido	Hubiéramos recibido
Hubieras "	Hubierais "
Hubiera "	Hubieran "

recibiese	recibiésemos
recibieses	recibieseis
recibiese	recibiesen

Hubiese recibido	Hubiésemos recibido
Hubieses "	Hubieseis "
Hubiese "	Hubiesen "

V IMPERATIVE MOOD, *Modo Imperativo*

Singular	Plural
	Recibamos (nosotros) (let us receive)
Recibe (tú) (receive)	Recibid (vosotros) (receive)
Reciba (Ud., él)	Reciban (Uds., ellos)

Similarly conjugated: all other regular -IR verbs.

I INFINITIVE MOOD, *Modo Infinitivo*

	Simple	Perfect
Infinitive *(Infinitivo)*	recordar (to remember)	haber recordado (to have remembered)
Present Participle *(Gerundio)*	recordando (remembering)	habiendo recordado (having remembered)
Past Participle *(Participio)*	recordado (remembered)	

II INDICATIVE MOOD, *Modo Indicativo*

Present: (remember)

Yo recuerdo	Nosotros recordamos
Tú recuerdas	Vosotros recordáis
Ud., él, ella recuerda	Ustedes, ellos recuerdan

Present Perfect: (have remembered)

He	recordado	Hemos	recordado
Has	"	Habéis	"
Ha	"	Han	"

Past Imperfect: (used to remember)*

recordaba	recordábamos
recordabas	recordabais
recordaba	recordaban

Past Perfect: (had remembered)

Había	recordado	Habíamos	recordado
Habías	"	Habíais	"
Había	"	Habían	"

Preterit: (remembered)

recordé	recordamos
recordaste	recordasteis
recordó	recordaron

Preterit Perfect: (had remembered)

Hube	recordado	Hubimos	recordado
Hubiste	"	Hubisteis	"
Hubo	"	Hubieron	"

Future: (will remember)

recordaré	recordaremos
recordarás	recordaréis
recordará	recordarán

Future Perfect: (will have remembered)

Habré	recordado	Habremos	recordado
Habrás	"	Habréis	"
Habrá	"	Habrán	"

III CONDITIONAL MOOD, *Modo Potencial*

Present: (would remember)

recordaría	recordaríamos
recordarías	recordaríais
recordaría	recordarían

Conditional Perfect: (would have remembered)

Habría	recordado	Habríamos	recordado
Habrías	"	Habríais	"
Habría	"	Habrían	"

IV SUBJUNCTIVE MOOD, *Modo Subjuntivo*

Present Subj.: (that I may remember)

recuerde	recordemos
recuerdes	recordéis
recuerde	recuerden

Pres. Perf. Subj.: (that I may have remembered)

Haya	recordado	Hayamos	recordado
Hayas	"	Hayáis	"
Haya	"	Hayan	"

Past Imperf. Subj.: (that I might remember)

recordara	recordáramos
recordaras	recordarais
recordara	recordaran
recordase	recordásemos
recordases	recordaseis
recordase	recordasen

Past Perf. Subj.: (that I might have remembered)

Hubiera	recordado	Hubiéramos	recordado
Hubieras	"	Hubierais	"
Hubiera	"	Hubieran	"
Hubiese	recordado	Hubiésemos	recordado
Hubieses	"	Hubieseis	"
Hubiese	"	Hubiesen	"

V IMPERATIVE MOOD, *Modo Imperativo*

Singular	Plural
	Recordemos (nosotros) (let us remember)
Recuerda (tú) (remember)	Recordad (vosotros) (remember)
Recuerde (Ud., él)	Recuerden (Uds., ellos)

Common irregular verbs similarly conjugated: all verbs ending in -ORDAR, like *acordar* (to agree), *acordarse, concordar,* and all other root-changing (o to *ue*) -AR verbs; see No. 67, p. 27.

---

*was remembering, remembered

I   INFINITIVE MOOD, *Modo Infinitivo*

	Simple	Perfect
Infinitive *(Infinitivo)*	reír (to laugh)	haber reído (to have laughed)
Present Participle *(Gerundio)*	riendo (laughing)	habiendo reído (having laughed)
Past Participle *(Participio)*	reído (laughed)	

II   INDICATIVE MOOD, *Modo Indicativo*

Present: (laugh)

Yo río	Nosotros reímos
Tú ríes	Vosotros reís
Ud., él,	Ustedes,
ella ríe	ellos ríen

Present Perfect: (have laughed)

He reído	Hemos reído
Has "	Habéis "
Ha "	Han "

Past Imperfect: (used to laugh, was laughing, laughed)

reía	reíamos
reías	reíais
reía	reían

Past Perfect: (had laughed)

Había reído	Habíamos reído
Habías "	Habíais "
Había "	Habían "

Preterit: (laughed)

reí	reímos
reíste	reísteis
rió	rieron

Preterit Perfect: (had laughed)

Hube reído	Hubimos reído
Hubiste "	Hubisteis "
Hubo "	Hubieron "

Future: (will laugh)

reiré	reiremos
reirás	reiréis
reirá	reirán

Future Perfect: (will have laughed)

Habré reído	Habremos reído
Habrás "	Habréis "
Habrá "	Habrán "

III   CONDITIONAL MOOD, *Modo Potencial*

Present: (would laugh)

reiría	reiríamos
reirías	reiríais
reiría	reirían

Conditional Perfect: (would have laughed)

Habría reído	Habríamos reído
Habrías "	Habríais "
Habría "	Habrían "

IV   SUBJUNCTIVE MOOD, *Modo Subjuntivo*

Present Subj.: (that I may laugh)

ría	riamos
rías	riáis
ría	rían

Pres. Perf. Subj.: (that I may have laughed)

Haya reído	Hayamos reído
Hayas "	Hayáis "
Haya "	Hayan "

Past Imperf. Subj.: (that I might laugh)

riera	riéramos
rieras	rierais
riera	rieran
riese	riésemos
rieses	rieseis
riese	riesen

Past Perf. Subj.: (that I might have laughed)

Hubiera reído	Hubiéramos reído
Hubieras "	Hubierais "
Hubiera "	Hubieran "
Hubiese reído	Hubiésemos reído
Hubieses "	Hubieseis "
Hubiese "	Hubiesen "

V   IMPERATIVE MOOD, *Modo Imperativo*

Singular	Plural
	Riamos (nosotros) (let us laugh)
Ríe (tú) (laugh)	Reíd (vosotros) (laugh)
Ría (Ud., él)	Rían (Uds., ellos)

Common irregular verbs similarly conjugated: *sonreir, freir, refreir, sofreir, etc.;* see No. 69, page 29.

REÍRSE de
to laugh at

I INFINITIVE MOOD, *Modo Infinitivo*

	Simple	Perfect
Infinitive *(Infinitivo)*	reírse (to laugh)	haberse reído (to have laughed)
Present Participle *(Gerundio)*	riéndose (laughing)	habiéndose reído (having laughed)
Past Participle *(Participio)*	reído (laughed)	

II INDICATIVE MOOD, *Modo Indicativo*

Present: (laugh)

		Present Perfect: (have laughed)	
Yo me río	Nosotros nos reímos	me he reído	nos hemos reído
Tú te ríes	Vosotros os reís	te has "	os habéis "
Ud., él,	Ustedes,	se ha "	se han "
ella se ríe	ellos se ríen		

Past Imperfect: (used to laugh, was laughing, laughed) **Past Perfect:** (have laughed)

me reía	nos reíamos	me había reído	nos habíamos reído
te reías	os reíais	te habías "	os habíais "
se reía	se reían	se había "	se habían "

Preterit: (laughed)

		Preterit Perfect: (had laughed)	
me reí	nos reímos	me hube reído	nos hubimos reído
te reíste	os reísteis	te hubiste "	os hubisteis "
se rió	se rieron	se hubo "	se hubieron "

Future: (will laugh)

		Future Perfect: (will have laughed)	
me reiré	nos reiremos	me habré reído	nos habremos reído
te reirás	os reiréis	te habrás "	os habréis "
se reirá	se reirán	se habrá "	se habrán "

III CONDITIONAL MOOD, *Modo Potencial*

Present: (would laugh)

		Conditional Perfect: (would have laughed)	
me reiría	nos reíamos	me habría reído	nos habríamos reído
te reirías	os reiríais	te habrías "	os habríais "
se reiría	se reirían	se habría "	se habrían "

IV SUBJUNCTIVE MOOD, *Modo Subjuntivo*

Present Subj.: (that I may laugh)

		Pres. Perf. Subj.: (that I may have laughed)	
me ría	nos riamos	me haya reído	nos hayamos reído
te rías	os riáis	te hayas "	os hayáis "
se ría	se rían	se haya "	se hayan "

Past Imperf. Subj.: (that I might laugh)

		Past Perf. Subj.: (that I might have laughed)	
me riera	nos riéramos	me hubiera reído	nos hubiéramos reído
te rieras	os rierais	te hubieras "	os hubierais "
se riera	se rieran	se hubiera "	se hubieran "
me riese	nos riésemos	me hubiese reído	nos hubiésemos reído
te rieses	os rieseis	te hubieses "	os hubieseis "
se riese	se riesen	se hubiese "	se hubiesen "

V IMPERATIVE MOOD, *Modo Imperativo*

Singular	Plural
	Riámonos (nosotros) (let us laugh)
Ríete (tú) (laugh)	Reíos (vosotros) (laugh)
Ríase (Ud., él)	Ríanse (Uds., ellos)

See *reir*, p. 160, also No. 69, page 29.

I   INFINITIVE MOOD, *Modo Infinitivo*

	Simple	Perfect
Infinitive *(Infinitivo)*	remendar (to mend)	haber remendado (to have mended)
Present Participle *(Gerundio)*	remendando (mending)	habiendo remendado (having mended)
Past Participle *(Participio)*	remendado (mended)	

II   INDICATIVE MOOD, *Modo Indicativo*

Present: (mend)

Yo remiendo	Nosotros remendamos
Tú remiendas	Vosotros remendáis
Ud., él,	Ustedes,
ella remienda	ellos remiendan

Present Perfect: (have mended)

He remendado	Hemos remendado
Has "	Habéis "
Ha "	Han "

Past Imperfect: (used to mend, was mending, mended)

remendaba	remendábamos
remendabas	remendabais
remendaba	remendaban

Past Perfect: (had mended)

Había remendado	Habíamos remendado
Habías "	Habíais "
Había "	Habían "

Preterit: (mended)

remendé	remendamos
remendaste	remendasteis
remendó	remendaron

Preterit Perfect: (had mended)

Hube remendado	Hubimos remendado
Hubiste "	Hubisteis "
Hubo "	Hubieron "

Future: (will mend)

remendaré	remendaremos
remendarás	remendaréis
remendará	remendarán

Future Perfect: (will have mended)

Habré remendado	Habremos remendado
Habrás "	Habréis "
Habrá "	Habrán "

III   CONDITIONAL MOOD, *Modo Potencial*

Present: (would mend)

remendaría	remendaríamos
remendarías	remendaríais
remendaría	remendarían

Conditional Perfect: (would have mended)

Habría remendado	Habríamos remendado
Habrías "	Habríais "
Habría "	Habrían "

IV   SUBJUNCTIVE MOOD, *Modo Subjuntivo*

Present Subj.:   (that I may mend)

remiende	remendemos
remiendes	remendéis
remiende	remienden

Pres. Perf. Subj.:   (that I may have mended)

Haya remendado	Hayamos remendado
Hayas "	Hayáis "
Haya "	Hayan "

Past Imperf. Subj.:   (that I might mend)

remendara	remendáramos
remendaras	remendarais
remendara	remendaran
remendase	remendásemos
remendases	remendaseis
remendase	remendasen

Past Perf. Subj.:   (that I might have mended)

Hubiera remendado	Hubiéramos remendado
Hubieras "	Hubierais "
Hubiera "	Hubieran "
Hubiese remendado	Hubiésemos remendado
Hubieses "	Hubieseis "
Hubiese "	Hubiesen "

V   IMPERATIVE MOOD, *Modo Imperativo*

Singular	Plural
	Remendemos (nosotros) (let us mend)
Remienda (tú) (mend)	Remendad (vosotros) (mend)
Remiende (Ud., él)	Remienden (Uds., ellos)

Common irregular verbs similarly conjugated: all verbs ending in -ENDAR, like *arrendar,*
enmendar, merendar, recomendar, etc., and all other root-changing (*e* to *ie*) -AR verbs; see
No. 66, page 26.

I INFINITIVE MOOD, *Modo Infinitivo*

	Simple	Perfect
Infinitive *(Infinitivo)*	rendirse (to surrender)	haberse rendido (to have surrendered)
Present Participle *(Gerundio)*	rindiéndose (surrendering)	habiéndose rendido (having surrendered)
Past Participle *(Participio)*	rendido (surrendered)	

II INDICATIVE MOOD, *Modo Indicativo*

Present: (surrender)

		Present Perfect: (have surrendered)	
Yo me rindo	Nosotros nos rendimos	me he rendido	nos hemos rendido
Tú te rindes	Vosotros os rendís	te has "	os habéis "
Ud., él, ella se rinde	Ustedes, ellos se rinden	se ha "	se han "

Past Imperfect: (used to surrender)*

		Past Perfect: (had surrendered)	
me rendía	nos rendíamos	me había rendido	nos habíamos rendido
te rendías	os rendíais	te habías "	os habíais "
se rendía	se rendían	se había "	se habían "

Preterit: (surrendered)

		Preterit Perfect: (had surrendered)	
me rendí	nos rendimos	me hube rendido	nos hubimos rendido
te rendiste	os rendisteis	te hubiste "	os hubisteis "
se rindió	se rindieron	se hubo "	se hubieron "

Future: (will surrender)

		Future Perfect: (will have surrendered)	
me rendiré	nos rendiremos	me habré rendido	nos habremos rendido
te rendirás	os rendiréis	te habrás "	os habréis "
se rendirá	se rendirán	se habrá "	se habrán "

III CONDITIONAL MOOD, *Modo Potencial*

Present: (would surrender)

		Conditional Perfect: (would have surrendered)	
me rendiría	nos rendiríamos	me habría rendido	nos habríamos rendido
te rendirías	os rendiríais	te habrías "	os habríais "
se rendiría	se rendirían	se habría "	se habrían "

IV SUBJUNCTIVE MOOD, *Modo Subjuntivo*

Present Subj.: (that I may surrender)

		Pres. Perf. Subj.: (that I may have surrendered)	
me rinda	nos rindamos	me haya rendido	nos hayamos rendido
te rindas	os rindáis	te hayas "	os hayáis "
se rinda	se rindan	se haya "	se hayan "

Past Imperf. Subj.: (that I might surrender)

		Past Perf. Subj.: (that I might have surrendered)	
me rindiera	nos rindiéramos	me hubiera rendido	nos hubiéramos rendido
te rindieras	os rindiérais	te hubieras "	os hubierais "
se rindiera	se rindieran	se hubiera "	se hubieran "
me rindiese	nos rindiésemos	me hubiese rendido	nos hubiésemos rendido
te rindieses	os rindieseis	te hubieses "	os hubieseis "
se rindiese	se rindiesen	se hubiese "	se hubiesen "

V IMPERATIVE MOOD, *Modo Imperativo*

Singular	Plural
	Rindámonos (nosotros) (let us surrender)
Ríndete (tú) (surrender)	Rendíos (vosotros) (surrender)
Ríndase (Ud., él)	Ríndanse (Uds., ellos)

Similarly conjugated: all other root-changing (e to i) -IR verbs; see No. 68, page 28.

---

* was surrendering, surrendered

I INFINITIVE MOOD, *Modo Infinitivo*

	Simple	Perfect
Infinitive *(Infinitivo)*	repetir (to repeat)	haber repetido (to have repeated)
Present Participle *(Gerundio)*	repitiendo (repeating)	habiendo repetido (having repeated)
Past Participle *(Participio)*	repetido (repeated)	

II INDICATIVE MOOD, *Modo Indicativo*

Present: (repeat)

Yo repito	Nosotros repetimos
Tú repites	Vosotros repetís
Ud., él, ella repite	Ustedes, ellos repiten

Present Perfect: (have repeated)

He repetido	Hemos repetido
Has "	Habéis "
Ha "	Han "

Past Imperfect: (was repeating, used to repeat, repeated)

repetía	repetíamos
repetías	repetíais
repetía	repetían

Past Perfect: (had repeated)

Había repetido	Habíamos repetido
Habías "	Habíais "
Había "	Habían "

Preterit: (repeated)

repetí	repetimos
repetiste	repetisteis
repitió	repitieron

Preterit Perfect: (had repeated)

Hube repetido	Hubimos repetido
Hubiste "	Hubisteis "
Hubo "	Hubieron "

Future: (will repeat)

repetiré	repetiremos
repetirás	repetiréis
repetirá	repetirán

Future Perfect: (will have repeated)

Habré repetido	Habremos repetido
Habrás "	Habréis "
Habrá "	Habrán "

III CONDITIONAL MOOD, *Modo Potencial*

Present: (would repeat)

repetiría	repetiríamos
repetirías	repetiríais
repetiría	repetirían

Conditional Perfect: (would have repeated)

Habría repetido	Habríamos repetido
Habrías "	Habríais "
Habría "	Habrían "

IV SUBJUNCTIVE MOOD, *Modo Subjuntivo*

Present Subj.: (that I may repeat)

repita	repitamos
repitas	repitáis
repita	repitan

Pres. Perf. Subj.: (that I may have repeated)

Haya repetido	Hayamos repetido
Hayas "	Hayáis "
Haya "	Hayan "

Past Imperf. Subj.: (that I might repeat)

repitiera	repitiéramos
repitieras	repitierais
repitiera	repitieran

Past Perf. Subj.: (that I might have repeated)

Hubiera repetido	Hubiéramos repetido
Hubieras "	Hubierais "
Hubiera "	Hubieran "

repitiese	repitiésemos
repitieses	repitieseis
repitiese	repitiesen

Hubiese repetido	Hubiésemos repetido
Hubieses "	Hubieseis "
Hubiese "	Hubiesen "

V IMPERATIVE MOOD, *Modo Imperativo*

Singular	Plural
	Repitamos (nosotros) (let us repeat)
Repite (tú) (repeat)	Repetid (vosotros) (repeat)
Repita (Ud., él)	Repitan (Uds., ellos)

Common irregular verbs similarly conjugated: *competir, derretir,* and all other root-changing (e to i) -IR verbs; see No. 68, page 28.

I   INFINITIVE MOOD, *Modo Infinitivo*

	Simple	Perfect
Infinitive *(Infinitivo)*	rogar (to implore)	haber rogado (to have implored)
Present Participle *(Gerundio)*	rogando (imploring)	habiendo rogado (having implored)
Past Participle *(Participio)*	rogado (implored)	

II   INDICATIVE MOOD, *Modo Indicativo*

Present: (implore)

		Present Perfect: (have implored)		
Yo **ruego**	Nosotros rogamos	He rogado	Hemos rogado
Tú **ruegas**	Vosotros rogáis	Has "	Habéis "
Ud., él, ella **ruega**	Ustedes, ellos **ruegan**	Ha "	Han "

Past Imperfect: (was imploring, used to implore, implored)   **Past Perfect:** (had implored)

rogaba	rogábamos	Había rogado	Habíamos rogado
rogabas	rogabais	Habías "	Habíais "
rogaba	rogaban	Había "	Habían "

Preterit: (implored)   **Preterit Perfect:** (had implored)

rogué*	rogamos	Hube rogado	Hubimos rogado
rogaste	rogasteis	Hubiste "	Hubisteis "
rogó	rogaron	Hubo "	Hubieron "

Future: (will implore)   **Future Perfect:** (will have implored)

rogaré	rogaremos	Habré rogado	Habremos rogado
rogarás	rogaréis	Habrás "	Habréis "
rogará	rogarán	Habrá "	Habrán "

III   CONDITIONAL MOOD, *Modo Potencial*

Present: (would implore)   **Conditional Perfect:** (would have implored)

rogaría	rogaríamos	Habría rogado	Habríamos rogado
rogarías	rogaríais	Habrías "	Habríais "
rogaría	rogarían	Habría "	Habrían "

IV   SUBJUNCTIVE MOOD, *Modo Subjuntivo*

Present Subj.: (that I may implore)   **Pres. Perf. Subj.:** (that I may have implored)

ruegue *	roguemos*	Haya rogado	Hayamos rogado
ruegues *	roguéis*	Hayas "	Hayáis "
ruegue *	**rueguen** *	Haya "	Hayan "

Past Imperf. Subj.: (that I might implore)   **Past Perf. Subj.:** (that I might have implored)

rogara	rogáramos	Hubiera rogado	Hubiéramos rogado
rogaras	rogarais	Hubieras "	Hubierais "
rogara	rogaran	Hubiera "	Hubieran "
rogase	rogásemos	Hubiese rogado	Hubiésemos rogado
rogases	rogaseis	Hubieses "	Hubieseis "
rogase	rogasen	Hubiese "	Hubiesen "

V   IMPERATIVE MOOD, *Modo Imperativo*

Singular	Plural
	Roguemos* (nosotros) (let us implore)
Ruega (tú) (implore)	Rogad (vosotros) (implore)
Ruegue* (Ud., él)	Rueguen* (Uds., ellos)

Common irregular verbs similarly conjugated: all other root-changing (o to *ue*) -AR verbs; see No. 67, page 27.

---

*u is inserted between *g* and the e of the verb endings to retain hard *g* sound;   see Nos. 62-63, pages 24-25.

I INFINITIVE MOOD, *Modo Infinitivo*

	Simple	Perfect
Infinitive *(Infinitivo)*	romper (to break)	haber roto* (to have broken)
Present Participle *(Gerundio)*	rompiendo (breaking)	habiendo roto* (having broken)
Past Participle *(Participio)*	roto* (broken)	

II INDICATIVE MOOD, *Modo Indicativo*

Present: (break)		Present Perfect: (have broken)	
Yo rompo	Nosotros rompemos	He roto*	Hemos roto*
Tú rompes	Vosotros rompéis	Has "	Habéis "
Ud., él,	Ustedes,	Ha "	Han "
ella rompe	ellos rompen		

Past Imperfect: (was breaking, used to break, broke)		Past Perfect: (had broken)	
rompía	rompíamos	Había roto*	Habíamos roto*
rompías	rompíais	Habías "	Habíais "
rompía	rompían	Había "	Habían "

Preterit: (broke)		Preterit Perfect: (had broken)	
rompí	rompimos	Hube roto*	Hubimos roto*
rompiste	rompisteis	Hubiste "	Hubisteis "
rompió	rompieron	Hubo "	Hubieron "

Future: (will break)		Future Perfect: (will have broken)	
romperé	romperemos	Habré roto*	Habremos roto*
romperás	romperéis	Habrás "	Habréis "
romperá	romperán	Habrá "	Habrán "

III CONDITIONAL MOOD, *Modo Potencial*

Present: (would break)		Conditional Perfect: (would have broken)	
rompería	romperíamos	Habría roto*	Habríamos roto*
romperías	romperíais	Habrías "	Habríais "
rompería	romperían	Habría "	Habrían "

IV SUBJUNCTIVE MOOD, *Modo Subjuntivo*

Present Subj.: (that I may break)		Pres. Perf. Subj.: (that I may have broken)	
rompa	rompamos	Haya roto*	Hayamos roto*
rompas	rompáis	Hayas "	Hayáis "
rompa	rompan	Haya "	Hayan "

Past Imperf. Subj.: (that I might break)		Past Perf. Subj.: (that I might have broken)	
rompiera	rompiéramos	Hubiera roto*	Hubiéramos roto*
rompieras	rompierais	Hubieras "	Hubierais "
rompiera	rompieran	Hubiera "	Hubieran "
rompiese	rompiésemos	Hubiese roto*	Hubiésemos roto*
rompieses	rompieseis	Hubieses "	Hubieseis "
rompiese	rompiesen	Hubiese "	Hubiesen "

V IMPERATIVE MOOD, *Modo Imperativo*

Singular	Plural
	Rompamos (nosotros) (let us break)
Rompe (tú) (break)	Romped (vosotros) (break)
Rompa (Ud., él)	Rompan (Uds., ellos)

*Conjugated like all regular -ER verbs, except for past participle *(roto)*.

I INFINITIVE MOOD, *Modo Infinitivo*

	Simple	Perfect
Infinitive *(Infinitivo)*	saber (to know)	haber sabido (to have known)
Present Participle *(Gerundio)*	sabiendo (knowing)	habiendo sabido (having known)
Past Participle *(Participio)*	sabido (known)	

II INDICATIVE MOOD, *Modo Indicativo*

Present:	(know)		Present Perfect:	(have known)	
Yo sé		Nosotros sabemos	He sabido		Hemos sabido
Tú sabes		Vosotros sabéis	Has "		Habéis "
Ud., él,		Ustedes,	Ha "		Han "
ella sabe		ellos saben			

Past Imperfect:	(used to know, was knowing, knew)		Past Perfect:	(had known)	
sabía		sabíamos	Había sabido		Habíamos sabido
sabías		sabíais	Habías "		Habíais "
sabía		sabían	Había "		Habían "

Preterit:	(knew)		Preterit Perfect:	(had known)	
supe		supimos	Hube sabido		Hubimos sabido
supiste		supisteis	Hubiste "		Hubisteis "
supo		supieron	Hubo "		Hubieron "

Future:	(will know)		Future Perfect:	(will have known)	
sabré		sabremos	Habré sabido		Habremos sabido
sabrás		sabréis	Habrás "		Habréis "
sabrá		sabrán	Habrá "		Habrán "

III CONDITIONAL MOOD, *Modo Potencial*

Present:	(would know)		Conditional Perfect:	(would have known)	
sabría		sabríamos	Habría sabido		Habríamos sabido
sabrías		sabríais	Habrías "		Habríais "
sabría		sabrían	Habría "		Habrían "

IV SUBJUNCTIVE MOOD, *Modo Subjuntivo*

Present Subj.:	(that I may know)		Pres. Perf. Subj.:	(that I may have known)	
sepa		sepamos	Haya sabido		Hayamos sabido
sepas		sepáis	Hayas "		Hayáis "
sepa		sepan	Haya "		Hayan "

Past Imperf. Subj.:	(that I might know)		Past Perf. Subj.:	(that I might have known)	
supiera		supiéramos	Hubiera sabido		Hubiéramos sabido
supieras		supierais	Hubieras "		Hubierais "
supiera		supieran	Hubiera "		Hubieran "
supiese		supiésemos	Hubiese sabido		Hubiésemos sabido
supieses		supieseis	Hubieses "		Hubieseis "
supiese		supiesen	Hubiese "		Hubiesen "

V IMPERATIVE MOOD, *Modo Imperativo*

Singular	Plural
	Sepamos (nosotros) (let us know)
Sabe (tú) (know)	Sabed (vosotros) (know)
Sepa (Ud., él)	Sepan (Uds., ellos)

Saber is of special irregularity. See No. 64, page 25.

I INFINITIVE MOOD, *Modo Infinitivo*

	Simple	Perfect
Infinitive *(Infinitivo)*	salir (to leave)	haber salido (to have left)
Present Participle *(Gerundio)*	saliendo (leaving)	habiendo salido (having left)
Past Participle *(Participio)*	salido (left)	

II INDICATIVE MOOD, *Modo Indicativo*

Present: (leave)		Present Perfect: (have left)	
Yo salgo	Nosotros salimos	He salido	Hemos salido
Tú sales	Vosotros salís	Has "	Habéis "
Ud., él,	Ustedes,	Ha "	Han "
ella sale	ellos salen		

Past Imperfect: (was leaving, used to leave, left)		Past Perfect: (had left)	
salía	salíamos	Había salido	Habíamos salido
salías	salíais	Habías "	Habíais "
salía	salían	Había "	Habían "

Preterit: (left)		Preterit Perfect: (had left)	
salí	salimos	Hube salido	Hubimos salido
saliste	salisteis	Hubiste "	Hubisteis "
salió	salieron	Hubo "	Hubieron "

Future: (will leave)		Future Perfect: (will have left)	
saldré	saldremos	Habré salido	Habremos salido
saldrás	saldréis	Habrás "	Habréis "
saldrá	saldrán	Habrá "	Habrán "

III CONDITIONAL MOOD, *Modo Potencial*

Present: (would leave)		Conditional Perfect: (would have left)	
saldría	saldríamos	Habría salido	Habríamos salido
saldrías	saldríais	Habrías "	Habríais "
saldría	saldrían	Habría "	Habrían "

IV SUBJUNCTIVE MOOD, *Modo Subjuntivo*

Present Subj.: (that I may leave)		Pres. Perf. Subj.: (that I may have left)	
salga	salgamos	Haya salido	Hayamos salido
salgas	salgáis	Hayas "	Hayáis "
salga	salgan	Haya "	Hayan "

Past Imperf. Subj.: (that I might leave)		Past Perf. Subj.: (that I might have left)	
saliera	saliéramos	Hubiera salido	Hubiéramos salido
salieras	salierais	Hubieras "	Hubierais "
saliera	salieran	Hubiera "	Hubieran "
saliese	saliésemos	Hubiese salido	Hubiésemos salido
salieses	salieseis	Hubieses "	Hubieseis "
saliese	saliesen	Hubiese "	Hubiesen "

V IMPERATIVE MOOD, *Modo Imperativo*

Singular	Plural
	Salgamos (nosotros) (let us leave)
Sal (tú) (leave)	Salid (vosotros) (leave)
Salga (Ud., él)	Salgan (Uds., ellos)

Common irregular verbs similarly conjugated: *sobresalir*, also *valer, equivaler;* see No. 75, page 33.

I INFINITIVE MOOD, *Modo Infinitivo*

	Simple	Perfect
Infinitive *(Infinitivo)*	satisfacer (to satisfy)	haber satisfecho (to have satisfied)
Present Participle *(Gerundio)*	satisfaciendo (satisfying)	habiendo satisfecho (having satisfied)
Past Participle *(Participio)*	satisfecho (satisfied)	

II INDICATIVE MOOD, *Modo Indicativo*

Present: (satisfy)		**Present Perfect:** (have satisfied)	
Yo satisfago	Nosotros satisfacemos	He satisfecho	Hemos satisfecho
Tú satisfaces	Vosotros satisfacéis	Has "	Habéis "
Ud., él, ella satisface	Ustedes, ellos satisfacen	Ha "	Han "

Past Imperfect: (used to satisfy, was satisfying, satisfied)		**Past Perfect:** (had satisfied)	
satisfacía	satisfacíamos	Había satisfecho	Habíamos satisfecho
satisfacías	satisfacíais	Habías "	Habíais "
satisfacía	satisfacían	Había "	Habían "

Preterit: (satisfied)		**Preterit Perfect:** (had satisfied)	
satisfice	satisficimos	Hube satisfecho	Hubimos satisfecho
satisficiste	satisficisteis	Hubiste "	Hubisteis "
satisfizo	satisficieron	Hubo "	Hubieron "

Future: (will satisfy)		**Future Perfect:** (will have satisfied)	
satisfaré	satisfaremos	Habré satisfecho	Habremos satisfecho
satisfarás	satisfaréis	Habrás "	Habréis "
satisfará	satisfarán	Habrá "	Habrán "

III CONDITIONAL MOOD, *Modo Potencial*

Present: (would satisfy)		**Conditional Perfect:** (would have satisfied)	
satisfaría	satisfaríamos	Habría satisfecho	Habríamos satisfecho
satisfarías	satisfaríais	Habrías "	Habríais "
satisfaría	satisfarían	Habría "	Habrían "

IV SUBJUNCTIVE MOOD, *Modo Subjuntivo*

Present Subj.: (that I may satisfy)		**Pres. Perf. Subj.:** (that I may have satisfied)	
satisfaga	satisfagamos	Haya satisfecho	Hayamos satisfecho
satisfagas	satisfagáis	Hayas "	Hayáis "
satisfaga	satisfagan	Haya "	Hayan "

Past Imperf. Subj.: (that I might satisfy)		**Past Perf. Subj.:** (that I might have satisfied)	
satisficiera	satisficiéramos	Hubiera satisfecho	Hubiéramos satisfecho
satisficieras	satisficierais	Hubieras "	Hubierais "
satisficiera	satisficieran	Hubiera "	Hubieran "
satisficiese	satisficiésemos	Hubiese satisfecho	Hubiésemos satisfecho
satisficieses	satisficieseis	Hubieses "	Hubieseis "
satisficiese	satisficiesen	Hubiese "	Hubiesen "

V IMPERATIVE MOOD, *Modo Imperativo*

Singular	Plural
	Satisfagamos (nosotros) (let us satisfy)
Satisfaz, satisface* (tú) (satisfy)	Satisfaced (vosotros) (satisfy)
Satisfaga (Ud., él)	Satisfagan (Uds., ellos)

Satisfacer is conjugated like *hacer* (p. 116) except for the second person singular of the imperative where two forms may be used: *satisfaz* or *satisface*.

I INFINITIVE MOOD, *Modo Infinitivo*

	Simple	Perfect
Infinitive *(Infinitivo)*	seguir (to follow)	haber seguido (to have followed)
Present Participle *(Gerundio)*	siguiendo (following)	habiendo seguido (having followed)
Past Participle *(Participio)*	seguido (followed)	

II INDICATIVE MOOD, *Modo Indicativo*

Present: (follow)

Yo sigo*	Nosotros seguimos
Tú sigues	Vosotros seguís
Ud., él,	Ustedes,
ella sigue	ellos siguen

Present Perfect: (have followed)

He seguido	Hemos seguido
Has "	Habéis "
Ha "	Han "

Past Imperfect: (was following, used to follow, followed)

seguía	seguíamos
seguías	seguíais
seguía	seguían

Past Perfect: (had followed)

Había seguido	Habíamos seguido
Habías "	Habíais "
Había "	Habían "

Preterit: (followed)

seguí	seguimos
seguiste	seguisteis
siguió	siguieron

Preterit Perfect: (had followed)

Hube seguido	Hubimos seguido
Hubiste "	Hubisteis "
Hubo "	Hubieron "

Future: (will follow)

seguiré	seguiremos
seguirás	seguiréis
seguirá	seguirán

Future Perfect: (will have followed)

Habré seguido	Habremos seguido
Habrás "	Habréis "
Habrá "	Habrán "

III CONDITIONAL MOOD, *Modo Potencial*

Present: (would follow)

seguiría	seguiríamos
seguirías	seguiríais
seguiría	seguirían

Conditional Perfect: (would have followed)

Habría seguido	Habríamos seguido
Habrías "	Habríais "
Habría "	Habrían "

IV SUBJUNCTIVE MOOD, *Modo Subjuntivo*

Present Subj.: (that I may follow)

siga*	sigamos*
sigas*	sigáis*
siga*	sigan*

Pres. Perf. Subj.: (that I may have followed)

Haya seguido	Hayamos seguido
Hayas "	Hayáis "
Haya "	Hayan "

Past Imperf. Subj.: (that I might follow)

siguiera	siguiéramos
siguieras	siguierais
siguiera	siguieran
siguiese	siguiésemos
siguieses	siguieseis
siguiese	siguiesen

Past Perf. Subj.: (that I might have followed)

Hubiera seguido	Hubiéramos seguido
Hubieras "	Hubierais "
Hubiera "	Hubieran "
Hubiese seguido	Hubiésemos seguido
Hubieses "	Hubieseis "
Hubiese "	Hubiesen "

V IMPERATIVE MOOD, *Modo Imperativo*

Singular	Plural
	Sigamos* (nosotros) (let us follow)
Sigue (tú) (follow)	Seguid (vosotros) (follow)
Siga* (Ud., él)	Sigan* (Uds., ellos)

Common irregular verbs similarly conjugated: *conseguir, proseguir,* and all other root-changing (e to i) -IR verbs; see No. 68, page 28.

*u of the root is omitted before *a* and *o* of the endings.

I INFINITIVE MOOD, *Modo Infinitivo*

	Simple	Perfect
Infinitive *(Infinitivo)*	sellar (to seal)	haber sellado (to have sealed)
Present Participle *(Gerundio)*	sellando (sealing)	habiendo sellado (having sealed)
Past Participle *(Participio)*	sellado (sealed)	

II INDICATIVE MOOD, *Modo Indicativo*

Present: (seal)		Present Perfect: (have sealed)	
Yo sello	Nosotros sellamos	He sellado	Hemos sellado
Tú sellas	Vosotros selláis	Has "	Habéis "
Ud., él,	Ustedes,	Ha "	Han "
ella sella	ellos sellan		

Past Imperfect: (was sealing, used to seal)		Past Perfect: (had sealed)	
sellaba	sellábamos	Había sellado	Habíamos sellado
sellabas	sellabais	Habías "	Habíais "
sellaba	sellaban	Había "	Habían "

Preterit: (sealed)		Preterit Perfect: (had sealed)	
sellé	sellamos	Hube sellado	Hubimos sellado
sellaste	sellasteis	Hubiste "	Hubisteis "
selló	sellaron	Hubo "	Hubieron "

Future: (will seal)		Future Perfect: (will have sealed)	
sellaré	sellaremos	Habré sellado	Habremos sellado
sellarás	sellaréis	Habrás "	Habréis "
sellará	sellarán	Habrá "	Habrán "

III CONDITIONAL MOOD, *Modo Potencial*

Present: (would seal)		Conditional Perfect: (would have sealed)	
sellaría	sellaríamos	Habría sellado	Habríamos sellado
sellarías	sellaríais	Habrías "	Habríais "
sellaría	sellarían	Habría "	Habrían "

IV SUBJUNCTIVE MOOD, *Modo Subjuntivo*

Present Subj.: (that I may seal)		Pres. Perf. Subj.: (that I may have sealed)	
selle	sellemos	Haya sellado	Hayamos sellado
selles	selléis	Hayas "	Hayáis "
selle	sellen	Haya "	Hayan "

Past Imperf. Subj.: (that I might seal)		Past Perf. Subj.: (that I might have sealed)	
sellara	selláramos	Hubiera sellado	Hubiéramos sellado
sellaras	sellarais	Hubieras "	Hubierais "
sellara	sellaran	Hubiera "	Hubieran "
sellase	sellásemos	Hubiese sellado	Hubiésemos sellado
sellases	sellaseis	Hubieses "	Hubieseis "
sellase	sellasen	Hubiese "	Hubiesen "

V IMPERATIVE MOOD, *Modo Imperativo*

Singular	Plural
	Sellemos (nosotros) (let us seal)
Sella (tú) (seal)	Sellad (vosotros) (seal)
Selle (Ud., él)	Sellen (Uds., ellos)

Similarly conjugated: all other regular -AR verbs.

I INFINITIVE MOOD, *Modo Infinitivo*

	Simple	Perfect
Infinitive *(Infinitivo)*	sentarse (to sit)	haberse sentado (to have sat)
Present Participle *(Gerundio)*	sentándose (sitting)	habiéndose sentado (having sat)
Past Participle *(Participio)*	sentado (sat)	

II INDICATIVE MOOD, *Modo Indicativo*

Present: (sit)

Yo me siento	Nosotros nos sentamos
Tú te sientas	Vosotros os sentáis
Ud., él,	Ustedes,
ella se sienta	ellos se sientan

Present Perfect: (have sat)

me he sentado	nos hemos sentado
te has "	os habéis "
se ha "	se han "

Past Imperfect: (was sitting, used to sit, sat)

me sentaba	nos sentábamos
te sentabas	os sentabais
se sentaba	se sentaban

Past Perfect: (had sat)

me había sentado	nos habíamos sentado
te habías "	os habíais "
se había "	se habían "

Preterit: (sat)

me senté	nos sentamos
te sentaste	os sentasteis
se sentó	se sentaron

Preterit Perfect: (had sat)

me hube sentado	nos hubimos sentado
te hubiste "	os hubisteis "
se hubo "	se hubieron "

Future: (will sit)

me sentaré	nos sentaremos
te sentarás	os sentaréis
se sentará	se sentarán

Future Perfect: (will have sat)

me habré sentado	nos habremos sentado
te habrás "	os habréis "
se habrá "	se habrán "

III CONDITIONAL MOOD, *Modo Potencial*

Present: (would sit)

me sentaría	nos sentaríamos
te sentarías	os sentaríais
se sentaría	se sentarían

Conditional Perfect: (would have sat)

me habría sentado	nos habríamos sentado
te habrías "	os habríais "
se habría "	se habrían "

IV SUBJUNCTIVE MOOD, *Modo Subjuntivo*

Present Subj.: (that I may sit)

me siente	nos sentemos
te sientes	os sentéis
se siente	se sienten

Pres. Perf. Subj.: (that I may have sat)

me haya sentado	nos hayamos sentado
te hayas "	os hayáis "
se haya "	se hayan "

Past Imperf. Subj.: (that I might sit)

me sentara	nos sentáramos
te sentaras	os sentarais
se sentara	se sentaran

Past Perf. Subj.: (that I might have sat)

me hubiera sentado	nos hubiéramos sentado
te hubieras "	os hubierais "
se hubiera "	se hubieran "

me sentase	nos sentásemos
te sentases	os sentaseis
se sentase	se sentasen

me hubiese sentado	nos hubiésemos sentado
te hubieses "	os hubieseis "
se hubiese "	se hubiesen "

V IMPERATIVE MOOD, *Modo Imperativo*

Singular	Plural
	Sentémonos (nosotros) (let us sit)
Siéntate (tú) (sit)	Sentaos (vosotros) (sit)
Siéntese (Ud., él)	Siéntense (Uds., ellos)

Common irregular verbs similarly conjugated: *asentar, alentar, calentar, mentar, tentar,* and all other root-changing (e to ie) -AR verbs; see No. 66, page 26.

to feel, feel or be sorry for, regret; to hear, sense

I INFINITIVE MOOD, *Modo Infinitivo*

	Simple	Perfect
Infinitive *(Infinitivo)*	sentir (to feel)	haber sentido (to have felt)
Present Participle *(Gerundio)*	sintiendo (feeling)	habiendo sentido (having felt)
Past Participle *(Participio)*	sentido (felt)	

II INDICATIVE MOOD, *Modo Indicativo*

Present: (feel)		Present Perfect: (have felt)		
Yo siento	Nosotros sentimos	He sentido	Hemos sentido
Tú sientes	Vosotros sentís	Has "	Habéis "
Ud., él,	Ustedes,	Ha "	Han "
ella siente	ellos sienten		

Past Imperfect: (was feeling, used to feel, felt)		Past Perfect: (had felt)		
sentía	sentíamos	Había sentido	Habíamos sentido
sentías	sentíais	Habías "	Habíais "
sentía	sentían	Había "	Habían "

Preterit: (felt)		Preterit Perfect: (had felt)		
sentí	sentimos	Hube sentido	Hubimos sentido
sentiste	sentisteis	Hubiste "	Hubisteis "
sintió	sintieron	Hubo "	Hubieron "

Future: (will feel)		Future Perfect: (will have felt)		
sentiré	sentiremos	Habré sentido	Habremos sentido
sentirás	sentiréis	Habrás "	Habréis "
sentirá	sentirán	Habrá "	Habrán "

III CONDITIONAL MOOD, *Modo Potencial*

Present: (would feel)		Conditional Perfect: (would have felt)		
sentiría	sentiríamos	Habría sentido	Habríamos sentido
sentirías	sentiríais	Habrías "	Habríais "
sentiría	sentirían	Habría "	Habrían "

IV SUBJUNCTIVE MOOD, *Modo Subjuntivo*

Present Subj.: (that I may feel)		Pres. Perf. Subj.: (that I may have felt)		
sienta	sintamos	Haya sentido	Hayamos sentido
sientas	sintáis	Hayas "	Hayáis "
sienta	sientan	Haya "	Hayan "

Past Imperf. Subj.: (that I might feel)		Past Perf. Subj.: (that I might have felt)		
sintiera	sintiéramos	Hubiera sentido	Hubiéramos sentido
sintieras	sintierais	Hubieras "	Hubierais "
sintiera	sintieran	Hubiera "	Hubieran "
sintiese	sintiésemos	Hubiese sentido	Hubiésemos sentido
sintieses	sintieseis	Hubieses "	Hubieseis "
sintiese	sintiesen	Hubiese "	Hubiesen "

V IMPERATIVE MOOD, *Modo Imperativo*

Singular	Plural
	Sintamos (nosotros) (let us feel)
Siente (tú) (feel)	Sentid (vosotros) (feel)
Sienta (Ud., él)	Sientan (Uds., ellos)

Common irregular verbs similarly conjugated: *asentir, consentir, disentir, mentir,* etc., and all other root-changing (**e** to *ie*, **e** to *i*) -IR verbs; see No. 70, page 29.

I INFINITIVE MOOD, *Modo Infinitivo*

	Simple	Perfect
Infinitive *(Infinitivo)*	sentirse (to feel)	haberse sentido (to have felt)
Present Participle *(Gerundio)*	sintiéndose (feeling)	habiéndose sentido (having felt)
Past Participle *(Participio)*	sentido (felt)	

II INDICATIVE MOOD, *Modo Indicativo*

Present: (feel)

		Present Perfect: (have felt)	
Yo me siento	Nosotros nos sentimos	me he sentido	nos hemos sentido
Tú te sientes	Vosotros os sentís	te has "	os habéis "
Ud., él,	Ustedes,	se ha "	se han "
ella se siente	ellos se sienten		

Past Imperfect: (was feeling, used to feel, felt)

		Past Perfect: (had felt)	
me sentía	nos sentíamos	me había sentido	nos habíamos sentido
te sentías	os sentíais	te habías "	os habíais "
se sentía	se sentían	se había "	se habían "

Preterit: (felt)

		Preterit Perfect: (had felt)	
me sentí	nos sentimos	me hube sentido	nos hubimos sentido
te sentiste	os sentisteis	te hubiste "	os hubisteis "
se sintió	se sintieron	se hubo "	se hubieron "

Future: (will feel)

		Future Perfect: (will have felt)	
me sentiré	nos sentiremos	me habré sentido	nos habremos sentido
te sentirás	os sentiréis	te habrás "	os habréis "
se sentirá	se sentirán	se habrá "	se habrán "

III CONDITIONAL MOOD, *Modo Potencial*

Present: (would feel)

		Conditional Perfect: (would have felt)	
me sentiría	nos sentiríamos	me habría sentido	nos habríamos sentido
te sentirías	os sentiríais	te habrías "	os habríais "
se sentiría	se sentirían	se habría "	se habrían "

IV SUBJUNCTIVE MOOD, *Modo Subjuntivo*

Present Subj.: (that I may feel)

		Pres. Perf. Subj.: (that I may have felt)	
me sienta	nos sintamos	me haya sentido	nos hayamos sentido
te sientas	os sintáis	te hayas "	os hayáis "
se sienta	se sientan	se haya "	se hayan "

Past Imperf. Subj.: (that I might feel)

		Past Perf. Subj.: (that I might have felt)	
me sintiera	nos sintiéramos	me hubiera sentido	nos hubiéramos sentido
te sintieras	os sintierais	te hubieras "	os hubierais "
se sintiera	se sintieran	se hubiera "	se hubieran "
me sintiese	nos sintiésemos	me hubiese sentido	nos hubiésemos sentido
te sintieses	os sintieseis	te hubieses "	os hubieseis "
se sintiese	se sintiesen	se hubiese "	se hubiesen "

V IMPERATIVE MOOD, *Modo Imperativo*

Singular	Plural
	Sintámonos (nosotros) (let us feel)
Siéntete (tú) (feel)	Sentíos (vosotros) (feel)
Siéntase (Ud., él)	Siéntanse (Uds., ellos)

Common irregular verbs similarly conjugated: see p. 173, *sentir*, also *resentirse*, *arrepentirse*.

I INFINITIVE MOOD, *Modo Infinitivo*

	Simple	Perfect
Infinitive *(Infinitivo)*	ser (to be)	haber sido (to have been)
Present Participle *(Gerundio)*	siendo (being)	habiendo sido (having been)
Past Participle *(Participio)*	sido (been)	

II INDICATIVE MOOD, *Modo Indicativo*

Present: (I am)		**Present Perfect:** (I have been)	
Yo soy	Nosotros somos	He sido	Hemos sido
Tú eres	Vosotros sois	Has "	Habéis "
Ud., él,	Ustedes,	Ha "	Han "
ella es	ellos son		

Past Imperfect: (I used to be)		**Past Perfect:** (I had been)	
era	éramos	Había sido	Habíamos sido
eras	erais	Habías "	Habíais "
era	eran	Había "	Habían "

Preterit: (I was)		**Preterit Perfect:** (I had been)	
fui	fuimos	Hube sido	Hubimos sido
fuiste	fuisteis	Hubiste "	Hubisteis "
fue	fueron	Hubo "	Hubieron "

Future: (I will be)		**Future Perfect:** (I will have been)	
seré	seremos	Habré sido	Habremos sido
serás	seréis	Habrás "	Habréis "
será	serán	Habrá "	Habrán "

III CONDITIONAL MOOD, *Modo Potencial*

Present: (I would be)		**Conditional Perfect:** (I would have been)	
sería	seríamos	Habría sido	Habríamos sido
serías	seríais	Habrías "	Habríais "
sería	serían	Habría "	Habrían "

IV SUBJUNCTIVE MOOD, *Modo Subjuntivo*

Present Subj.: (that I may be)		**Pres. Perf. Subj.:** (that I may have been)	
sea	seamos	Haya sido	Hayamos sido
seas	seáis	Hayas "	Hayáis "
sea	sean	Haya "	Hayan "

Past Imperf. Subj.: (that I might be)		**Past Perf. Subj.:** (that I might have been)	
fuera	fuéramos	Hubiera sido	Hubiéramos sido
fueras	fuerais	Hubieras "	Hubierais "
fuera	fueran	Hubiera "	Hubieran "
fuese	fuésemos	Hubiese sido	Hubiésemos sido
fueses	fueseis	Hubieses "	Hubieseis "
fuese	fuesen	Hubiese "	Hubiesen "

V IMPERATIVE MOOD, *Modo Imperativo*

Singular	Plural
	Seamos (nosotros) (let us be)
Sé (tú) (be)	Sed (vosotros) (be)
Sea (Ud., él)	Sean (Uds., ellos)

Ser is of special irregularity.

NOTE: Like *haber*, the verb *ser* serves to form various compound forms, especially the Passive Voice. See No. 13, p. 4, also No. 24, p. 7, and p. 39.

I INFINITIVE MOOD, *Modo Infinitivo*

	Simple	Perfect
Infinitive *(Infinitivo)*	soltar (to release)	haber soltado (to have released)
Present Participle *(Gerundio)*	soltando (releasing)	habiendo soltado (having released)
Past Participle *(Participio)*	soltado (released)	

II INDICATIVE MOOD, *Modo Indicativo*

Present: (release)		Present Perfect: (have released)	
Yo suelto	Nosotros soltamos	He soltado	Hemos soltado
Tú sueltas	Vosotros soltáis	Has "	Habéis "
Ud., él,	Ustedes,	Ha "	Han "
ella suelta	ellos sueltan		

Past Imperfect: (was releasing, used to release, released)		Past Perfect: (had released)	
soltaba	soltábamos	Había soltado	Habíamos soltado
soltabas	soltabais	Habías "	Habíais "
soltaba	soltaban	Había "	Habían "

Preterit: (released)		Preterit Perfect: (had released)	
solté	soltamos	Hube soltado	Hubimos soltado
soltaste	soltasteis	Hubiste "	Hubisteis "
soltó	soltaron	Hubo "	Hubieron "

Future: (will release)		Future Perfect: (will have released)	
soltaré	soltaremos	Habré soltado	Habremos soltado
soltarás	soltaréis	Habrás "	Habréis "
soltará	soltarán	Habrá "	Habrán "

III CONDITIONAL MOOD, *Modo Potencial*

Present: (would release)		Conditional Perfect: (would have released)	
soltaría	soltaríamos	Habría soltado	Habríamos soltado
soltarías	soltaríais	Habrías "	Habríais "
soltaría	soltarían	Habría "	Habrían "

IV SUBJUNCTIVE MOOD, *Modo Subjuntivo*

Present Subj.: (that I may release)		Pres. Perf. Subj.: (that I may have released)	
suelte	soltemos	Haya soltado	Hayamos soltado
sueltes	soltéis	Hayas "	Hayáis "
suelte	suelten	Haya "	Hayan "

Past Imperf. Subj.: (that I might release)		Past Perf. Subj.: (that I might have released)	
soltara	soltáramos	Hubiera soltado	Hubiéramos soltado
soltaras	soltarais	Hubieras "	Hubierais "
soltara	soltaran	Hubiera "	Hubieran "
soltase	soltásemos	Hubiese soltado	Hubiésemos soltado
soltases	soltaseis	Hubieses "	Hubieseis "
soltase	soltasen	Hubiese "	Hubiesen "

V IMPERATIVE MOOD, *Modo Imperativo*

Singular	Plural
	Soltemos (nosotros) (let us release)
Suelta (tú) (release)	Soltad (vosotros) (release)
Suelte (Ud., él)	Suelten (Uds., ellos)

Common irregular verbs similarly conjugated: all other root-changing (o to ue) -AR verbs; see No. 67, page 27.

I INFINITIVE MOOD, *Modo Infinitivo*

	Simple	Perfect
Infinitive *(Infinitivo)*	sugerir (to suggest)	haber sugerido (to have suggested)
Present Participle *(Gerundio)*	sugiriendo (suggesting)	habiendo sugerido (having suggested)
Past Participle *(Participio)*	sugerido (suggested)	

II INDICATIVE MOOD, *Modo Indicativo*

Present: (suggest)

		Present Perfect: (have suggested)	
Yo sugiero	Nosotros sugerimos	He sugerido	Hemos sugerido
Tú sugieres	Vosotros sugerís	Has "	Habéis "
Ud., él,	Ustedes,	Ha "	Han "
ella sugiere	ellos sugieren		

Past Imperfect: (was suggesting, used to suggest)

		Past Perfect: (had suggested)	
sugería	sugeríamos	Había sugerido	Habíamos sugerido
sugerías	sugeríais	Habías "	Habíais "
sugería	sugerían	Había "	Habían "

Preterit: (suggested)

		Preterit Perfect: (had suggested)	
sugerí	sugerimos	Hube sugerido	Hubimos sugerido
sugeriste	sugeristeis	Hubiste "	Hubisteis "
sugirió	sugirieron	Hubo "	Hubieron "

Future: (will suggest)

		Future Perfect: (will have suggested)	
sugeriré	sugeriremos	Habré sugerido	Habremos sugerido
sugerirás	sugeriréis	Habrás "	Habréis "
sugerirá	sugerirán	Habrá "	Habrán "

III CONDITIONAL MOOD, *Modo Potencial*

Present: (would suggest)

		Conditional Perfect: (would have suggested)	
sugeriría	sugeriríamos	Habría sugerido	Habríamos sugerido
sugerirías	sugeriríais	Habrías "	Habríais "
sugeriría	sugerirían	Habría "	Habrían "

IV SUBJUNCTIVE MOOD, *Modo Subjuntivo*

Present Subj.: (that I may suggest)

		Pres. Perf. Subj.: (that I may have suggested)	
sugiera	sugiramos	Haya sugerido	Hayamos sugerido
sugieras	sugiráis	Hayas "	Hayáis "
sugiera	sugieran	Haya "	Hayan "

Past Imperf. Subj.: (that I might suggest)

		Past Perf. Subj.: (that I might have suggested)	
sugiriera	sugiriéramos	Hubiera sugerido	Hubiéramos sugerido
sugirieras	sugirierais	Hubieras "	Hubierais "
sugiriera	sugirieran	Hubiera "	Hubieran "
sugiriese	sugiriésemos	Hubiese sugerido	Hubiésemos sugerido
sugirieses	sugirieseis	Hubieses "	Hubieseis "
sugiriese	sugiriesen	Hubiese "	Hubiesen "

V IMPERATIVE MOOD, *Modo Imperativo*

Singular	Plural
	Sugiramos (nosotros) (let us suggest)
Sugiere (tú) (suggest)	Sugerid (vosotros) (suggest)
Sugiera (Ud., él)	Sugieran (Uds., ellos)

Common irregular verbs similarly conjugated: all verbs ending in -ERIR, like *herir, digerir, preferir*, etc., and all other root-changing (e to *ie*, e to *i*) -IR verbs; see No. 70, page 29.

I INFINITIVE MOOD, *Modo Infinitivo*		
	Simple	**Perfect**
Infinitive *(Infinitivo)*	temblar (to tremble)	haber temblado (to have trembled)
Present Participle *(Gerundio)*	temblando (trembling)	habiendo temblado (having trembled)
Past Participle *(Participio)*	temblado (trembled)	

II INDICATIVE MOOD, *Modo Indicativo*

Present: (tremble)		Present Perfect: (have trembled)	
Yo tiemblo	Nosotros temblamos	He temblado	Hemos temblado
Tú tiemblas	Vosotros tembláis	Has "	Habéis "
Ud., él,	Ustedes,	Ha "	Han "
ella tiembla	ellos tiemblan		

Past Imperfect: (was trembling, used to tremble, trembled)		Past Perfect: (had trembled)	
temblaba	temblábamos	Había temblado	Habíamos temblado
temblabas	temblabais	Habías "	Habíais "
temblaba	temblaban	Había "	Habían "

Preterit: (trembled)		Preterit Perfect: (had trembled)	
temblé	temblamos	Hube temblado	Hubimos temblado
temblaste	temblasteis	Hubiste "	Hubisteis "
tembló	temblaron	Hubo "	Hubieron "

Future: (will tremble)		Future Perfect: (will have trembled)	
temblaré	temblaremos	Habré temblado	Habremos temblado
temblarás	temblaréis	Habrás "	Habréis "
temblará	temblarán	Habrá "	Habrán "

III CONDITIONAL MOOD, *Modo Potencial*

Present: (would tremble)		Conditional Perfect: (would have trembled)	
temblaría	temblaríamos	Habría temblado	Habríamos temblado
temblarías	temblaríais	Habrías "	Habríais "
temblaría	temblarían	Habría "	Habrían "

IV SUBJUNCTIVE MOOD, *Modo Subjuntivo*

Present Subj.: (that I may tremble)		Pres. Perf. Subj.: (that I may have trembled)	
tiemble	temblemos	Haya temblado	Hayamos temblado
tiembles	tembléis	Hayas "	Hayáis "
tiemble	tiemblen	Haya "	Hayan "

Past Imperf. Subj.: (that I might tremble)		Past Perf. Subj.: (that I may have trembled)	
temblara	tembláramos	Hubiera temblado	Hubiéramos temblado
temblaras	temblarais	Hubieras "	Hubierais "
temblara	temblaran	Hubiera "	Hubieran "
temblase	temblásemos	Hubiese temblado	Hubiésemos temblado
temblases	temblaseis	Hubieses "	Hubieseis "
temblase	temblasen	Hubiese "	Hubiesen "

V IMPERATIVE MOOD, *Modo Imperativo*

Singular	Plural
	Temblemos (nosotros) (let us tremble)
Tiembla (tú) (tremble)	Temblad (vosotros) (tremble)
Tiemble (Ud., él)	Tiemblen (Uds., ellos)

Common irregular verbs similarly conjugated: *retemblar,* and all other root-changing (*e* to *ie*) -AR verbs; see No. 66, page 26.

I   INFINITIVE MOOD, *Modo Infinitivo*

	Simple	Perfect
Infinitive *(Infinitivo)*	tener (to have)	haber tenido (to have had)
Present Participle *(Gerundio)*	teniendo (having)	habiendo tenido (having had)
Past Participle *(Participio)*	tenido (had)	

II   INDICATIVE MOOD, *Modo Indicativo*

Present: (have)

Yo tengo	Nosotros tenemos
Tú tienes	Vosotros tenéis
Ud., él,	Ustedes,
ella tiene	ellos tienen

Present Perfect: (have had)

He tenido	Hemos tenido
Has "	Habéis "
Ha "	Han "

Past Imperfect: (was having, used to have, had)

tenía	teníamos
tenías	teníais
tenía	tenían

Past Perfect: (had had)

Había tenido	Habíamos tenido
Habías "	Habíais "
Había "	Habían "

Preterit: (had)

tuve	tuvimos
tuviste	tuvisteis
tuvo	tuvieron

Preterit Perfect: (had had)

Hube tenido	Hubimos tenido
Hubiste "	Hubisteis "
Hubo "	Hubieron "

Future: (will have)

tendré	tendremos
tendrás	tendréis
tendrá	tendrán

Future Perfect: (will have had)

Habré tenido	Habremos tenido
Habrás "	Habréis "
Habrá "	Habrán "

III   CONDITIONAL MOOD, *Modo Potencial*

Present: (would have)

tendría	tendríamos
tendrías	tendríais
tendría	tendrían

Conditional Perfect: (would have had)

Habría tenido	Habríamos tenido
Habrías "	Habríais "
Habría "	Habrían "

IV   SUBJUNCTIVE MOOD, *Modo Subjuntivo*

Present Subj.:   (that I may have)

tenga	tengamos
tengas	tengáis
tenga	tengan

Pres. Perf. Subj.:   (that I may have had)

Haya tenido	Hayamos tenido
Hayas "	Hayáis "
Haya "	Hayan "

Past Imperf. Subj.: (that I might have)

tuviera	tuviéramos
tuvieras	tuvierais
tuviera	tuvieran
tuviese	tuviésemos
tuvieses	tuvieseis
tuviese	tuviesen

Past Perf. Subj.:   (that I might have had)

Hubiera tenido	Hubiéramos tenido
Hubieras "	Hubierais "
Hubiera "	Hubieran "
Hubiese tenido	Hubiésemos tenido
Hubieses "	Hubieseis "
Hubiese "	Hubiesen "

V   IMPERATIVE MOOD, *Modo Imperativo*

Singular	Plural
	Tengamos (nosotros) (let us have)
Ten (tú) (have)	Tened (vosotros) (have)
Tenga (Ud., él)	Tengan (Uds., ellos)

Tener is of special irregularity. Similarly conjugated are its derivates *abstener(se), atener(se), contener, detener, entretener, mantener, obtener, retener, sostener.*

I INFINITIVE MOOD, *Modo Infinitivo*

	Simple	Perfect
Infinitive *(Infinitivo)*	teñir (to dye)	haber teñido (to have dyed)
Present Participle *(Gerundio)*	tiñendo (dyeing)	habiendo teñido (having dyed)
Past Participle *(Participio)*	teñido (dyed)	

II INDICATIVE MOOD, *Modo Indicativo*

Present: (dye)

Yo tiño	Nosotros teñimos
Tú tiñes	Vosotros teñís
Ud., él,	Ustedes,
ella tiñe	ellos tiñen

Present Perfect: (have dyed)

He teñido	Hemos teñido
Has "	Habéis "
Ha "	Han "

Past Imperfect: (was dyeing, used to dye)

teñía	teñíamos
teñías	teñíais
teñía	teñían

Past Perfect: (had dyed)

Había teñido	Habíamos teñido
Habías "	Habíais "
Había "	Habían "

Preterit: (dyed)

teñí	teñimos
teñiste	teñisteis
tiñó	tiñeron

Preterit Perfect: (had dyed)

Hube teñido	Hubimos teñido
Hubiste "	Hubisteis "
Hubo "	Hubieron "

Future: (will dye)

teñiré	teñiremos
teñirás	teñiréis
teñirá	teñirán

Future Perfect: (will have dyed)

Habré teñido	Habremos teñido
Habrás "	Habréis "
Habrá "	Habrán "

III CONDITIONAL MOOD, *Modo Potencial*

Present: (would dye)

teñiría	teñiríamos
teñirías	teñiríais
teñiría	teñirían

Conditional Perfect: (would have dyed)

Habría teñido	Habríamos teñido
Habrías "	Habríais "
Habría "	Habrían "

IV SUBJUNCTIVE MOOD, *Modo Subjuntivo*

Present Subj.: (that I may dye)

tiña	tiñamos
tiñas	tiñáis
tiña	tiñan

Pres. Perf. Subj.: (that I may have dyed)

Haya teñido	Hayamos teñido
Hayas "	Hayáis "
Haya "	Hayan "

Past Imperf. Subj.: (that I might dye)

tiñera	tiñéramos
tiñeras	tiñerais
tiñera	tiñeran
tiñese	tiñésemos
tiñeses	tiñeseis
tiñese	tiñesen

Past Perf. Subj.: (that I might have dyed)

Hubiera teñido	Hubiéramos teñido
Hubieras "	Hubierais "
Hubiera "	Hubieran "
Hubiese teñido	Hubiésemos teñido
Hubieses "	Hubieseis "
Hubiese "	Hubiesen "

V IMPERATIVE MOOD, *Modo Imperativo*

Singular	Plural
	Tiñamos (nosotros) (let us dye)
Tiñe (tú) (dye)	Teñid (vosotros) (dye)
Tiña (Ud., él)	Tiñan (Uds., ellos)

Common irregular verbs similarly conjugated: *desteñir, ceñir, receñir,* and all other root-changing (e to i) -IR verbs; see No. 69, page 29.

to touch, play (a musical instr.)

I INFINITIVE MOOD, *Modo Infinitivo*

	Simple	Perfect
Infinitive *(Infinitivo)*	tocar (to touch)	haber tocado (to have touched)
Present Participle *(Gerundio)*	tocando (touching)	habiendo tocado (having touched)
Past Participle *(Participio)*	tocado (touched)	

II INDICATIVE MOOD, *Modo Indicativo*

Present: (touch)

Yo toco	Nosotros tocamos
Tú tocas	Vosotros tocáis
Ud., él, ella toca	Ustedes, ellos tocan

Present Perfect: (have touched)

He tocado	Hemos tocado
Has "	Habéis "
Ha "	Han "

Past Imperfect: (was touching, used to touch, touched)

tocaba	tocábamos
tocabas	tocabais
tocaba	tocaban

Past Perfect: (had touched)

Había tocado	Habíamos tocado
Habías "	Habíais "
Había "	Habían "

Preterit: (touched)

toqué*	tocamos
tocaste	tocasteis
tocó	tocaron

Preterit Perfect: (had touched)

Hube tocado	Hubimos tocado
Hubiste "	Hubisteis "
Hubo "	Hubieron "

Future: (will touch)

tocaré	tocaremos
tocarás	tocaréis
tocará	tocarán

Future Perfect: (will have touched)

Habré tocado	Habremos tocado
Habrás "	Habréis "
Habrá "	Habrán "

III CONDITIONAL MOOD, *Modo Potencial*

Present: (would touch)

tocaría	tocaríamos
tocarías	tocaríais
tocaría	tocarían

Conditional Perfect: (would have touched)

Habría tocado	Habríamos tocado
Habrías "	Habríais "
Habría "	Habrían "

IV SUBJUNCTIVE MOOD, *Modo Subjuntivo*

Present Subj.: (that I may touch)

toque*	toquemos*
toques*	toquéis*
toque*	toquen*

Pres. Perf. Subj.: (that I may have touched)

Haya tocado	Hayamos tocado
Hayas "	Hayáis "
Haya "	Hayan "

Past Imperf. Subj.: (that I might touch)

tocara	tocáramos
tocaras	tocarais
tocara	tocaran
tocase	tocásemos
tocases	tocaseis
tocase	tocasen

Past Perf. Subj.: (that I might have touched)

Hubiera tocado	Hubiéramos tocado
Hubieras "	Hubierais "
Hubiera "	Hubieran "
Hubiese tocado	Hubiésemos tocado
Hubieses "	Hubieseis "
Hubiese "	Hubiesen "

V IMPERATIVE MOOD, *Modo Imperativo*

Singular	Plural
	Toquemos* (nosotros) (let us touch)
Toca (tú) (touch)	Tocad (vosotros) (touch)
Toque* (Ud., él)	Toquen* (Uds., ellos)

Similarly conjugated: *retocar* and all other regular -AR verbs.

---

* c changes to *qu* before **e** to retain hard **c** sound.

I   INFINITIVE MOOD, *Modo Infinitivo*

	Simple	Perfect
Infinitive *(Infinitivo)*	torcer (to twist)	haber torcido (to have twisted)
Present Participle *(Gerundio)*	torciendo (twisting)	habiendo torcido (having twisted)
Past Participle *(Participio)*	torcido (twisted)	

II   INDICATIVE MOOD, *Modo Indicativo*

Present: (twist)

Yo tuerzo*	Nosotros torcemos
Tú tuerces	Vosotros torcéis
Ud., él,	Ustedes,
ella tuerce	ellos tuercen

Present Perfect: (have twisted)

He torcido	Hemos torcido
Has "	Habéis "
Ha "	Han "

Past Imperfect: (was twisting, used to twist, twisted)

torcía	torcíamos
torcías	torcíais
torcía	torcían

Past Perfect: (had twisted)

Había torcido	Habíamos torcido
Habías "	Habíais "
Había "	Habían "

Preterit: (twisted)

torcí	torcimos
torciste	torcisteis
torció	torcieron

Preterit Perfect: (had twisted)

Hube torcido	Hubimos torcido
Hubiste "	Hubisteis "
Hubo "	Hubieron "

Future: (will twist)

torceré	torceremos
torcerás	torceréis
torcerá	torcerán

Future Perfect: (will have twisted)

Habré torcido	Habremos torcido
Habrás "	Habréis "
Habrá "	Habrán "

III   CONDITIONAL MOOD, *Modo Potencial*

Present: (would twist)

torcería	torceríamos
torcerías	torceríais
torcería	torcerían

Conditional Perfect: (would have twisted)

Habría torcido	Habríamos torcido
Habrías "	Habríais "
Habría "	Habrían "

IV   SUBJUNCTIVE MOOD, *Modo Subjuntivo*

Present Subj.: (that I may twist)

tuerza*	torzamos*
tuerzas*	torzáis*
tuerza*	tuerzan*

Pres. Perf. Subj.: (that I may have twisted)

Haya torcido	Hayamos torcido
Hayas "	Hayáis "
Haya "	Hayan "

Past Imperf. Subj.: (that I might twist)

torciera	torciéramos
torcieras	torcierais
torciera	torcieran
torciese	torciésemos
torcieses	torcieseis
torciese	torciesen

Past Perf. Subj.: (that I might have twisted)

Hubiera torcido	Hubiéramos torcido
Hubieras "	Hubierais "
Hubiera "	Hubieran "
Hubiese torcido	Hubiésemos torcido
Hubieses "	Hubieseis "
Hubiese "	Hubiesen "

V   IMPERATIVE MOOD, *Modo Imperativo*

Singular	Plural
	Torzamos* (nosotros) (let us twist)
Tuerce (tú) (twist)	Torced (vosotros) (twist)
Tuerza* (Ud., él)	Tuerzan* (Uds., ellos)

Common irregular verbs similarly conjugated: *destorcer, retorcer(se),* and all other root-changing (**o** to **ue**) -ER verbs; see No. 67, page 27.

---

* **c** changes to **z** before **a** and **o** to retain soft **c** sound.

I INFINITIVE MOOD, *Modo Infinitivo*

	Simple	Perfect
Infinitive *(Infinitivo)*	tostar (to toast)	haber tostado (to have toasted)
Present Participle *(Gerundio)*	tostando (toasting)	habiendo tostado (having toasted)
Past Participle *(Participio)*	tostado (toasted)	

II INDICATIVE MOOD, *Modo Indicativo*

Present: (toast)

Yo tuesto	Nosotros tostamos
Tú tuestas	Vosotros tostáis
Ud., él,	Ustedes,
ella tuesta	ellos tuestan

Present Perfect: (have toasted)

He tostado	Hemos tostado
Has "	Habéis "
Ha "	Han "

Past Imperfect: (was toasting, used to toast, toasted)

tostaba	tostábamos
tostabas	tostabais
tostaba	tostaban

Past Perfect: (had toasted)

Había tostado	Habíamos tostado
Habías "	Habíais "
Había "	Habían "

Preterit: (toasted)

tosté	tostamos
tostaste	tostasteis
tostó	tostaron

Preterit Perfect: (had toasted)

Hube tostado	Hubimos tostado
Hubiste "	Hubisteis "
Hubo "	Hubieron "

Future: (will toast)

tostaré	tostaremos
tostarás	tostaréis
tostará	tostarán

Future Perfect: (will have toasted)

Habré tostado	Habremos tostado
Habrás "	Habréis "
Habrá "	Habrán "

III CONDITIONAL MOOD, *Modo Potencial*

Present: (would toast)

tostaría	tostaríamos
tostarías	tostaríais
tostaría	tostarían

Conditional Perfect: (would have toasted)

Habría tostado	Habríamos tostado
Habrías "	Habríais "
Habría "	Habrían "

IV SUBJUNCTIVE MOOD, *Modo Subjuntivo*

Present Subj.: (that I may toast)

tueste	tostemos
tuestes	tostéis
tueste	tuesten

Pres. Perf. Subj.: (that I may have toasted)

Haya tostado	Hayamos tostado
Hayas "	Hayáis "
Haya "	Hayan "

Past Imperf. Subj.: (that I might toast)

tostara	tostáramos
tostaras	tostarais
tostara	tostaran
tostase	tostásemos
tostases	tostaseis
tostase	tostasen

Past Perf. Subj.: (that I might have toasted)

Hubiera tostado	Hubiéramos tostado
Hubieras "	Hubierais "
Hubiera "	Hubieran "
Hubiese tostado	Hubiésemos tostado
Hubieses "	Hubieseis "
Hubiese "	Hubiesen "

V IMPERATIVE MOOD, *Modo Imperativo*

Singular	Plural
	Tostemos (nosotros) (let us toast)
Tuesta (tú) (toast)	Tostad (vosotros) (toast)
Tueste (Ud., él)	Tuesten (Uds., ellos)

Common irregular verbs similarly conjugated: all verbs ending in -OSTAR, like *acostar(se)*, *apostar, recostar,* etc., and all other root-changing (o to ue) -AR verbs; see No. 67, page 27.

I   INFINITIVE MOOD, *Modo Infinitivo*

	Simple	Perfect
Infinitive *(Infinitivo)*	traer (to bring)	haber traído (to have brought)
Present Participle *(Gerundio)*	trayendo* (bringing)	habiendo traído (having brought)
Past Participle *(Participio)*	traído (brought)	

II   INDICATIVE MOOD, *Modo Indicativo*

Present: (bring)		Present Perfect: (have brought)	
Yo traigo	Nosotros traemos	He traído	Hemos traído
Tú traes	Vosotros traéis	Has "	Habéis "
Ud., él,	Ustedes,	Ha "	Han "
ella trae	ellos traen		

Past Imperfect: (was bringing, used to bring, brought)		Past Perfect: (had brought)	
traía	traíamos	Había traído	Habíamos traído
traías	traíais	Habías "	Habíais "
traía	traían	Había "	Habían "

Preterit: (brought)		Preterit Perfect: (had brought)	
traje	trajimos	Hube traído	Hubimos traído
trajiste	trajisteis	Hubiste "	Hubisteis "
trajo	trajeron	Hubo "	Hubieron "

Future: (will bring)		Future Perfect: (will have brought)	
traeré	traeremos	Habré traído	Habremos traído
traerás	traeréis	Habrás "	Habréis "
traerá	traerán	Habrá "	Habrán "

III   CONDITIONAL MOOD, *Modo Potencial*

Present: (would bring)		Conditional Perfect: (would have brought)	
traería	traeríamos	Habría traído	Habríamos traído
traerías	traeríais	Habrías "	Habríais "
traería	traerían	Habría "	Habrían "

IV   SUBJUNCTIVE MOOD, *Modo Subjuntivo*

Present Subj.: (that I may bring)		Pres. Perf. Subj.: (that I may have brought)	
traiga	traigamos	Haya traído	Hayamos traído
traigas	traigáis	Hayas "	Hayáis "
traiga	traigan	Haya "	Hayan "

Past Imperf. Subj.: (that I might bring)		Past Perf. Subj.: (that I might have brought)	
trajera	trajéramos	Hubiera traído	Hubiéramos traído
trajeras	trajerais	Hubieras "	Hubierais "
trajera	trajeran	Hubiera "	Hubieran "
trajese	trajésemos	Hubiese traído	Hubiésemos traído
trajeses	trajeseis	Hubieses "	Hubieseis "
trajese	trajesen	Hubiese "	Hubiesen "

V   IMPERATIVE MOOD, *Modo Imperativo*

Singular	Plural
	Traigamos (nosotros) (let us bring)
Trae (tú) (bring)	Traed (vosotros) (bring)
Traiga (Ud., él)	Traigan (Uds., ellos)

Traer is of special irregularity. Similarly conjugated are its derivatives *atraer, contraer, distraer, extraer, retraer, substraer, sustraer.*

---

* *i* of the ending changes to *y*.

I   INFINITIVE MOOD, *Modo Infinitivo*

	Simple	Perfect
Infinitive *(Infinitivo)*	valer (to be worth)	haber valido (to have been worth)
Present Participle *(Gerundio)*	valiendo (being worth)	habiendo valido (having been worth)
Past Participle *(Participio)*	valido (been worth)	

II   INDICATIVE MOOD, *Modo Indicativo*

Present: (I am worth)

Yo valgo	Nosotros valemos
Tú vales	Vosotros valéis
Ud., él,	Ustedes,
ella vale	ellos valen

Present Perfect: (I have been worth)

He valido	Hemos valido
Has "	Habéis "
Ha "	Han "

Past Imperfect: (I used to be worth, was worth)

valía	valíamos
valías	valíais
valía	valían

Past Perfect: (I had been worth)

Había valido	Habíamos valido
Habías "	Habíais "
Había "	Habían "

Preterit: (I was worth)

valí	valimos
valiste	valisteis
valió	valieron

Preterit Perfect: (I had been worth)

Hube valido	Hubimos valido
Hubiste "	Hubisteis "
Hubo "	Hubieron "

Future: (I will be worth)

valdré	valdremos
valdrás	valdréis
valdrá	valdrán

Future Perfect: (will have been worth)

Habré valido	Habremos valido
Habrás "	Habréis "
Habrá "	Habrán "

III   CONDITIONAL MOOD, *Modo Potencial*

Present: (I would be worth)

valdría	valdríamos
valdrías	valdríais
valdría	valdrían

Conditional Perfect: (I would have been worth)

Habría valido	Habríamos valido
Habrías "	Habríais "
Habría "	Habrían "

IV   SUBJUNCTIVE MOOD, *Modo Subjuntivo*

Present Subj.:   (that I may be worth)

valga	valgamos
valgas	valgáis
valga	valgan

Pres. Perf. Subj.:   (that I may have been worth)

Haya valido	Hayamos valido
Hayas "	Hayáis "
Haya "	Hayan "

Past Imperf. Subj.:   (that I might be worth)

valiera	valiéramos
valieras	valierais
valiera	valieran
valiese	valiésemos
valieses	valieseis
valiese	valiesen

Past Perf. Subj.:   (that I might have been worth)

Hubiera valido	Hubiéramos valido
Hubieras "	Hubierais "
Hubiera "	Hubieran "
Hubiese valido	Hubiésemos valido
Hubieses "	Hubieseis "
Hubiese "	Hubiesen "

V   IMPERATIVE MOOD, *Modo Imperativo*

Singular	Plural
	Valgamos (nosotros) (let us be worth)
Val or Vale* (tú) (be worth)	Valed (vosotros) (be worth)
Valga (Ud., él)	Valgan (Uds., ellos)

Common irregular verbs similarly conjugated: *equivaler, prevaler, salir, sobresalir;* see No. 75, page 33.

to conquer, vanquish, overcome

I INFINITIVE MOOD, *Modo Infinitivo*

	Simple	Perfect
Infinitive *(Infinitivo)*	vencer (to conquer)	haber vencido (to have conquered)
Present Participle *(Gerundio)*	venciendo (conquering)	habiendo vencido (having conquered)
Past Participle *(Participio)*	vencido (conquered)	

II INDICATIVE MOOD, *Modo Indicativo*

Present: (conquer)

		Present Perfect:	(have conquered)
Yo venzo*	Nosotros vencemos	He vencido	Hemos vencido
Tú vences	Vosotros vencéis	Has "	Habéis "
Ud., él,	Ustedes,	Ha "	Han "
ella vence	ellos vencen		

Past Imperfect: (was conquering, conquered, used to conquer)

		Past Perfect:	(had conquered)
vencía	vencíamos	Había vencido	Habíamos vencido
vencías	vencíais	Habías "	Habíais "
vencía	vencían	Había "	Habían "

Preterit: (conquered)

		Preterit Perfect:	(had conquered)
vencí	vencimos	Hube vencido	Hubimos vencido
venciste	vencisteis	Hubiste "	Hubisteis "
venció	vencieron	Hubo "	Hubieron "

Future: (will conquer)

		Future Perfect:	(will have conquered)
venceré	venceremos	Habré vencido	Habremos vencido
vencerás	venceréis	Habrás "	Habréis "
vencerá	vencerán	Habrá "	Habrán "

III CONDITIONAL MOOD, *Modo Potencial*

Present: (would conquer)

		Conditional Perfect:	(would have conquered)
vencería	venceríamos	Habría vencido	Habríamos vencido
vencerías	venciríais	Habrías "	Habríais "
vencería	vencerían	Habría "	Habrían "

IV SUBJUNCTIVE MOOD, *Modo Subjuntivo*

Present Subj.: (that I may conquer)

		Pres. Perf. Subj.:	(that I may have conquered)
venza*	venzamos*	Haya vencido	Hayamos vencido
venzas*	venzáis*	Hayas "	Hayáis "
venza*	venzan*	Haya "	Hayan "

Past Imperf. Subj.: (that I might conquer)

		Past Perf. Subj.:	(that I might have conquered)
venciera	venciéramos	Hubiera vencido	Hubiéramos vencido
vencieras	vencierais	Hubieras "	Hubierais "
venciera	vencieran	Hubiera "	Hubieran "
venciese	venciésemos	Hubiese vencido	Hubiésemos vencido
vencieses	vencieseis	Hubieses "	Hubieseis "
venciese	venciesen	Hubiese "	Hubiesen "

V IMPERATIVE MOOD, *Modo Imperativo*

Singular	Plural
	Venzamos* (nosotros) (let us conquer)
Vence (tú) (conquer)	Venced (vosotros) (conquer)
Venza* (Ud., él)	Venzan* (Uds., ellos)

Similarly conjugated: *convencer*, and all other regular -ER verbs.

---

* c changes to z before a and o to retain soft c sound.

I INFINITIVE MOOD, *Modo Infinitivo*

	Simple	Perfect
Infinitive *(Infinitivo)*	venir (to come)	haber venido (to have come)
Present Participle *(Gerundio)*	viniendo (coming)	habiendo venido (having come)
Past Participle *(Participio)*	venido (come)	

II INDICATIVE MOOD, *Modo Indicativo*

Present: (come)

Yo vengo	Nosotros venimos
Tú vienes	Vosotros venís
Ud., él, ella viene	Ustedes, ellos vienen

Present Perfect: (have come)

He venido	Hemos venido
Has "	Habéis "
Ha "	Han "

Past Imperfect: (was coming, used to come, came)

venía	veníamos
venías	veníais
venía	venían

Past Perfect: (had come)

Había venido	Habíamos venido
Habías "	Habíais "
Había "	Habían "

Preterit: (came)

vine	vinimos
viniste	vinisteis
vino	vinieron

Preterit Perfect: (had come)

Hube venido	Hubimos venido
Hubiste "	Hubisteis "
Hubo "	Hubieron "

Future: (will come)

vendré	vendremos
vendrás	vendréis
vendrá	vendrán

Future Perfect: (will have come)

Habré venido	Habremos venido
Habrás "	Habréis "
Habrá "	Habrán "

III CONDITIONAL MOOD, *Modo Potencial*

Present: (would come)

vendría	vendríamos
vendrías	vendríais
vendría	vendrían

Conditional Perfect: (would have come)

Habría venido	Habríamos venido
Habrías "	Habríais "
Habría "	Habrían "

IV SUBJUNCTIVE MOOD, *Modo Subjuntivo*

Present Subj.: (that I may come)

venga	vengamos
vengas	vengáis
venga	vengan

Pres. Perf. Subj.: (that I may have come)

Haya venido	Hayamos venido
Hayas "	Hayáis "
Haya "	Hayan "

Past Imperf. Subj.: (that I might come)

viniera	viniéramos
vinieras	vinierais
viniera	vinieran
viniese	viniésemos
vinieses	vinieseis
viniese	viniesen

Past Perf. Subj.: (that I might have come)

Hubiera venido	Hubiéramos venido
Hubieras "	Hubierais "
Hubiera "	Hubieran "
Hubiese venido	Hubiésemos venido
Hubieses "	Hubieseis "
Hubiese "	Hubiesen "

V IMPERATIVE MOOD, *Modo Imperativo*

Singular	Plural
	Vengamos (nosotros) (let us come)
Ven (tú) (come)	Venid (vosotros) (come)
Venga (Ud., él)	Vengan (Uds., ellos)

Venir is of special irregularity. Similarly conjugated are its derivatives *advenir, avenir, contravenir, convenir, desavenir, intervenir, prevenir, provenir, reconvenir, subvenir, supervenir.*

I INFINITIVE MOOD, *Modo Infinitivo*

	Simple	Perfect
Infinitive *(Infinitivo)*	ver (to see)	haber visto* (to have seen)
Present Participle *(Gerundio)*	viendo (seeing)	habiendo visto* (having seen)
Past Participle *(Participio)*	visto* (seen)	

II INDICATIVE MOOD, *Modo Indicativo*

Present: (see)

Yo veo	Nosotros vemos
Tú ves	Vosotros véis
Ud., él,	Ustedes,
ella ve	ellos ven

Present Perfect: (have seen)

He	visto	Hemos	visto
Has	"	Habéis	"
Ha	"	Han	"

Past Imperfect: (was seeing, used to see, saw)

veía	veíamos
veías	veíais
veía	veían

Past Perfect: (had seen)

Había	visto	Habíamos	visto
Habías	"	Habíais	"
Había	"	Habían	"

Preterit: (saw)

vi	vimos
viste	visteis
vio	vieron

Preterit Perfect: (had seen)

Hube	visto	Hubimos	visto
Hubiste	"	Hubisteis	"
Hubo	"	Hubieron	"

Future: (will see)

veré	veremos
verás	veréis
verá	verán

Future Perfect: (will have seen)

Habré	visto	Habremos	visto
Habrás	"	Habréis	"
Habrá	"	Habrán	"

III CONDITIONAL MOOD, *Modo Potencial*

Present: (would see)

vería	veríamos
verías	veríais
vería	verían

Conditional Perfect: (would have seen)

Habría	visto	Habríamos	visto
Habrías	"	Habríais	"
Habría	"	Habrían	"

IV SUBJUNCTIVE MOOD, *Modo Subjuntivo*

Present Subj.: (that I may see)

vea	veamos
veas	veáis
vea	vean

Pres. Perf. Subj.: (that I may have seen)

Haya	visto	Hayamos	visto
Hayas	"	Hayáis	"
Haya	"	Hayan	"

Past Imperf. Subj.: (that I might see)

viera	viéramos
vieras	vierais
viera	vieran
viese	viésemos
vieses	vieseis
viese	viesen

Past Perf. Subj.: (that I might have seen)

Hubiera	visto	Hubiéramos	visto
Hubieras	"	Hubierais	"
Hubiera	"	Hubieran	"
Hubiese	visto	Hubiésemos	visto
Hubieses	"	Hubieseis	"
Hubiese	"	Hubiesen	"

V IMPERATIVE MOOD, *Modo Imperativo*

Singular	Plural
	Veamos (nosotros) (let us see)
Ve (tú) (see)	Ved (vosotros) (see)
Vea (Ud., él)	Vean (Uds., ellos)

Ver is of special irregularity. Similarly conjugated are its derivatives *entrever* and *prever*.

I INFINITIVE MOOD, *Modo Infinitivo*

	Simple	Perfect
Infinitive *(Infinitivo)*	verter (to pour)	haber vertido (to have poured)
Present Participle *(Gerundio)*	virtiendo (pouring)	habiendo vertido (having poured)
Past Participle *(Participio)*	vertido (poured)	

II INDICATIVE MOOD, *Modo Indicativo*

Present: (pour)

Yo vierto	Nosotros vertemos
Tú viertes	Vosotros vertéis
Ud., él, ella vierte	Ustedes, ellos vierten

Present Perfect: (have poured)

He vertido	Hemos vertido
Has "	Habéis "
Ha "	Han "

Past Imperfect: (was pouring, used to pour, poured)

vertía	vertíamos
vertías	vertíais
vertía	vertían

Past Perfect: (had poured)

Había vertido	Habíamos vertido
Habías "	Habíais "
Había "	Habían "

Preterit: (poured)

vertí	vertimos
vertiste	vertisteis
vertió	vertieron

Preterit Perfect: (had poured)

Hube vertido	Hubimos vertido
Hubiste "	Hubisteis "
Hubo "	Hubieron "

Future: (will pour)

vertiré	vertiremos
vertirás	vertiréis
vertirá	vertirán

Future Perfect: (will have poured)

Habré vertido	Habremos vertido
Habrás "	Habréis "
Habrá "	Habrán "

III CONDITIONAL MOOD, *Modo Potencial*

Present: (would pour)

vertiría	vertiríamos
vertirías	vertiríais
vertiría	vertirían

Conditional Perfect: (would have poured)

Había vertido	Habríamos vertido
Habrías "	Habríais "
Había "	Habrían "

IV SUBJUNCTIVE MOOD, *Modo Subjuntivo*

Present Subj.: (that I may pour)

vierta	vertamos
viertas	vertáis
vierta	viertan

Pres. Perf. Subj.: (that I may have poured)

Haya vertido	Hayamos vertido
Hayas "	Hayáis "
Haya "	Hayan "

Past Imperf. Subj.: (that I might pour)

vertiera	vertiéramos
vertieras	vertierais
vertiera	vertieran
vertiese	vertiésemos
vertieses	vertieseis
vertiese	vertiesen

Past Perf. Subj.: (that I might have poured)

Hubiera vertido	Hubiéramos vertido
Hubieras "	Hubierais "
Hubiera "	Hubieran "
Hubiese vertido	Hubiésemos vertido
Hubieses "	Hubieseis "
Hubiese "	Hubiesen "

V IMPERATIVE MOOD, *Modo Imperativo*

Singular	Plural
	Vertamos (nosotros) (let us pour)
Vierte (tú) (pour)	Verted (vosotros) (pour)
Vierta (Ud., él)	Viertan (Uds., ellos)

Common irregular verbs similarly conjugated: *reverter*, and all other root-changing (e to *ie*) -IR verbs; see No. 66, page 26.

VESTIR
to dress, put on

I INFINITIVE MOOD, *Modo Infinitivo*

	Simple	Perfect
Infinitive *(Infinitivo)*	vestir (to dress)	haber vestido (to have dressed)
Present Participle *(Gerundio)*	vistiendo (dressing)	habiendo vestido (having dressed)
Past Participle *(Participio)*	vestido (dressed)	

II INDICATIVE MOOD, *Modo Indicativo*

Present: (dress)

		Present Perfect: (have dressed)	
Yo visto	Nosotros vestimos	He vestido	Hemos vestido
Tú vistes	Vosotros vestís	Has "	Habéis "
Ud., él, ella viste	Ustedes, ellos visten	Ha "	Han "

Past Imperfect: (was dressing, used to dress, dressed)

		Past Perfect: (had dressed)	
vestía	vestíamos	Había vestido	Habíamos vestido
vestías	vestíais	Habías "	Habíais "
vestía	vestían	Había "	Habían "

Preterit: (dressed)

		Preterit Perfect: (had dressed)	
vestí	vestimos	Hube vestido	Hubimos vestido
vestiste	vestisteis	Hubiste "	Hubisteis "
vistió	vistieron	Hubo "	Hubieron "

Future: (will dress)

		Future Perfect: (will have dressed)	
vestiré	vestiremos	Habré vestido	Habremos vestido
vestirás	vestiréis	Habrás "	Habréis "
vestirá	vestirán	Habrá "	Habrán "

III CONDITIONAL MOOD, *Modo Potencial*

Present: (would dress)

		Conditional Perfect: (would have dressed)	
vestiría	vestiríamos	Había vestido	Habríamos vestido
vestirías	vestiríais	Habrías "	Habríais "
vestiría	vestirían	Habría "	Habrían "

IV SUBJUNCTIVE MOOD, *Modo Subjuntivo*

Present Subj.: (that I may dress)

		Pres. Perf. Subj.: (that I may have dressed)	
vista	vistamos	Haya vestido	Hayamos vestido
vistas	vistáis	Hayas "	Hayáis "
vista	vistan	Haya "	Hayan "

Past Imperf. Subj.: (that I might dress)

		Past Perf. Subj.: (that I might have dressed)	
vistiera	vistiéramos	Hubiera vestido	Hubiéramos vestido
vistieras	vistierais	Hubieras "	Hubierais "
vistiera	vistieran	Hubiera "	Hubieran "
vistiese	vistiésemos	Hubiese vestido	Hubiésemos vestido
vistieses	vistieseis	Hubieses "	Hubieseis "
vistiese	vistiesen	Hubiese "	Hubiesen "

V IMPERATIVE MOOD, *Modo Imperativo*

Singular	Plural
	Vistamos (nosotros) (let us dress)
Viste (tú) (dress)	Vestid (vosotros) (dress)
Vista (Ud., él)	Vistan (Uds., ellos)

Common irregular verbs similarly conjugated: *desvestir, revestir,* and all other root-changing (*e* to *i*) -IR verbs; see No. 68, page 28.

I INFINITIVE MOOD, *Modo Infinitivo*

	Simple	Perfect
Infinitive *(Infinitivo)*	vivir (to live)	haber vivido (to have lived)
Present Participle *(Gerundio)*	viviendo (living)	habiendo vivido (having lived)
Past Participle *(Participio)*	vivido (lived)	

II INDICATIVE MOOD, *Modo Indicativo*

Present: (live)		**Present Perfect:** (have lived)	
Yo vivo	Nosotros vivimos	He vivido	Hemos vivido
Tú vives	Vosotros vivís	Has "	Habéis "
Ud., él,	Ustedes,	Ha "	Han "
ella vive	ellos viven		

Past Imperfect: (was living, used to live, lived)		**Past Perfect:** (had lived)	
vivía	vivíamos	Había vivido	Habíamos vivido
vivías	vivíais	Habías "	Habíais "
vivía	vivían	Había "	Habían "

Preterit: (lived)		**Preterit Perfect:** (had lived)	
viví	vivimos	Hube vivido	Hubimos vivido
viviste	vivisteis	Hubiste "	Hubisteis "
vivió	vivieron	Hubo "	Hubieron "

Future: (will live)		**Future Perfect:** (will have lived)	
viviré	viviremos	Habré vivido	Habremos vivido
vivirás	viviréis	Habrás "	Habréis "
vivirá	vivirán	Habrá "	Habrán "

III CONDITIONAL MOOD, *Modo Potencial*

Present: (would live)		**Conditional Perfect:** (would have lived)	
viviría	viviríamos	Habría vivido	Habríamos vivido
vivirías	viviríais	Habrías "	Habríais "
viviría	vivirían	Habría "	Habrían "

IV SUBJUNCTIVE MOOD, *Modo Subjuntivo*

Present Subj.: (that I may live)		**Pres. Perf. Subj.:** (that I may have lived)	
viva	vivamos	Haya vivido	Hayamos vivido
vivas	viváis	Hayas "	Hayáis "
viva	vivan	Haya "	Hayan "

Past Imperf. Subj.: (that I might live)		**Past Perf. Subj.:** (that I might have lived)	
viviera	viviéramos	Hubiera vivido	Hubiéramos vivido
vivieras	vivierais	Hubieras "	Hubierais "
viviera	vivieran	Hubiera "	Hubieran "
viviese	viviésemos	Hubiese vivido	Hubiésemos vivido
vivieses	vivieseis	Hubieses "	Hubieseis "
viviese	viviesen	Hubiese "	Hubiesen "

V IMPERATIVE MOOD, *Modo Imperativo*

Singular	Plural
	Vivamos (nosotros) (let us live)
Vive (tú) (live)	Vivid (vosotros) (live)
Viva (Ud., él)	Vivan (Uds., ellos)

Similarly conjugated: all other regular -IR verbs.

I INFINITIVE MOOD, *Modo Infinitivo*

	Simple	Perfect
Infinitive *(Infinitivo)*	volar (to fly)	haber volado (to have flown)
Present Participle *(Gerundio)*	volando (flying)	habiendo volado (having flown)
Past Participle *(Participio)*	volado (flown)	

II INDICATIVE MOOD, *Modo Indicativo*

Present: (fly)

		Present Perfect: (have flown)	
Yo vuelo	Nosotros volamos	He volado	Hemos volado
Tú vuelas	Vosotros voláis	Has "	Habéis "
Ud., él,	Ustedes,	Ha "	Han "
ella vuela	ellos vuelan		

Past Imperfect: (was flying, used to fly, flew)

		Past Perfect: (had flown)	
volaba	volábamos	Había volado	Habíamos volado
volabas	volabais	Habías "	Habíais "
volaba	volaban	Había "	Habían "

Preterit: (flew)

		Preterit Perfect: (had flown)	
volé	volamos	Hube volado	Hubimos volado
volaste	volasteis	Hubiste "	Hubisteis "
voló	volaron	Hubo "	Hubieron "

Future: (will fly)

		Future Perfect: (will have flown)	
volaré	volaremos	Habré volado	Habremos volado
volarás	volaréis	Habrás "	Habréis "
volará	volarán	Habrá "	Habrán "

III CONDITIONAL MOOD, *Modo Potencial*

Present: (would fly)

		Conditional Perfect: (would have flown)	
volaría	volaríamos	Habría volado	Habríamos volado
volarías	volaríais	Habrías "	Habríais "
volaría	volarían	Habría "	Habrían "

IV SUBJUNCTIVE MOOD, *Modo Subjuntivo*

Present Subj.: (that I may fly)

		Pres. Perf. Subj.: (that I may have flown)	
vuele	volemos	Haya volado	Hayamos volado
vueles	voléis	Hayas "	Hayáis "
vuele	vuelen	Haya "	Hayan "

Past Imperf. Subj.: (that I might fly)

		Past Perf. Subj.: (that I might have flown)	
volara	voláramos	Hubiera volado	Hubiéramos volado
volaras	volarais	Hubieras "	Hubierais "
volara	volaran	Hubiera "	Hubieran "
volase	volásemos	Hubiese volado	Hubiésemos volado
volases	volaseis	Hubieses "	Hubieseis "
volase	volasen	Hubiese "	Hubiesen "

V IMPERATIVE MOOD, *Modo Imperativo*

Singular	Plural
	Volemos (nosotros) (let us fly)
Vuela (tú) (fly)	Volad (vosotros) (fly)
Vuele (Ud., él)	Vuelen (Uds., ellos)

Common irregular verbs similarly conjugated: *revolar, colar, consolar, desconsolar,* and all other root-changing (o to *ue*) -AR verbs; see No. 67, page 27.

I INFINITIVE MOOD, *Modo Infinitivo*

	Simple	Perfect
Infinitive *(Infinitivo)*	volcar (to overturn)	haber volcado (to have overturned)
Present Participle *(Gerundio)*	volcando (overturning)	habiendo volcado (having overturned)
Past Participle *(Participio)*	volcado (overturned)	

II INDICATIVE MOOD, *Modo Indicativo*

Present:	(overturn)		Present Perfect:	(have overturned)	
Yo vuelco	Nosotros volcamos		He volcado	Hemos volcado	
Tú vuelcas	Vosotros volcáis		Has "	Habéis "	
Ud., él, ella vuelca	Ustedes, ellos vuelcan		Ha "	Han "	

Past Imperfect:	(was overturning, overturned)*		Past Perfect:	(had overturned)	
volcaba	volcábamos		Había volcado	Habíamos volcado	
volcabas	volcabais		Habías "	Habíais "	
volcaba	volcaban		Había "	Habían "	

Preterit:	(overturned)		Preterit Perfect:	(had overturned)	
volqué**	volcamos		Hube volcado	Hubimos volcado	
volcaste	volcasteis		Hubiste "	Hubisteis "	
volcó	volcaron		Hubo "	Hubieron "	

Future:	(will overturn)		Future Perfect:	(will have overturned)	
volcaré	volcaremos		Habré volcado	Habremos volcado	
volcarás	volcaréis		Habrás "	Habréis "	
volcará	volcarán		Habrá "	Habrán "	

III CONDITIONAL MOOD, *Modo Potencial*

Present:	(would overturn)		Conditional Perfect:	(would have overturned)	
volcaría	volcaríamos		Habría volcado	Habríamos volcado	
volcarías	volcaríais		Habrías "	Habríais "	
volcaría	volcarían·		Habría "	Habrían "	

IV SUBJUNCTIVE MOOD, *Modo Subjuntivo*

Present Subj.:	(that I may overturn)		Pres. Perf. Subj.:	(that I may have overturned)	
vuelque**	volquemos**		Haya volcado	Hayamos volcado	
vuelques**	volquéis**		Hayas "	Hayáis "	
vuelque**	vuelquen**		Haya "	Hayan "	

Past Imperf. Subj.:	(that I might overturn)		Past Perf. Subj.:	(that I might have overturned)	
volcara	volcáramos		Hubiera volcado	Hubiéramos volcado	
volcaras	volcarais		Hubieras "	Hubierais "	
volcara	volcaran		Hubiera "	Hubieran "	
volcase	volcásemos		Hubiese volcado	Hubiésemos volcado	
volcases	volcaseis		Hubieses "	Hubieseis "	
volcase	volcasen		Hubiese "	Hubiesen "	

V IMPERATIVE MOOD, *Modo Imperativo*

Singular	Plural
	Volquemos** (nosotros) (let us overturn)
Vuelca (tú) (overturn)	Volcad (vosotros) (overturn)
Vuelque** (Ud., él)	Vuelquen** (Uds., ellos)

Common irregular verbs similarly conjugated: *revolcar*, and all other root-changing (o to ue) -AR verbs; see No. 67, page 27.

---

* used to overturn.

** c of the root changes to *qu* before e of the endings to retain hard c sound.

I INFINITIVE MOOD, *Modo Infinitivo*

	Simple	Perfect
Infinitive (*Infinitivo*)	volver (to return)	haber vuelto (to have returned)
Present Participle (*Gerundio*)	volviendo (returning)	habiendo vuelto (having returned)
Past Participle (*Participio*)	vuelto (returned)	

II INDICATIVE MOOD, *Modo Indicativo*

Present: (return)

Yo vuelvo	Nosotros volvemos
Tú vuelves	Vosotros volvéis
Ud., él,	Ustedes,
ella vuelve	ellos vuelven

Present Perfect: (have returned)

He vuelto	Hemos vuelto
Has "	Habéis "
Ha "	Han "

Past Imperfect: (was returning, used to return, returned)

volvía	volvíamos
volvías	volvíais
volvía	volvían

Past Perfect: (had returned)

Había vuelto	Habíamos vuelto
Habías "	Habíais "
Había "	Habían "

Preterit: (returned)

volví	volvimos
volviste	volvisteis
volvió	volvieron

Preterit Perfect: (had returned)

Hube vuelto	Hubimos vuelto
Hubiste "	Hubisteis "
Hubo "	Hubieron "

Future: (will return)

volveré	volveremos
volverás	volveréis
volverá	volverán

Future Perfect: (will have returned)

Habré vuelto	Habremos vuelto
Habrás "	Habréis "
Habrá "	Habrán "

III CONDITIONAL MOOD, *Modo Potencial*

Present: (would return)

volvería	volveríamos
volverías	volveríais
volvería	volverían

Conditional Perfect: (would have returned)

Habría vuelto	Habríamos vuelto
Habrías "	Habríais "
Habría "	Habrían "

IV SUBJUNCTIVE MOOD, *Modo Subjuntivo*

Present Subj.: (that I may return)

vuelva	volvamos
vuelvas	volváis
vuelva	vuelvan

Pres. Perf. Subj.: (that I may have returned)

Haya vuelto	Hayamos vuelto
Hayas "	Hayáis "
Haya "	Hayan "

Past Imperf. Subj.: (that I might return)

volviera	volviéramos
volvieras	volvierais
volviera	volvieran
volviese	volviésemos
volvieses	volvieseis
volviese	volviesen

Past Perf. Subj.: (that I may have returned)

Hubiera vuelto	Hubiéramos vuelto
Hubieras "	Hubierais "
Hubiera "	Hubieran "
Hubiese vuelto	Hubiésemos vuelto
Hubieses "	Hubieseis "
Hubiese "	Hubiesen "

V IMPERATIVE MOOD, *Modo Imperativo*

Singular	Plural
	Volvamos (nosotros) (let us return)
Vuelve (tú) (return)	Volved (vosotros) (return)
Vuelva (Ud., él)	Vuelvan (Uds., ellos)

Common irregular verbs similarly conjugated: *desenvolver, devolver, disolver, envolver, resolver, revolver,* and all other root-changing (o to ue) -ER verbs; see No. 67, page 27.

I INFINITIVE MOOD, *Modo Infinitivo*

	Simple	**Perfect**
Infinitive *(Infinitivo)*	yacer (to lie)	haber yacido (to have lain)
Present Participle *(Gerundio)*	yaciendo (lying)	habiendo yacido (having lain)
Past Participle *(Participio)*	yacido (lain)	

II INDICATIVE MOOD, *Modo Indicativo*

Present: (lie)		**Present Perfect:** (have lain)	
Yo yazco[1]	Nosotros yacemos	He yacido	Hemos yacido
Tú yaces	Vosotros yacéis	Has "	Habéis "
Ud., él,	Ustedes,	Ha "	Han "
ella yace	ellos yacen		

Past Imperfect: (was lying, used to lie, lay)		**Past Perfect:** (had lain)	
yacía	yacíamos	Había yacido	Habíamos yacido
yacías	yacíais	Habías "	Habíais "
yacía	yacían	Había "	Habían "

Preterit: (lay)		**Preterit Perfect:** (had lain)	
yací	yacimos	Hube yacido	Hubimos yacido
yaciste	yacisteis	Hubiste "	Hubisteis "
yació	yacieron	Hubo "	Hubieron "

Future: (will lie)		**Future Perfect:** (will have lain)	
yaceré	yaceremos	Habré yacido	Habremos yacido
yacerás	yaceréis	Habrás "	Habréis "
yacerá	yacerán	Habrá "	Habrán "

III CONDITIONAL MOOD, *Modo Potencial*

Present: (would lie)		**Conditional Perfect:** (would have lain)	
yacería	yaceríamos	Habría yacido	Habríamos yacido
yacerías	yaceríais	Habrías "	Habríais "
yacería	yacerían	Habría "	Habrían "

IV SUBJUNCTIVE MOOD, *Modo Subjuntivo*

Present Subj.: (that I may lie)		**Pres. Perf. Subj.:** (that I may have lain)	
yazca[2]	yazcamos	Haya yacido	Hayamos yacido
yazcas	yazcáis	Hayas "	Hayáis "
yazca	yazcan	Haya "	Hayan "

Past Imperf. Subj.: (that I might lie)		**Past Perf. Subj.:** (that I might have lain)	
yaciera	yaciéramos	Hubiera yacido	Hubiéramos yacido
yacieras	yacierais	Hubieras "	Hubierais "
yaciera	yacieran	Hubiera "	Hubieran "
yaciese	yaciésemos	Hubiese yacido	Hubiésemos yacido
yacieses	yacieseis	Hubieses "	Hubieseis "
yaciese	yaciesen	Hubiese "	Hubiesen "

V IMPERATIVE MOOD, *Modo Imperativo*

Singular	**Plural**
	Yazcamos (nosotros) (let us lie)
Yaz or yace (tú)[3] (lie)	Yaced (vosotros) (lie)
Yazca (Ud., él)	Yazcan (Uds., ellos)

Yacer is of special irregularity. Its irregular forms may be expressed, as shown below, in three different ways. However, the above are more frequently used.

[1] Also (1st person, pres. indic. only) *yazgo* or *yago*.

[2] Also (Pres. Subj.) *yazga, yazgas, yazga, yazgamos, yazgáis, yazgan,* or *yaga, yagas, yaga, yagamos, yagáis, yagan*.

[3] Also (Imperative) *yaz* or *yace, yazga, yazgamos, yazgáis, yazgan;* also *yaz* or *yace, yaga, yagamos, yagáis, yagan*.

I INFINITIVE MOOD, *Modo Infinitivo*

	Simple	Perfect
Infinitive *(Infinitivo)*	zambullirse (to dive)	haberse zambullido (to have dove)
Present Participle *(Gerundio)*	zambulléndose (diving)	habiéndose zambullido (having dove)
Past Participle *(Participio)*	zambullido (dove)	

II INDICATIVE MOOD, *Modo Indicativo*

Present: (dive)

Yo me zambullo	Nosotros nos zambullimos
Tú te zambulles	Vosotros os zambullís
Ud., él,	Ustedes,
ella se zambulle	ellos se zambullen

Present Perfect: (have dove)

me he zambullido	nos hemos zambullido
te has "	os habéis "
se ha "	se han "

Past Imperfect: (was diving, used to dive, dove)

me zambullía	nos zambullíamos
te zambullías	os zambullíais
se zambullía	se zambullían

Past Perfect: (had dove)

me había zambullido	nos habíamos zambullido
te habías "	os habíais "
se había "	se habían "

Preterit: (dove)

me zambullí	nos zambullimos
te zambulliste	os zambullisteis
se zambulló	se zambulleron

Preterit Perfect: (had dove)

me hube zambullido	nos hubimos zambullido
te hubiste "	os hubisteis "
se hubo "	se hubieron "

Future: (will dive)

me zambulliré	nos zambulliremos
te zambullirás	os zambulliréis
se zambullirá	se zambullirán

Future Perfect: (will have dove)

me habré zambullido	nos habremos zambullido
te habrás "	os habréis "
se habrá "	se habrán "

III CONDITIONAL MOOD, *Modo Potencial*

Present: (would dive)

me zambulliría	nos zambulliríamos
te zambullirías	os zambulliríais
se zambulliría	se zambullirían

Conditional Perfect: (would have dove)

me habría zambullido	nos habríamos zambullido
te habrías "	os habríais "
se habría "	se habrían "

IV SUBJUNCTIVE MOOD, *Modo Subjuntivo*

Present Subj.: (that I may dive)

me zambulla	nos zambullamos
te zambullas	os zambulláis
se zambulla	se zambullan

Pres. Perf. Subj.: (that I may have dove)

me haya zambullido	nos hayamos zambullido
te hayas "	os hayáis "
se haya "	se hayan "

Past Imperf. Subj.: (that I might dive)

me zambullera	nos zambulléramos
te zambulleras	os zambullerais
se zambullera	se zambulleran

me zambullese	nos zambullésemos
te zambulleses	os zambulleseis
se zambullese	se zambullesen

Past Perf. Subj.: (that I might have dove)

me hubiera zambullido	nos hubiéramos zambullido
te hubieras "	os hubierais "
se hubiera "	se hubieran "

me hubiese zambullido	nos hubiésemos zambullido
te hubieses "	os hubieseis "
se hubiese "	se hubiesen "

V IMPERATIVE MOOD, *Modo Imperativo*

Singular	Plural
	Zambullámonos (nosotros) (let us dive)
Zambúllete (tú) (dive)	Zambullíos (vosotros) (dive)
Zambúllase (Ud., él)	Zambúllanse (Uds., ellos)

Common irregular verbs similarly conjugated: *engullir, mullir, gruñir.*

INDEX

Page number indicates model verb contained in this book.
Verbs in **BOLD FACE** are fully conjugated.
Irregular verbs are *ITALICIZED*.

[1] Defective verb; see No. 9, p. 3, list on p. 42.
[2] Impersonal verb; see No. 10, p. 3.
[3] Irregular past participle; see list, p. 40.
[4] Verb with two past participles; see list, p. 41.

INDEX

---

[1] Defective verb; see No. 9, p. 3, list on p. 42.
[2] Impersonal verb; see No. 10, p. 3.
[3] Irregular past participle; see list, p. 40.
[4] Verb with two past participles; see list, p. 41.

[1] Defective verb; see No. 9, p. 3, list on p. 42.
[2] Impersonal verb; see No. 10, p. 3.
[3] Irregular past participle; see list, p. 40.
[4] Verb with two past participles; see list, p. 41.

¹ Defective verb; see No. 9, p. 3, list on p. 42.
² Impersonal verb; see No. 10, p. 3.
³ Irregular past participle; see list, p. 40.
⁴ Verb with two past participles; see list, p. 41.

INDEX

---

[1] Defective verb; see No. 9, p. 3, list on p. 42.

[2] Impersonal verb; see No. 10, p. 3.

[3] Irregular past participle; see list, p. 40.

[4] Verb with two past participles; see list, p. 41.

INDEX

[1] Defective verb; see No. 9, p. 3, list on p. 42.

[2] Impersonal verb; see No. 10, p. 3.

[3] Irregular past participle; see list, p. 40.

[4] Verb with two past participles; see list, p. 41.

INDEX

¹ Defective verb; see No. 9, p. 3, list on p. 42.
² Impersonal verb; see No. 10, p. 3.
³ Irregular past participle; see list, p. 40.
⁴ Verb with two past participles; see list, p. 41.

INDEX

[1] Defective verb; see No. 9, p. 3, list on p. 42.
[2] Impersonal verb; see No. 10, p. 3.
[3] Irregular past participle; see list, p. 40.
[4] Verb with two past participles; see list, p. 41.

INDEX

[1] Defective verb; see No. 9, p. 3, list on p. 42.
[2] Impersonal verb; see No. 10, p. 3.
[3] Irregular past participle; see list, p. 40.
[4] Verb with two past participles; see list, p. 41.

INDEX

[1] Defective verb; see No. 9, p. 3, list on p. 42.
[2] Impersonal verb; see No. 10, p. 3.
[3] Irregular past participle; see list, p. 40.
[4] Verb with two past participles; see list, p. 41.

INDEX

[1] Defective verb; see No. 9, p. 3, list on p. 42.

[2] Impersonal verb; see No. 10, p. 3.

[3] Irregular past participle; see list, p. 40.

[4] Verb with two past participles; see list, p. 41.

INDEX

[1] Defective verb; see No. 9, p. 3, list on p. 42.

[2] Impersonal verb; see No. 10, p. 3.

[3] Irregular past participle; see list, p. 40.

[4] Verb with two past participles; see list, p. 41.

INDEX

[1] Defective verb; see No. 9, p. 3, list on p. 42.
[2] Impersonal verb; see No. 10, p. 3.
[3] Irregular past participle; see list, p. 40.
[4] Verb with two past participles; see list, p. 41.

– 209 –

INDEX

[1] Defective verb; see No. 9, p. 3, list on p. 42.
[2] Impersonal verb; see No. 10, p. 3.
[3] Irregular past participle; see list, p. 40.
[4] Verb with two past participles; see list, p. 41.

INDEX

¹ Defective verb; see No. 9, p. 3, list on p. 42.

² Impersonal verb; see No. 10, p. 3.

³ Irregular past participle; see list, p. 40.

⁴ Verb with two past participles; see list, p. 41.

[1] Defective verb; see No. 9, p. 3, list on p. 42.
[2] Impersonal verb; see No. 10, p. 3.
[3] Irregular past participle; see list, p. 40.
[4] Verb with two past participles; see list, p. 41.

[1] Defective verb; see No. 9, p. 3, list on p. 42.

[2] Impersonal verb; see No. 10, p. 3.

[3] Irregular past participle; see list, p. 40.

[4] Verb with two past participles; see list, p. 41.

INDEX

[1] Defective verb; see No. 9, p. 3, list on p. 42.
[2] Impersonal verb; see No. 10, p. 3.
[3] Irregular past participle; see list, p. 40.
[4] Verb with two past participles; see list, p. 41.

INDEX

[1] Defective verb; see No. 9, p. 3, list on p. 42.
[2] Impersonal verb; see No. 10, p. 3.
[3] Irregular past participle; see list, p. 40.
[4] Verb with two past participles; see list, p. 41.

INDEX

---

[1] Defective verb; see No. 9, p. 3, list on p. 42.
[2] Impersonal verb; see No. 10, p. 3.
[3] Irregular past participle; see list, p. 40.
[4] Verb with two past participles; see list, p. 41.

INDEX

[1] Defective verb; see No. 9, p. 3, list on p. 42.
[2] Impersonal verb; see No. 10, p. 3.
[3] Irregular past participle; see list, p. 40.
[4] Verb with two past participles; see list, p. 41.

INDEX

[1] Defective verb; see No. 9, p. 3, list on p. 42.
[2] Impersonal verb; see No. 10, p. 3.
[3] Irregular past participle; see list, p. 40.
[4] Verb with two past participles; see list, p. 41.

INDEX

[1] Defective verb; see No. 9, p. 3, list on p. 42.

[2] Impersonal verb; see No. 10, p. 3.

[3] Irregular past participle; see list, p. 40.

[4] Verb with two past participles; see list, p. 41.

INDEX

[1] Defective verb; see No. 9, p. 3, list on p. 42.
[2] Impersonal verb; see No. 10, p. 3.
[3] Irregular past participle; see list, p. 40.
[4] Verb with two past participles; see list, p. 41.

INDEX

¹ Defective verb; see No. 9, p. 3, list on p. 42.
² Impersonal verb; see No. 10, p. 3.
³ Irregular past participle; see list, p. 40.
⁴ Verb with two past participles; see list, p. 41.

INDEX

[1] Defective verb; see No. 9, p. 3, list on p. 42.

[2] Impersonal verb; see No. 10, p. 3.

[3] Irregular past participle; see list, p. 40.

[4] Verb with two past participles; see list, p. 41.

INDEX

[1] Defective verb; see No. 9, p. 3, list on p. 42.

[2] Impersonal verb; see No. 10, p. 3.

[3] Irregular past participle; see list, p. 40.

[4] Verb with two past participles; see list, p. 41.

INDEX

¹ Defective verb; see No. 9, p. 3, list on p. 42.
² Impersonal verb; see No. 10, p. 3.
³ Irregular past participle; see list, p. 40.
⁴ Verb with two past participles; see list, p. 41.

INDEX

¹ Defective verb; see No. 9, p. 3, list on p. 42.
² Impersonal verb; see No. 10, p. 3.
³ Irregular past participle; see list, p. 40.
⁴ Verb with two past participles; see list, p. 41.

INDEX

[1] Defective verb; see No. 9, p. 3, list on p. 42.
[2] Impersonal verb; see No. 10, p. 3.
[3] Irregular past participle; see list, p. 40.
[4] Verb with two past participles; see list, p. 41.

INDEX

[1] Defective verb; see No. 9, p. 3, list on p. 42.
[2] Impersonal verb; see No. 10, p. 3.
[3] Irregular past participle; see list, p. 40.
[4] Verb with two past participles; see list, p. 41.

INDEX

[1] Defective verb; see No. 9, p. 3, list on p. 42.
[2] Impersonal verb; see No. 10, p. 3.
[3] Irregular past participle; see list, p. 40.
[4] Verb with two past participles; see list, p. 41.

INDEX

¹ Defective verb; see No. 9, p. 3, list on p. 42.
² Impersonal verb; see No. 10, p. 3.
³ Irregular past participle; see list, p. 40.
⁴ Verb with two past participles; see list, p. 41.